高等职业教育电子商务类专业系列教材

U0366721

电子商务法律法规实务

主　编　黄亚宇　周　亮　欧阳琳

副主编　彭荣华　谭　星　麻之语

参　编　熊楚伊　李　林　董佳佳　唐美玉

机械工业出版社

CHINA MACHINE PRESS

本书是高等职业教育改革创新系列教材，系电子商务专业基础课新形态一体化教材，以黄亚宇主编主持的国家在线精品课以及省级教学成果奖一等奖获奖成果为基础进行编写。

本书编写突出以下鲜明特色：一是紧跟时政，以党的二十大报告精神为指引编写教材内容，把社会主义核心价值观融入教材建设；二是采取"电子商务从业人员职业道德+电子商务法律法规知识+学生实训模块"的编写体系，并融入国际化视野；三是融入了"经世济民、德法兼修"的素养元素，每个任务都设计有"德法课堂"版块；四是突显类型教育，与律师事务所、电商公司合作，在编写中加入了"模拟创办电子商务公司实训""模拟法庭庭审实训"等实践教学内容。

本书已在学银在线平台上建有"电子商务法律法规"在线开放课程，包括微课视频、动画等丰富的数字化资源，并精选优质资源做成二维码嵌入书中。此外，本书还配有PPT、教案、习题答案、案例库等丰富的教学资源。

本书既可作为高等职业教育专科及本科电子商务类专业教材，也可作为自学者和相关从业人员的重要参考用书。

图书在版编目（CIP）数据

电子商务法律法规实务 / 黄亚宇, 周亮, 欧阳琳主编. -- 北京：机械工业出版社, 2024. 9. -- ISBN 978-7-111-76269-0

Ⅰ. D922.294

中国国家版本馆CIP数据核字第2024X4Z526号

机械工业出版社（北京市百万庄大街 22 号　邮政编码 100037）
策划编辑：胡延斌　　　　　　责任编辑：胡延斌　章承林
责任校对：陈　越　张　薇　　封面设计：王　旭
责任印制：刘　媛
涿州市般润文化传播有限公司印刷
2024 年 9 月第 1 版第 1 次印刷
184mm×260mm · 16 印张 · 334 千字
标准书号：ISBN 978-7-111-76269-0
定价：49.00 元

电话服务　　　　　　　　　　网络服务
客服电话：010-88361066　　机 工 官 网：www.cmpbook.com
　　　　　010-88379833　　机 工 官 博：weibo.com/cmp1952
　　　　　010-68326294　　金 书 网：www.golden-book.com
封底无防伪标均为盗版　机工教育服务网：www.cmpedu.com

前　言

本书是高等职业教育财经商贸类专业群电子商务类专业基础课教材。本教材以习近平法治思想为指导思想，以《国家职业教育改革实施方案》和《职业院校教材管理办法》为编写基础，依据2021年1月1日施行的《中华人民共和国民法典》以及2019年1月1日施行的《中华人民共和国电子商务法》，以规范电子商务活动中的各项民商事活动为主线，培养学生运用所学知识解决电商活动法律问题的能力。

本书紧跟时政，以党的二十大报告提出的"坚持依法治国和以德治国相结合，把社会主义核心价值观融入法治建设、融入社会发展、融入日常生活"为指引，编写教材内容。知识精讲、案例直击等体现了党的二十大报告提出的"完善产权保护、市场准入、公平竞争、社会信用等市场经济基础制度，优化营商环境"的精神，培养学生自觉维护公平的市场经济发展秩序，以适应数字经济时代的发展需求。

本书由湖南省内四所高职院校、律师事务所、电子商务公司相关人员共同进行开发，形成了彰显立德树人、突显类型教育、创新内容编排、融合数字资源等鲜明特色。

一是彰显立德树人。本书编写以习近平法治思想为指导，有效融合经世济民的价值塑造与电子商务法律的知识传授。本书编写设计了"电子商务专业"职业元素＋"德智体美劳"五育元素＋"德法兼修"特有元素相结合的课程思政教学特色，以培养"经世济民、德法兼修"的高职创客型电商人才。

二是突显类型教育。本书内容开发突显职业教育作为类型教育的特征，依托产教融合、校企合作平台，培养学生的创客素养。我们与湖南睿邦律师事务所、湖南南舫律师事务所、长沙市爱森电商公司等企事业单位有关人员共同进行教材开发，在本书编写中融入了近年来有代表性的典型案件，并设计了"模拟创办电子商务公司实训""模拟法庭庭审实训"等实践教学内容，将创客教育与电子商务法律教学相融合，培养创客型电商人才。

三是创新内容编排。本书编排以《中华人民共和国民法典》《中华人民共和国电子商务法》为依据，采取"电子商务从业人员职业道德＋电子商务法律法规知识＋学生实训模块"的编写体系，并融入了国际化视野。具体而言，教材内容包括电子商务法概述、电子商务合同法律实务、电子商务物流法律实务、电子商务知识产权法律实务、电子商务市场规制法律实务、电子商务中的税收法律实务、电子商务法律责任与纠纷解决、新型电子商务法律法规、学生核心技能实训等内容。

四是融合数字资源。教材编写以高质量的数字资源作支撑，以适应数字经济时代的发展需求。我们以"新形态"为开发思路，在学银在线同步建课，每个项目都设计有微课开播、课件精讲、教案研读、德法课堂、案件直击、随堂测试、知识拓展、新法速递等栏目。微课视频内容兼具知识性与趣味性，拓展了教材的内容，可满足师生线上线下、随时随地学习的需要。

本书编写团队由湖南机电职业技术学院黄亚宇、周亮、彭荣华、麻之语、熊楚伊、李林、董佳佳，湖南财经工业职业技术学院欧阳琳，湖南商务职业技术学院谭星，湖南信息职业技术学院唐美玉组成。黄亚宇、周亮、欧阳琳任主编，彭荣华、谭星、麻之语任副主编。全书共九个项目，其中项目一的任务一和任务二由彭荣华编写，任务三由黄亚宇编写；项目二的任务一、任务二和任务三由黄亚宇编写，任务四和任务五由董佳佳编写；项目三由谭星编写；项目四由欧阳琳编写；项目五由周亮编写；项目六由熊楚伊编写；项目七由唐美玉编写；项目八由麻之语编写；项目九由李林编写；黄亚宇负责全书总纂和最后统稿。感谢长沙市爱森电商公司主管宋泽玉、湖南南舫律师事务所黄琳、湖南睿邦律师事务所刘明等行业企业人员为本书编写提供了案例和实训素材。教材资源同步在学银在线平台开放课程，由湖南机电职业技术学院熊楚伊负责课程运行。

此外，本书还配有 PPT、教案、习题答案、案例库等丰富的数字化资源，凡选用本书作为教材的教师均可登录机械工业出版社教育服务网 www.cmpedu.com 免费下载。如有问题请致电 010-88379375 联系营销人员，或联系机工社经管 QQ 群：726174087。

由于编写团队水平有限，教材中难免出现不妥之处，恳请读者批评指正。

编　者

二维码索引

（续）

序号	名称	二维码	页码	序号	名称	二维码	页码
17	微课 6-2　个人开网店的纳税计算		172	21	微课 8-2　"包治百病"的带货主播		222
18	微课 7-1　电商平台的法律责任		187	22	微课 9-1　电商公司成立流程		229
19	微课 7-2　电子商务在线争议解决机制		197	23	微课 9-2　模拟法庭		244
20	微课 8-1　智慧口岸助力跨境电商		214				

目 录

项目一　电子商务法概述

1. 掌握电子商务法的概念、特征
2. 熟悉电子商务法律关系
3. 了解电子商务法的适用范围及立法进程
4. 熟悉电子商务法的调整对象、基本原则
5. 掌握电子商务主体的定义、电子商务经营者的概念与分类
6. 熟悉电子商务经营者主体登记制度、行政许可制度
7. 熟悉电子商务从业人员职业道德规范内容

1. 具备独立分析电子商务法律关系的能力
2. 具备运用相关法律知识区分电子商务经营主体的能力
3. 具备在创业过程中正确进行主体登记、申请经营许可证的能力
4. 具备运用法律知识准确判断电子商务纠纷中电子商务经营者责任的能力

1. 培养在从事电子商务活动时崇尚社会主义法治精神，自觉遵守电子商务法律制度，坚定捍卫中国特色社会主义法律体系的意识和社会责任感
2. 培养自主创业过程中诚信经营、遵守程序、责任担当的职业道德和创客思维

《中华人民共和国民法典》

《中华人民共和国电子商务法》

《中华人民共和国刑法》

《联合国国际贸易法委员会电子商务示范法》（UNCITRAL Model Law on Electronic Commerce）

在我国经济发展进入新常态的大背景下，电子商务持续多年保持高速发展，而且在转方式、调结构、稳增长、扩就业、惠民生、促扶贫等方面发挥了重要作用，这种趋势使得电子商务主体准确把握电子商务法律法规进行合法经营成为一种客观需要。另外，在电子商务爆发式增长的同时，也呈现出多种乱象。网络欺诈、虚假促销、售后服务不当等问题凸显，消费者也必须能准确运用电子商务法律法规保障自身权益。此外，知识产权、纳税，以及围绕互联网支付的金融问题频出，《中华人民共和国电子商务法》（以下简称《电子商务法》）对规范电商领域各主体行为，维护电商行业市场秩序，捍卫中国特色社会主义法律体系更是意义重大。本项目以认识电子商务法为基础进行任务分解，一是需要学生了解电子商务法的概念、特征，电子商务法律关系，使学生能独立分析出电子商务法律关系中的主体、客体和内容；二是需要学生了解电子商务主体的定义、电子商务经营者的概念和分类，使学生能准确区分电子商务经营主体；三是需要学生熟悉电子商务经营者主体登记制度、行政许可制度、电子商务经营者的义务和电商从业人员职业道德，使学生自觉遵守电子商务法律制度，具备崇尚社会主义法治的精神和诚信经营、遵守程序、责任担当意识的职业道德和创客思维。

2021年3月，冯某在某平台自营"品牌特卖"频道下单购买一瓶"德国鱼子酱蛋白粉"并付款588元。冯某签收案涉商品并食用1个月后，发现案涉商品容器内有白色蠕动小虫。冯某遂诉请某平台退还货款588元，赔偿十倍价款损失5880元。

案件审理过程中发现，冯某提交的商品实物图片显示，案涉商品内确有肉眼可见蠕虫。案涉商品保质期2年，冯某发现案涉商品内有蠕虫时，商品尚处于保质期内，且未有证据显示系因冯某自身原因导致案涉商品长虫，该平台作为经营者，应履行法律规定的质量担保义务，但该平台未提交有效证据证明案涉商品在销售前已经出入境检验检疫机构检验合格。

案例思考：

1. 分析上述电子商务法律关系中的主体、客体和内容。

2. 本案中，该平台属于哪一类电子商务经营主体？

3. 该平台是否应该退还货款并承担其他赔偿责任？

任务一　认识电子商务法

任务描述

朱某在淘宝网上王某的店铺购买商品，在收到货物后，其与店铺客服联系，表示产品存在质量问题，并要求店铺客服重新发一个完好的商品。客服答复无法补发，仅同意补偿少量现金，朱某未同意。随后，朱某发起换货申请，原因为质量问题，要求为立即补发质量完好的商品，遭到店铺拒绝，后申请淘宝小二处理。最终，淘宝网客服驳回了朱某的换货申请。朱某遂将淘宝公司诉至法院，要求退款退货。

请思考：

1. 在本案中，朱某和王某之间成立的网络购物合同关系是否属于电子商务法律关系？是否受到《电子商务法》的调整？

2. 案例中的淘宝网属于哪一类经营主体？

3. 案例中的淘宝网是否应与王某一起承担连带责任？

任务分解

1. 理解电子商务法的概念与特征。
2. 分析电子商务法律关系及构成要素。
3. 理解电子商务法的调整对象。
4. 区分电子商务主体。

知识精讲

一、电子商务法的概念

电子商务法的定义有广义和狭义两个范畴。广义的电子商务法，是指调整电子商务活动中产生的各类社会关系的法律规范的总称。狭义的电子商务法，是调整以数据电文为交易手段而形成的因交易形式所引起的商事关系的规范体系。本书采用了《电子商务法》中所界定的电子商务的概念，即电子商务法是指调整通过互联网等信息网络销售商品或者提供服务的经营活动所引起的商事关系的法律规范的总称。

微课1-1
电子商务法实施对
微商、代购的影响

在我国，作为部门法意义上的电子商务法，不仅包括以电子商务命名的法律法规，还包括其他现有制定法中有关电子商务的法律规范，如《中华人民共和国电子签名法》《中华人民共和国民法典》合同编中关于数据电文的规定，以及《中华人民共和国刑法》中关于计算机犯罪的规定等。《电子商务法》已于 2018 年 8 月 31 日由中华人民共和国第十三届全国人民代表大会常务委员会第五次会议通过，自 2019 年 1 月 1 日起施行。

二、电子商务法律关系

在电子商务中，诸多的参与者由于参与的方式和参与的目的不同，形成了不同的经济关系。通过相关的电子商务法律法规的调整，确立了参与者之间的权利义务关系，从而形成了不同的电子商务法律关系。

（一）电子商务法律关系的概念

电子商务法律关系是指由各种相关的电子商务法律规范所确认的电子商务活动中的当事人之间具有权利义务内容的经济关系。

法律关系一般由主体、客体、内容三个要素构成。电子商务法律关系的构成要素自然也包括电子商务法律关系主体、电子商务法律关系客体和电子商务法律关系内容。电子商务法律关系必须同时具备这三个基本要素，缺一不可，变更其中任何要素，均会对电子商务法律关系产生影响。

（二）电子商务法律关系主体

法律关系主体是法律关系的参与者，即在法律关系中，一定权利的享有者和一定义务的承担者。电子商务法律关系的主体是指电子商务的各方参与者，是指享有权利、承担义务的当事人。电子商务法律关系的主要主体包括：电子商务经营者、电子商务中的消费者、电子商务认证机构、电子商务监管者。

（三）电子商务法律关系客体

法律关系客体是指法律关系主体之间的权利和义务所指向的对象，它是构成法律关系的要素之一。电子商务法律关系的客体，是指电子商务法律关系主体享有的权利和承担的义务所指向的对象。电子商务法律关系客体包括：实体商品、数字化商品、网上服务行为。

（四）电子商务法律关系内容

电子商务法律关系的内容是指电子商务交易中当事人享有的权利和承担的义务。不同的电子商务法律关系主体享有的权利和承担的义务是各不相同的。

（1）电子商务交易双方当事人的权利和义务。

（2）电子商务平台经营者的法律地位。

（3）认证机构在电子商务中的法律地位。

三、电子商务法的特征

电子商务法本质上是 21 世纪的商人法，它具有以下两个基本特点：其一，它以商人的行业惯例为其规范标准；其二，它具有跨越任何国界、地域的，全球化的天然特性。而这两点恰恰是商人法的特征所在，也正是基于这两点，电子商务法具有了国际性、科技性、开放性、安全性、复杂性的特征。

1. 国际性

就电子商务法的国际化特征来看，没有任何一个法律领域的调整对象似电子商务这样，是"天马行空"、任意驰骋的，一切对电子商务所设置的人为的疆域都是徒劳无益的。因此，电子商务法也就必须顺应这种特性而制定。与电子商务的国际性相对应，电子商务法也具有很明显的国际性特征，以满足解决电子商务法律关系的需要。

2. 科技性

电子商务是网络经济与现代高科技发展的产物，需要通过互联网进行商务活动，而且电子商务领域内的业务标准，也将随着通信计算技术的发展不断更新、升级，所以规范这种行为的电子商务法必然具有科技性的特征，适应科学技术的发展。例如电子商务相应法律法规中关于电子签名、确认技术等问题的规定，就具有明显的科技性特点。

3. 开放性

电子商务法是关于以数据电文进行意思表示的法律制度，而数据电文在形式上是多样化的，并且还在不断发展之中。因此，必须以开放的态度对待任何技术手段与信息媒介，设立开放型的规范，让所有有利于电子商务发展的设想和技巧都能容纳进来。目前，国际组织及各国在电子商务立法时大量使用开放型条款和功能等价性条款，其目的就是开拓社会各方面的资源，以促进科学技术及其社会应用的广泛发展。它具体表现在电子商务法基本定义的开放、基本制度的开放，以及电子商务法律结构的开放三个方面。

4. 安全性

电子商务的交易方式使商务活动更加高效快捷，但与此同时也给商家带来了一系列的问题。由于电子商务的开展以互联网为基础，所以与网络有关的黑客、计算机病毒、网络犯罪等都不可避免地威胁着电子商务的安全。因此电子商务法必须对电子商务安全问题进行严格规范，这样才能有效地预防和打击各种违法与犯罪，保障电子商务的交易安全。

浙江淘宝网络有限公司诉周某某网络侵权责任纠纷案

被告周某某用其身份信息注册了两个淘宝账号，这两个账号经常在淘宝平台同一时间大批量快速下单购买某一类型商品，买入商品后不久，即以"假货""商品品牌与实际不符"等理由向卖家发起仅退款不退货申请。经统计，2018 年 6 月 7 日至 2018 年 7 月 31 日，被告发起了 624 笔仅退款不退货申请，退款总金额 32 697.07 元，其间退款申请率、退款成功率分别达到 98%、96% 以上。处理退款过程中，淘宝网平台接到相关卖家反馈，被告有通过微信向卖家索要赔偿以及发送虚假退货物流等情形。经审理，杭州互联网法院判决被告周某某赔偿原告淘宝公司经济损失，并赔偿原告合理支出（律师费）1 万元。

案例分析：消费者滥用"退款不退货"制度对电子商务的发展有哪些危害？

要点提示

消费者作为电子商务法律关系的主体，要诚实守信，遵纪守法，自觉维护诚信、有序的互联网营商环境。

5. 复杂性

电子商务的高科技化和互联网络技术的专业性、复杂性的特点，造成了电子商务的复杂性，由此决定了电子商务法律法规的复杂性。在电子商务活动中，当事人之间的交易需要第三方协助，即需要有网络服务商和认证机构提供的服务才能完成。这就使得电子商务与传统交易相比，涵盖了更多层的法律关系。

原告王某、被告江某均为淘宝店铺经营者。被告先后两次假冒注册商标权人的名义，以原告经营的店铺销售侵犯商标权的假货为由，分别向阿里巴巴知识保护平台提出投诉与反申诉，致使案涉商品链接被删除且店铺遭受搜索降权处罚，相关店铺的营业额大幅下降。经审理，杭州铁路运输法院判决被告江某赔偿原告王某经济损失 210 万元（包括为制止侵权所支出的合理费用）。

讨论：本案中的不正当竞争行为有什么特点？

四、电子商务法的调整对象和适用范围

（一）电子商务法的调整对象

任何法律部门或法律领域，都以一定的社会关系为其调整对象。电子商务法作为新兴的商事法律制度概莫能外。因此电子商务法的调整对象是指电子商务活动的主体在参与电子商

务活动时所产生的各类社会关系，主要包括交易中平等主体之间的关系，以及管理者和被管理者之间的关系，具体有以下几种：

（1）电子商务活动中平等交易主体之间的社会关系。

（2）电子商务活动中交易主体与提供数据电文服务的中间人之间的社会关系。

（3）电子商务活动中交易主体与附属服务提供者之间的社会关系。

（4）电子商务活动中被管理者与政府监管部门之间的社会关系。

案件直击 1-1

未履行资质审核义务，货拉拉应承担何种责任？

黄某系货拉拉 App 的注册司机，该 App 的营运方为货拉拉公司。黄某在货拉拉 App 上接单后，驾驶车辆（搭载乘客王某等两人）在行驶途中发生交通事故，造成王某等人受伤，其后，交管部门认定该起事故系因黄某未按操作规范安全驾驶，应由其负事故的全部责任。王某遂将黄某和货拉拉公司诉至法院，要求黄某赔偿其医疗费、误工费等损失，并由货拉拉公司承担连带赔偿责任。法院在审理过程中查实，被告货拉拉公司是货拉拉 App 营运方，其未审核作为货拉拉 App 注册司机的被告黄某的相关资质，从而增加了司机从事营运时发生事故的概率，而被告黄某事故发生时承接订单并承担运输任务系营运行为。

案例讨论：本案中，货拉拉公司未审核货拉拉 App 注册司机黄某的相关资质，是否应该承担相应责任？法律依据是什么？

（二）电子商务法的适用范围

1. 电子商务活动中适用电子商务法调整的行为和内容

（1）信息传递，即电子商务活动中各个主体之间利用现代信息技术进行信息收集、传递、储存、检索、分析等。

（2）物流，即商品从产地到销售地再到消费者手中的转移过程。

（3）资金转移，指交易主体之间的资金往来。

（4）电子商务法调整的例外情形。

金融类产品和服务，利用信息网络提供新闻信息、音视频节目、出版以及文化产品等内容方面的服务，不适用电子商务法。

1）有关网络内容的服务。关于提供网络新闻信息、播放网络音视频节目、提供网络出版与互联网文化产品等内容方面的服务，国家有专门的法律、行政法规与部门规章加以管理与规范，不属于电子商务法管辖。需要注意的是，如果电子商务经营者违反了电子商务法关于交易标的合法性的规定，应依法承担法律责任，受到相应的行政处罚。

2）金融类产品与服务。为了保障国家经济安全与公民、法人的财产安全，国家应当对互联网金融类产品与服务加强监管与规范。值得注意的是，电子商务法将金融类产品和服务（如 P2P 服务）排除于交易标的之外，但是并未排除电子支付在电子商务合同履行中的作用。

3）音视频及网络出版。在线服务种类繁多，且差异较大，电子商务法只调整具有普遍性的服务和相关支撑服务。对于特殊类型的服务，如单纯的信息发布（新闻信息服务、问答服务等）、利用信息网络播放音视频节目，以及网络出版等涉及意识形态安全的服务领域，考虑到监督管理的专业性和特殊性，不纳入电子商务法的调整范围。

2. 电子商务活动中适用电子商务法调整的主体范围

一般而言，电子商务法作为商法的分支，应调整平等主体之间的交易关系。因此，无论是商事主体之间的电子商务关系，还是消费者之间的电子商务关系，都属于电子商务法的适用范围。境内电子商务活动涉及境内经营者和境外经营者两种情况，电子商务法适用范围与条件有所不同。

（1）境内经营者。电子商务法适用于我国境内经营者的电子商务活动，但跨境电子商务并未被排斥于本法适用范围之外。根据我国法律建立，经我国相关部门进行市场主体登记，取得我国相关行政许可（如经营者网站登记）的法人、非法人组织或者自然人，不论属于何种类型，均属我国境内的经营者。

（2）境外经营者。电子商务活动天然具有全球性的特点，难依国家地域截然分割。电子商务法扩展适用可分为以下三类：

①电子商务平台服务导致的扩展适用。境外法人或者非法人组织使用我国电子商务平台服务从事经营活动。

②保护我国消费者的扩展适用。电子商务是通过互联网等信息网络进行的经营活动，居所地为我国的消费者与境外电子商务经营者之间购买商品与服务的合同，应适用电子商务法的规定。

③依据国际条约或者协定的扩展适用。跨境电子商务是我国对外贸易重要组成部分。我国与其他国家、地区缔结或参加的国际条约、协定规定跨境电子商务活动适用电子商务法的，应从其规定。

知识拓展 1-1

电子商务法在跨境电商活动中的适用

我国发起或参与的国际双边、多边协定或条约有规定的则适用《电子商务法》。随着我国"一带一路"等国际化经济倡议的实施及我国电子商务企业全球化经营活动的开展，我国已经或者正在发起，或者参与多个国际双边（例如，我国与澳大利亚签订的双边自由贸易协定）、国际多边（例如，我国参与了世界贸易组织服务贸易协定的谈判）、区域性贸易协定（例如，我国与东盟十国、澳大利亚、新西兰、印度、日本、韩国进行"区域性全面经济伙伴关系协定"的谈判）或者国际投资协定（例如，我国与非洲国家签署的投资协定），以维护我国的经济贸易利益，保障我国企业走出国门后的合法权益，保护我国消费者的合法权益，并彰显全球第二大经济体的国际经济贸易影响力。

在这些国际双边、多边、区域性国际条约、协定中，我国及其他国家与地区本着互利互惠的原则，规定相关跨境电子商务活动适用我国电子商务法的，自当适用。

五、电子商务法的基本原则

电子商务立法是新兴的法律领域，除了遵循法律的一般原则外，还应符合网络环境的新的法律原则。为保证电子商务法有效合理地调整规范电子商务活动，其应具备以下基本原则。

（一）功能等同原则

功能等同原则指电子单证、票据或其他文件与传统的纸面单证、票据或其他文件具有同等的功能时就应当肯定其法律效力并在法律上同等对待。

联合国国际贸易法委员会制定的《电子商务示范法》是第一次提出功能等同原则的立法性文件。《电子商务示范法》提出的功能等同原则针对的是有关书面文件要求的传统法律规定对现代通信手段发展造成的障碍。贯彻这个原则的一个显著优点就是，不必改变有关纸质文件要求的法律条款和做法，就可以容纳信息技术的新进展。

（二）意思自治原则

允许当事人以协议方式订立其间的交易规则，是交易法的基本属性。因而，在电子商务法的立法与司法过程中，都要以意思自治原则为指导，为当事人全面表达与实现自己的意愿预留充分的空间，并提供确实的保障。譬如《电子商务示范法》第四条就规定了当事人可以协议变更的条款。其内在含义是除了强制性的法律规范外，其余条款均可由当事人自行协商制定。其实，《电子商务示范法》中的强制规范不仅数量上很少，仅四条，而且其目的也仅在于消除传统法律对电子商务发展所造成的障碍，为当事人在电子商务领域里充分行使其意思自治而创造条件。换言之，《电子商务示范法》的任意性条款从正面确定权利，以鼓励其意思自治，而强制性条款，则从反面摧毁传统法律羁绊，使法律适应电子商务活动的特征，更好地保障其自治意思的实现。

（三）中立原则

吴某在某电商平台注册了一家网络店铺。2020 年 7 月，电商平台客服收到该店铺的订单维权申请。买家的维权理由为质量问题。吴某对此逾期未提交凭证。电商平台根据平台规则判定案涉商品为假冒商品，吴某应退款。在吴某账户保证金不足的情况下，电商平台以自有资金先行赔付了 8214 元给买家。电商平台催讨垫付款未果，诉请吴某偿付该款及利息。

讨论：电商平台是否有权要求吴某偿付款项及利息？依据是什么？

电子商务法的基本目标，归结起来就是要在电子商务活动中建立公平的交易规则。这是商法的交易安全原则在电子商务法上的必然反映。电子商务既是一种新的交易手段，同时又是一个新兴产业。各个利益主体都想参与其中，在这个广阔的舞台上施展才华，其具体参与者有硬件制造商、软件开发商、信息提供商、消费者、商家等，而要达到各方利益的平衡，实现公平的目标，就有必要做到如下几点。

1. 技术中立

电子商务法对传统的口令法与非对称性公开密钥加密法，以及生物鉴别法等，都不可厚此薄彼，产生任何歧视性要求。同时，还要给未来技术的发展留下法律空间，不能停止于现状。譬如，分子计算机的问世、新一代高速网络的出现等，都将考验电子商务法的中立性。这是在总结传统书面法律要求的经验后得出的方针。当然，该原则在具体实施时，会遇到许多困难，而克服这些具体困难的过程，也就是技术中立原则实现的过程。

2. 媒介中立

媒介中立与技术中立紧密联系，二者都具有较强的客观性，并且一定的传输技术与相应的媒介之间是互为前提的。媒介中立是中立原则在各种通信媒体上的具体表现，所不同的是，技术中立侧重于信息的控制和利用手段，而媒介中立则着重于信息依赖的载体，后者更接近于材料科学。从传统的通信行业划分来看，不同的媒体可能分属于不同的产业部门，如无线通信、有线通信、电视、广播、增值网络等。而电子商务法则应以中立的原则来对待这些媒介体，允许各种媒介根据技术和市场的发展规律而相互融合，互相促进。只有这样才能使各种资源得到充分的利用，从而避免人为的行业垄断。开放性互联网的出现，正好为各种媒介发挥其作用提供了理想的环境，达到了兴利除弊，共生共荣。

3. 实施中立

实施中立是指在电子商务法与其他相关法律的实施上不可偏废，在本国电子商务活动与跨国电子商务活动的法律待遇上应一视同仁。特别是不能将传统书面环境下的法律规范（如书面、签名、原件等法律要求）的效力放置于电子商务法之上，而应持中立态度，根据具体环境特征的需求，来决定法律的实施。如果说前述技术中立和媒介中立反映了电子商务法对技术方案和媒介方式的规范，具有较强的客观性。那么对电子商务法的中立实施，则更偏重于主观性。电子商务法与其他规范一样，其适用离不开当事人的遵守与司法机关的适用。

4. 同等保护

同等保护是实施中立原则在电子商务交易主体上的延伸。电子商务法对商家与消费者，国内当事人与国外当事人等，都应尽量做到同等保护。

因为电子商务市场本身是国际性的，在现代通信技术条件下，割裂的、封闭的电子商务市场是无法生存的。电子商务法上的中立原则，着重反映了商事交易的公平理念。其具体实施将全面展现在当事人依托于开放性、兼容性、国际性的网络与协议而进行的商事交易之中。

（四）安全原则

保障电子商务的安全进行，既是电子商务法的重要任务，又是其基本原则之一。电子商务以其高效、快捷的特性，在各种商事交易形式中脱颖而出，具有强大的生命力。而这种高效、快捷的交易工具，必须以安全为其前提，它不仅需要技术上的安全措施，同时，也离不开法律上的安全规范。譬如，电子商务法确认强化安全电子签名的标准，规定认证机构的资格及其职责等具体的制度，都是为了在电子商务条件下，形成一个较为安全的环境，至少其安全程度应与传统纸面形式相同。电子商务法从对数据电子效力承认，以消除电子商务运行方式的法律上的不确定性，到根据电子商务活动中现代电子技术方案应用的成熟经验，而建立起反映其特点的操作性规范，其中都贯穿了安全原则和理念。

（五）数据信息开发利用和保护均衡原则

为保证电子商务交易的安全性，必须依法保护电子商务用户数据信息，同时鼓励电子商务数据信息的交换与共享，应当保障电子商务数据信息依法有序地自由流动，并得到合理利用，以此促进电子商务的健康发展。

六、电子商务立法进程

（一）国际电子商务立法

1. 联合国的电子商务立法

1996 年 12 月 16 日，联合国国际贸易法委员会第 85 次全体大会通过了《联合国国际贸易法委员会电子商务示范法》（以下简称《电子商务示范法》）。《电子商务示范法》的重点在于对数据电文和电子签名的规范，内容包括了数据电文适用的法律要求、数据电文和电子签名的效力、电子证据、数据电文发出与接收的时间地点、数据电文的确认收讫等。

2001 年 12 月 12 日，联合国国际贸易法委员会通过了《联合国国际贸易法委员会电子签名示范法》（以下简称《电子签名示范法》），对电子签名的定义、技术特征、行业适用等内容做出了规定，内容更加具体，可操作性更强。

2. 美国的电子商务立法

1997 年，美国颁布了《全球电子商务纲要》，纲要中提出了一系列关于电子商务发展的原则和政策的实施方案，为电子商务国际协约的订立打下了基础。同年，美国众议院司法委员会通过了《国际与国内商务电子签名法（草案）》。2000 年，美国政府签署通过了草案，使之成为正式法案，这是美国第一部统一的电子签名法。

3. 欧盟的电子商务立法

欧盟委员会在 1997 年发布了《欧洲电子商务行动方案》，次年通过了《关于信息社会服务的透明度机制的指令》，紧接着在 1999 年颁布了《关于建立有关电子签名共同法律框架的指令》，这部指令文件是欧盟对电子签名立法的基本建构，也是各成员国重要的立法基础。

4. 亚洲其他国家的电子商务立法

新加坡政府在 1998 年颁布了《电子交易法》，主要内容有电子签名的效力、电子合同的签订规范、认证机构的设立规则及义务等。韩国在 1999 年颁布了《电子商务基本法》，其中包括电子通信信息、电子商务安全、电子商务促进、消费者保护几部分内容，涉及面很广，具有重要的参考意义。

（二）我国电子商务立法

随着人类步入信息经济时代，我国立法机关和政府部门敏锐地捕捉到电子商务对传统法律的影响和冲击。在电子商务立法上采取了渐进式的审慎立法政策，如"成熟一个，制定一个""宜粗不宜细""先立单项法，后立综合法"等，并在立法时机成熟时，适时出台了《中华人民共和国电子商务法》。

早在 20 世纪 90 年代，我国就开始了计算机与网络的立法保护工作，并陆续出台了《中华人民共和国计算机信息系统安全保护条例》《中华人民共和国计算机信息网络国际联网管理暂行规定》《中国互联网络域名注册暂行管理办法》等规范性法律文件，为电子商务的法制建设奠定了基础。2004 年我国第一部真正意义上的电子商务法——《中华人民共和国电子签名法》颁布后，我国明显加快了电子商务立法进程，陆续颁布和出台了《电子认证服务管理办法》《电子认证服务密码管理办法》《关于促进银行卡产业发展的若干意见》《电子支付指引（第一号）》《互联网电子邮件服务管理办法》《国务院办公厅关于加快电子商务发展的若干意见》和《电子商务发展"十一五"规划》等规范性法律文件。2018 年 8 月 31 日，经历三次公开征求意见、四次审议及修改，历时近五年，我国电子商务领域的首部综合性法律——《中华人民共和国电子商务法》（简称《电子商务法》）正式出台，自 2019 年 1 月 1 日起施行。

认识电子商务法

请同学们结合"认识电子商务法"相关知识点，参考以下思维导图，分组训练。

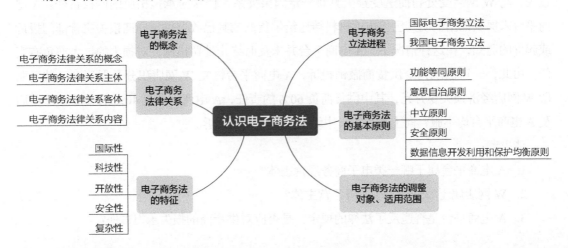

任务二　区分电子商务经营主体

任务描述

2024 年 3 月 15 日，入驻 A 电商平台的 W 网店被供货商投诉出售假冒商品。A 电商平台收到投诉后，通知 W 网店，要求 W 网店三个工作日内提供材料申诉。3 月 21 日，A 电商平台认为 W 网店超时未申诉，对 W 网店做出立即删除商品、搜索屏蔽店铺等处罚。3 月 25 日，W 网店向 A 电商平台申诉，并提交进货发票。A 电商平台以发票购买方非 W 网店经营者、开票时间晚于投诉时间为由，认定申诉不成立。4 月 30 日，供货商再次以售假为由向 A 电商平台投诉 W 网店。A 电商平台通知 W 网店限期申诉。5 月 5 日，W 网店申诉并提交 W 网店购销合同书、发货单、发票。A 电商平台以购销合同不完整、发票显示的购买方非 W 网店经营者、发货单未盖章为由，要求 W 网店补充提交材料。5 月 6 日，A 电商平台对 W 网店再次做出处罚。两次处罚后，A 电商平台于 5 月 8 日对 W 网店实施在线商品不超过 5 件的处罚措施，并于 7 月 31 日以售假为由罚没 W 网店消保保证金 2 500 元。W 网店认为，A 电商平台不当处罚导致 W 网店排名大幅下降、店铺浏览量大幅减少，销售额也因此大幅减少，故向法院提起诉讼，要求供货商撤销对 W 网店的投诉，A 电商平台撤销对 W 网店的处罚，恢复 W 网店商品销售链接，并与供货商连带赔偿 W 网店经济损失 120 万元等。

一审法院认为，供货商诉讼中作为证据提交的产品实物包装与标识是其鉴定报告中显示的正品包装与标识，并非投诉时所称的不同于正品的包装与标识，且庭审中供货商自认因工作疏忽，向 A 电商平台投诉时所提供的投诉资料与客观事实不符，故供货商的投诉存在重大过失，与 W 网店受处罚而遭受损失具有一定因果关系，依法应承担相应的侵权责任。A 电商平台未提供证据证明其已将申诉材料转送给供货商或其已收到供货商向相关主管部门投诉或起诉的通知，在这种情况下，A 电商平台并未及时终止处罚措施，对损失的扩大亦负有责任。由此，一审法院判令供货商撤销投诉，A 电商平台恢复 W 网店积分及保证金，共同赔偿 W 网店经济损失 5 万元，其中供货商负 60% 的责任，A 电商平台负 40% 的责任。W 网店及 A 电商平台均不服，向上海市第一中级人民法院提起上诉。

请思考：

1. A 电商平台属于哪一类电子商务经营主体？

2. W 网店属于哪一类电子商务经营主体？

3. A 电商平台是否违反了法律的规定？是否应对供货商的损失承担责任？

任务分解

1. 理解电子商务主体的定义。

2. 理解电子商务经营者的概念与分类。

3. 根据电商经营者经营的企业类型和服务内容选择主体登记和行政许可程序。

知识精讲

一、电子商务主体概述

（一）电子商务主体的定义

电子商务主体是指电子商务法律关系的参与者，是电子商务法律关系中享有权利和承担义务的个人或组织。电子商务主体往往使用其网络 ID 或网名参与电子商务活动。而这个 ID 或网名只是虚拟网络中的一个代号，并不是电子商务主体本身，ID 或网名背后的权利主体才是电子商务主体。例如，天猫平台名称为 "adidas 官方旗舰店" 的店铺，其背后的经营者为阿迪达斯体育（中国）有限公司，阿迪达斯体育（中国）有限公司才是电子商务主体。

从主体的法律属性来看，电子商务主体可分为自然人、法人和非法人组织。从主体在电子商务活动中的参与度来看，电子商务主体又可分为直接参与电子商务活动的直接主体和为直接主体提供辅助服务的间接主体。

课堂讨论 1-3

某商家因出售假冒知名化妆品被某商城下架、撤店，商家将该商城平台运营商 A 公司起诉至法院。随后，A 公司提起反诉，要求该商家支付违约金，后北京市大兴区人民法院依法判决商家赔偿 A 公司违约金 100 元。

讨论：本例中 A 公司属于什么主体？

（二）电子商务直接主体

电子商务直接主体是指电子商务交易的当事人双方，即电子商务消费者及电子商务经营者。

1. 电子商务消费者

电子商务消费者是通过互联网等信息网络购买商品或者接受服务的自然人、法人和非法人组织。其中自然人是指在线自然人用户，法人和非法人组织则是指包括企事业单位、政府机构在内的购买商品或服务的组织。

《电子商务法》第四十八条规定，在电子商务中推定当事人具有相应的民事行为能力。

德法课堂 1-2

刷单有去无回，黑灰产交易不获保护

2021 年 4 月，漫漫公司为增加其网络店铺的交易量，委托案外人陈某组织刷手在其网络店铺刷单，漫漫公司需按照交易订单金额退还货款，并支付刷单报酬，标准约为每刷单 10 000 元支付 50 元。通过陈某的牵线，刷手组织者李某向漫漫公司介绍了刷手何某。何某遂在某平台创建了案涉交易订单，双方均确认案涉商品未实际发货。何某称，漫漫公司未向其退还因刷单垫付的 20 000 元且并未支付刷单费，遂在某平台提出"仅退款"申请。漫漫公司称其已将案涉款项支付给案外人陈某，拒绝向何某退款。何某诉请：漫漫公司退还货款 20 000 元。法院判决：驳回原告何某的全部诉讼请求。

案例分析：案例中何某是否属于电子商务主体？何某与漫漫公司订立网络购物合同属于什么行为？漫漫公司作为电子商务经营者违反了哪些法律规定？

要点提示

该行为意在以虚假网络购物意思掩盖"刷销量、赚报酬"的真实意思，属于通谋虚伪行为。通过案例分析，引导学生树立诚实守信、遵纪守法的人生观、价值观。

---

2. 电子商务经营者

电子商务经营者，也就是电子商务中的商事主体，直接参与电子商务活动，不包括提供辅助服务的间接主体物流服务方、支付服务方、政府等。

二、电子商务经营者的概念与分类

（一）电子商务经营者的概念

电子商务经营者，是指通过互联网等信息网络从事销售商品或者提供服务的经营活动的自然人、法人和非法人组织。电子商务经营者具有三个特征：

（1）电子商务经营者首先是从事市场经营活动的商事主体。

（2）电子商务经营者是通过互联网等信息网络从事销售商品或者提供服务的经营活动的商事主体。

（3）电子商务经营者以自然人、法人、非法人组织等形态存在。

（二）电子商务经营者的分类

我国《电子商务法》中明确界定了电子商务经营者的类型。

1. 电子商务平台经营者

电子商务平台经营者，是指在电子商务中为交易双方或者多方提供网络经营场所、交易撮合、信息发布等服务，供交易双方或者多方独立开展交易活动的法人或者非法人组织。例如：淘宝、天猫、京东的平台经营者等。特别值得注意的是，电子商务平台并不等于电子商务平台经营者，日常观念中经常把二者混同，目前有代表性的这三大平台，它们的平台经营者分别是浙江淘宝网络有限公司、浙江天猫网络有限公司和北京京东叁佰陆拾度电子商务有限公司。现实中平台经营者常常也不只是第三方这一个角色，有的平台经营者会自行销售商品或提供服务，如京东就有自营商品和服务。

知识拓展 1-2

常见电子商务平台经营者

平台	平台经营者
淘宝	浙江淘宝网络有限公司
天猫	浙江天猫网络有限公司
京东	北京京东叁佰陆拾度电子商务有限公司
拼多多	上海寻梦信息技术有限公司
美团	北京三快科技有限公司
携程	上海携程商务有限公司
新东方	新东方教育科技集团有限公司

微课1-2
电商平台经营者与
平台内经营者

2. 平台内经营者

平台内经营者，也称"商家"，是指通过电子商务平台销售商品或者提供服务的电子商务经营者。例如淘宝上的商家、京东上的商家等。电子商务经营者中绝大多数是平台内经营者，因为对于大多数电子商务经营者来说自身都没有搭建网络平台来销售商品或提供服务的能力。

平台内经营者依附于电子商务平台，在他人搭建的电子商务平台进行交易行为。平台内经营者不仅需要受到法律的约束，同时还要遵守电子商务平台的规则。

3. 通过自建网站、其他网络服务销售商品或者提供服务的电子商务经营者

自建网站电子商务经营者，是指在自行搭建的网络平台上从事商品销售和提供服务的电子商务经营者。自建网站经营者如华为商城等。自建网站的电子商务经营者与平台内经营者类似，仅在经营渠道和媒介使用上与传统商务经营者有所区别。但并非所有自建网站的企业都属于电子商务经营者，这些网站需要具备向社会不确定第三方销售商品或者提供服务的功能。若企业仅在自建网站中介绍、宣传、推广企业或企业的产品和服务，则不属于电子商务经营者的范畴。

通过其他网络服务销售商品或者提供服务的电子商务经营者有微商、直播销售等。

三、电子商务经营者主体登记与行政许可制度

根据我国现有制度，要从事经营活动涉及"证""照"两个层面的要求，即市场监管部门的营业执照，以及许可审批部门的许可证或者其他批准文件。营业执照是从事经营活动的基本要求，而许可证是一些商业领域的进一步准入要求，电子商务经营者要从事经营活动自然也不能例外。

（一）电子商务经营者主体登记制度

作为市场主体的电子商务经营者依法履行市场主体登记义务，是市场主体彰显其商事主体身份、提升信用程度的重要途径，这不仅有利于市场监管，也是国家鼓励线上线下经营共同发展的重要体现。我国《电子商务法》采用了原则登记、例外豁免的制度。

我国《电子商务法》第十条规定，电子商务经营者应当依法办理市场主体登记。电子商务经营者申请登记成为公司、个体工商户或合伙企业等，应当依照现行市场主体登记管理相关规定向各地市场监督管理部门申请办理市场主体登记。

但是，自然人在以下四类情况可以豁免市场主体登记：

（1）个人销售自产农副产品。

（2）个人销售家庭手工业产品。

（3）个人利用自己的技能从事依法无须取得许可的便民劳务活动。

（4）个人从事依法无须取得许可的零星小额交易活动以及依照法律、行政法规不需要进行登记的。

由于电子商务平台经营者需要获得电信增值业务行政许可，而这个许可自然人无法申请。因此电子商务经营者中除电子商务平台经营者不能是自然人外，另两类电子商务经营者市场主体形式在特定情况下可以是自然人。

（二）电子商务经营者行政许可制度

我国《电子商务法》第十二条规定："电子商务经营者从事经营活动，依法需要取得相关行政许可的，应当依法取得行政许可。"

行政许可是行政机关根据自然人、法人或者其他组织的申请，经依法审查，准予其从事特定活动的行为。对电子商务经营者的行政许可制度主要包括两类：

第一类是对线上线下经营者普遍适用的行政许可。例如常见的食品、医药品、烟草业、出版业等领域，不管线上线下，经营者都需获得相关行政许可才能进行经营活动。第二类是电子商务特有的行政许可。例如，依照《互联网信息服务管理办法》规定，经营性的互联网信息服务采取许可制，非经营性互联网信息服务采取备案制。

课堂讨论 1-4

2022年4月至8月期间，雷某在未取得出版物经营许可证和未办理工商注册登记的情况下，在淘宝网上注册账号经营网络书店"状元书阁"，通过支付宝账号与客户进行资金结算。雷某接受客户订单后，从某购物网站购进书籍存放于租赁仓库，通过快递发往各地，销售金额共计人民币 741 201.45 元。

法院判决：雷某犯非法经营罪，判处有期徒刑两年，缓刑两年六个月，并处罚金3万元。

讨论：以上案例中，网店店主为什么被追究刑事责任？

四、电子商务经营者的其他相关规定

在我国的《电子商务法》中，电子商务经营者除了和传统经营者一样需承担相应的民商事法律义务外，还需要承担某些具有电子商务活动特点的法律义务，包括诚信经营义务、依法纳税义务、公开公示义务、信息提供和信息保护义务以及消费者权益保护义务等。此外，法律还对电子商务平台经营者的义务做了一些特别规定，这些规定包括对平台内经营者的信息审查登记、制定平台服务协议和交易规则、对平台交易进行管理、交易秩序安全维护等方面，这些相关规定的具体内容见本教材项目五"电子商务市场规制法律实务"部分。

案件直击 1-2

拼多多是否系侵犯知识产权者的"帮凶"？

中国建筑出版公司（下称"出版公司"）向寻梦公司发函，告知其经营的拼多多平台上存在大量销售低价盗版书籍的情况，要求寻梦公司限期对所涉商家采取删除侵权链接、关闭违法商家账户等措施。寻梦公司表示其收函后即要求出版公司补充被控侵权商品链接，在出版公司提供后的次日，寻梦公司对所涉商品进行下架处理。出版公司认为寻梦公司经营的拼多多平台没有设置便捷的投诉渠道，并且，寻梦公司在接到侵权告知函后未能及时采取必要措施，且未能主动删除涉案产品链接，遂诉至法院要求寻梦公司对损害的扩大部分承担连带责任。

法院在审理的过程中发现寻梦公司在"拼多多维权投诉指引"中明确了投诉流程，在通知程序下的第二条明确权利人应当提交侵犯其知识产权的商品在拼多多平台的具体链接地址。寻梦公司在收到涉嫌侵权的链接后于 1 日内将被控侵权商品下架。

案例讨论：根据以上案例，查找电子商务法中关于电子商务经营者的相关规定，思考寻梦公司是否要对损害的扩大部分承担连带责任。法律依据是什么？

思维导图实训1-2

区分电子商务经营主体

请同学们结合"区分电子商务经营主体"相关知识点，参考以下思维导图，分组训练。

任务三　规范电子商务从业人员职业道德

任务描述

案例一：虚假宣传事件

某电商平台上，一位卖家发布了一款声称能够治疗多种疾病的保健品，并标注了大量的虚假宣传内容，如"神奇药物，绝对无副作用""百分百有效，一次见效"等。这款保健品在市场上迅速走红，消费者纷纷购买，并产生了很大的经济损失和健康风险。

面对这一情况，电商平台的运营人员首先应该及时发现并停止这位卖家的虚假宣传行为，并对其进行警告和处罚。同时，平台应该加强对卖家发布商品信息的审核力度，确保商品信息的真实性和合法性。此外，平台还应该向用户公开道歉，并积极协助受害者维权，追回损失。

对于这位卖家，作为电子商务从业人员，他需要意识到自己的宣传行为对消费者的权益造成了严重损害，并对其行为负责。他应该公开承认自己的错误，并向受害者道歉，同时承担相应的法律责任。此外，他还应该深刻反思自己的职业道德，遵守诚实守信、不损害消费者权益的原则，以正规合法的方式开展电子商务活动。

案例二：售假事件

某电商平台上，一位卖家销售了一批假冒名牌商品，以低价吸引消费者购买。消费者购买后发现商品是假冒的，并向电商平台投诉。经过调查，平台确认了该卖家的售假行为，并对其进行了处罚。

电商平台在这一事件中起到了关键作用，首先要加强对卖家的审核和监管，确保售卖商品的真实性和合法性。对于发现售假行为的卖家，平台应该立即停止其销售活动，并对其进行处罚，如封禁账号、追究法律责任等。同时，平台还应该积极帮助受害者维权，追回损失，并向用户公开道歉。

对于这位售假的卖家，他作为电子商务从业人员，违反了行业的职业道德和法律法规。他应该意识到自己的行为对消费者权益造成了损害，并承担相应的法律责任。他需要公开承认自己的错误，并向受害者道歉。此外，他还应该深刻反思自己的职业道德，遵守诚实守信、不售假不欺诈的原则，以正规合法的方式开展电子商务活动。

请思考：作为电子商务从业人员，我们可以从哪些方面加强自身的职业道德培养？

任务分解

1. 理解电子商务从业人员职业道德的概念及规范的主要内容。
2. 理解电子商务从业人员与电子商务法律制度的关系。

知识精讲

一、电子商务从业人员的职业道德

职业道德是从业人员在一定的职业活动中应遵循的、具有自身职业特征的道德要求和行为规范。电子商务从业人员的职业道德是对电子商务人员在职业活动中的行为规范。电子商务从业人员的职业道德修养主要包括四个方面，分别是职业责任、职业纪律、职业情感以及职业能力的修养。遵纪守法指的是电子商务从业人员要遵守职业纪律和与职业活动相关的法律、法规，遵守商业道德。在商务活动中，电子商务人员应当严格按照合同办事。

（一）职业道德对电子商务各交易阶段的影响

职业道德对电子商务各交易阶段的影响，包括交易前、交易中和交易后。

1. 交易前

在交易前，商家需要通过各种方式吸引消费者，包括宣传广告、促销活动等。职业道德在这个阶段起到了重要的作用，商家需要遵循道德准则，以保证他们的宣传和推广活动是真实和诚实的。例如，商家在广告中宣称的产品特性和价格应该与实际情况相符，以免误导消费者。同时，商家还应该尊重消费者的隐私权，不将其个人信息用于未经授权的目的。职业道德的遵守可以增加消费者对商家的信任度，促进交易的顺利进行。

2. 交易中

在交易中，商家需要提供良好的客户服务，以满足消费者的需求和期望。职业道德要求商家以诚信和责任的态度对待消费者，提供真实和准确的信息，及时回复消费者的咨询和投诉。商家还应该遵守交易过程中的法律和规定，确保交易的公平和透明。如果商家违反职业道德准则，例如，商家有欺诈行为或恶意操纵交易过程，将会损害消费者的权益和信任，对商家的声誉和业务发展产生负面影响。

3. 交易后

在交易后，商家需要履行售后服务的责任，确保消费者对产品的满意度和忠诚度。职业道德要求商家提供有效的售后支持，包括产品保修、退货和退款等服务。商家还应该尊重消费者的意见和建议，及时解决消费者的问题和投诉。职业道德的遵守有助于商家建立良好的声誉和品牌形象，增加消费者的忠诚度和口碑传播，进而促进业务的增长和发展。

（二）电子商务从业人员的职业道德规范主要内容

电子商务从业人员的职业道德规范主要包括四个方面的修养，分别是职业责任、职业纪律、职业情感以及职业能力的修养。优良的职业道德是电子商务从业人员在职业活动中的行为指南，同时也是高质量产品与高质量服务的有效保证，对于促进本行业发展有着积极的推动作用。

微课1-3
规范从业行为，
加强职业道德建设

电子商务从业人员的职业道德规范具体包括八个方面。

1. 忠于职守，坚持原则

电子商务从业人员应尽职尽责，履行自己的工作职责；应具备敬业精神，对自己的工作认真负责，积极完成工作任务，不推卸责任。无论是处理订单、客户咨询还是售后服务，都应该认真对待，尽力提供满意的解决方案。同时，电子商务从业人员应遵守职业道德规范和行业规则，不违背自己的职业操守和伦理准则；应遵循公平、诚信、公正的原则，不以不正当手段获取利益，不欺骗消费者，不侵犯他人权益；应坚持诚实守信的原则，言行一致，不做虚假宣传，不散布谣言，保持良好的商业信誉。忠于职守和坚持原则还包括遵守法律法规和行业规范。电子商务从业人员应了解并遵守相关的法律法规，如《电子商务法》《消费者权益保护法》等，以及行业规范，如网络售后服务规范等；应遵循这些规定，合法经营，保护消费者权益，维护市场秩序。

2. 脚踏实地，吃苦耐劳

电子商务从业人员应踏实勤奋地工作，不图虚名，不急于求成；应注重细节，做好每一个环节，确保工作的高效和质量；应有实际的目标和计划，并努力去实现，不浮躁、不虚华。同时，电子商务从业人员应有较强的抗压能力和吃苦耐劳的精神；应能够承受工作的压力和困难，勇于面对挑战。脚踏实地和吃苦耐劳还包括勤奋学习和不断提升自己的专业知识和技能。电子商务行业发展迅速，技术和市场变化快速，因此，电子商务从业人员应具备学习的意愿和能力，不断跟进行业的最新动态，提升自己的专业素养，以适应行业的发展需求。

3. 谦虚谨慎，办事公道

电子商务从业人员应保持谦逊的态度，不自负、不傲慢；应虚心学习，勇于承认自己的不足，并愿意接受他人的意见和建议；应谨慎行事，不轻易做出决策，而是经过慎重考虑和分析，以确保决策的准确性和合理性。同时，电子商务从业人员应公正、公平地对待各方利益相关者；应遵循商业道德和法律法规，不偏袒任何一方，不利用职权谋取个人私利；应坚持公平竞争的原则，不进行不正当竞争行为，维护市场的公平和秩序。谦虚谨慎和办事公道还包括保守商业机密和个人隐私。电子商务从业人员应严守商业机密，不泄露企业的商业秘密和客户的个人信息；应妥善保管和使用这些信息，确保其安全和保密。

4. 遵纪守法，廉洁奉公

电子商务从业人员应遵守国家和地方的法律法规，不违法乱纪。他们应该了解并遵守相关的法律法规，包括但不限于商业法律、消费者权益保护法、数据保护法等；应诚实守信，不做虚假宣传，不进行欺诈行为。同时，电子商务从业人员应廉洁自律，不贪污受贿，不滥用职权；应依法办事，坚持公正和公平原则，不利用职务之便谋取私利；应为客户和消费者着想，提供诚信、可靠的产品和服务。遵纪守法和廉洁奉公还包括维护行业的良好形象和声誉等。电子商务行业的发展离不开社会的信任和支持，因此，电子商务从业人员应自觉遵守行业的道德规范，不参与不正当竞争和损害消费者利益的行为；应注重企业的社会责任，积极参与公益活动，为社会做出贡献。

5. 恪守信用，保守秘密

电子商务从业人员应诚实守信，遵守承诺；应按照合同和协议的约定履行自己的承诺，不轻易违约；应遵守商业道德，不进行虚假宣传，不误导消费者；应尽力提供优质的产品和服务，以赢得消费者的信任和忠诚度。同时，电子商务从业人员应严守商业机密和客户的个人信息；应妥善保管和使用商业机密，不泄露企业的商业秘密，不滥用客户的个人信息；应采取相应的安全措施，确保这些信息的保密性和安全性。恪守信用和保守秘密还包括不从事不正当竞争行为。电子商务从业人员应遵守公平竞争的原则，不进行不正当竞争行为，如诋毁竞争对手、抄袭他人作品等；应尊重知识产权，不侵犯他人的版权、专利等权益。

6. 实事求是，客观公正

电子商务从业人员应以客观真实的态度对待事实和问题；应基于真实的数据和信息进行分析和判断，不夸大事实，不进行虚假宣传；应对产品和服务的质量、价格、功能等进行真实的描述，不夸大其优势，不掩盖其缺陷。同时，电子商务从业人员应公正地对待客户和合作伙伴；应尊重客户和合作伙伴的权益和利益，不歧视、不偏袒；应公平竞争，不进行不正当竞争行为；应遵守合同和协议的约定，不违背公平交易的原则。实事求是和客观公正还包括认真对待客户的投诉和纠纷。电子商务从业人员应认真对待客户的反馈和投诉，及时解决问题，不推卸责任；应依据客观的事实和法律法规进行判断和处理，保持公正和公平。

7. 刻苦钻研，勇于创新

电子商务从业人员应具备持续学习和不断提升自己的能力的意识；应关注行业的最新动态和发展趋势，积极学习新知识、新技术和新方法；应不断提升自己的专业知识和技能，以适应行业的变化和发展。同时，电子商务从业人员应具备积极主动、敢于追求新思路和新方法的品质；应具备创新意识，不满足于现有的方式和方法，勇于尝试新的想法和做法；应具备解决问题的能力，能够找到切实可行的解决方案，提出创新的建议和改进的措施。刻苦钻研和勇于创新还包括对待工作的态度和精神。电子商务从业人员应具备勤奋和坚持的品质，能够克服困难和挑战，不怕吃苦；应具备积极进取的精神，不断追求卓越和突破，不满足于平庸和安逸。

8. 爱岗敬业，提高技能

电子商务从业人员应对自己的工作充满热情和责任心；应积极主动地履行自己的职责，不怕辛苦，不怕困难；应以客户满意为目标，始终保持高度的工作积极性和主动性。同时，电子商务从业人员应不断提升自己的专业知识和技能水平；应该关注行业的发展趋势和新技术的应用，积极参加培训和学习，不断提高自己的能力；应具备良好的学习能力和学习意愿，能够快速适应新的工作要求和变化。爱岗敬业和提高技能还包括对待工作的态度和精神。电子商务从业人员应具备细致认真的工作态度，精益求精的工作作风；应积极与团队合作，互相支持和帮助，共同完成工作目标；应具备解决问题的能力，能够在工作中发现问题并提出解决方案。

（三）电子商务从业人员道德失范的表现

电子商务从业人员道德失范的表现包括虚假宣传、偷税漏税、侵犯消费者隐私以及销售假冒伪劣产品等。这些行为不仅违反了商业道德和法律法规，也损害了消费者和整个电子商务行业的利益。

1. 虚假宣传

电子商务平台上，有些商家为了吸引消费者，会夸大商品的优点，或者使用虚假图片来误导消费者。比如，某电商平台上销售的一款手机，商家在宣传中称其具有超长续航时间，但实际使用后却发现续航时间远远没有商家宣传的那样长。这种虚假宣传不仅违背了商家应有的诚实守信原则，也损害了消费者的权益。

案件直击1-3

一网店虚假销售 法院判决三倍赔偿

欧阳某某通过某网络平台在某商贸有限公司的网店中购买一件玩具，支付了3 508元。欧阳某某收到货后，发现该产品不是商家页面和详情页所宣传的产品，而是其他劣质廉价的商品。欧阳某某便向该公司的网店申请退款，网店却不予理会，欧阳某某通过某网络平台客服介入途径退回其3 508元。

事后，欧阳某某就争议商品积极找某商贸有限公司处理问题，公司仍旧不予理睬。欧阳某某认为该公司的网店涉嫌欺诈，为维护自己的合法权益，便起诉到延津县法院。

法院审理后认为，欧阳某某通过浏览涉案商品详情页面购买产品，该详情页面表述应当视为某商贸有限公司对涉案产品的宣传。欧阳某某所购买的玩具应系与宣传价值相对应的产品，并非该公司发送的产品，其二者在商品外观、名称及质量等方面存在明显不同，某商贸有限公司也未能披露案涉产品相关生产厂家信息，故该公司的行为构成欺诈。根据《消费者权益保护法》相关条款规定，欧阳某某要求某商贸有限公司向其支付三倍赔偿金10 524元的诉讼请求，法院予以支持。综上所述，依照相关法律规定，某商贸有限公司支付欧阳某某赔偿金10 524元。

案例讨论：这种行为违反了电子商务从业人员哪些职业道德规范？

2. 偷税漏税

在电子商务领域，有些商家为了减少税收负担，会采取各种手段进行偷税漏税。比如，通过虚构交易、虚构成本等方式，将利润转移到低税率地区或者避税天堂，从而减少纳税额。这种行为不仅违反了税法规定，也严重损害了国家的财政利益。

德法课堂1-3

电商企业偷税漏税行为

某电商企业是一家国内知名的电子商务公司，为了减少税收负担，该电商企业采取了虚构交易和虚构成本等手段进行偷税漏税。

虚构交易：该电商企业与虚假的卖家进行合作，通过虚构交易的方式，制造虚假的销售额。这样一来，企业实际获得的利润被低估，从而减少了应纳税额。

虚构成本：该电商企业通过虚构成本的方式，将实际的利润转移至低税率地区或避税天堂。虚构的成本包括虚假的采购费用、运输费用等，使得企业利润减少，从而降低了实际应纳税额。

案例分析：这种电商企业偷税漏税行为违反了哪些法律规定？电商从业人员违反了哪些职业道德规范？

要点提示

根据税法规定，偷税行为将受到罚款的处罚。税务机关可能对该电商企业采取责令改正、吊销营业执照等行政处罚措施，对触犯刑法的偷税漏税行为追究刑事责任。电商从业人员应该具备良好的职业道德，遵守法律法规，诚实纳税，以维护行业的健康发展和社会的公平正义。

3. 侵犯消费者隐私

在电子商务平台上，有些商家为了获取更多的消费者信息，会进行非法的数据收集和使用。比如，在消费者购买商品时，商家会要求消费者提供详细的个人信息，然后将这些信息用于其他商业用途，甚至出售给第三方。这种侵犯消费者隐私的行为不仅违背了消费者的知情权和选择权，也涉及个人信息保护的法律问题。

4. 销售假冒伪劣产品

在电子商务领域，有些商家为了获取更大的利润，会销售假冒伪劣产品。比如，某电商平台上销售的一款名牌手袋，实际上是假冒品牌的手袋，质量和真品相差甚远。这种销售假冒伪劣产品的行为不仅损害了消费者的利益，也损害了原品牌的声誉，对整个电子商务行业产生了负面影响。

课堂讨论 1-5

案例1：某电商平台上，一家手机应用开发公司在用户下载和使用其应用时，未经明确告知就搜集了大量的个人信息，包括通讯录、位置信息等，并将这些信息用于商业目的。用户在发现后感到非常不满，觉得自己的隐私权受到了侵犯。

案例2：某电商平台上，一家店铺销售了一批品牌化妆品，声称是正品。然而，消费者购买后发现这些产品是假冒伪劣的，质量和真品相差甚远。消费者向平台投诉后，发现这家店铺已经在平台上消失了，无法联系到商家。

讨论：上述案例中电子商务从业人员存在哪些道德失范？

二、电子商务从业人员职业道德与电子商务法律制度的关系

电子商务从业人员职业道德与电子商务法律制度是电子商务领域中两个重要的规范体系。它们在性质、范围、约束力和目的等方面存在明显的区别，但又相互关联、相互促进。

知识拓展 1-3

电子商务从业人员职业道德与电子商务法律制度的主要目的

电子商务从业人员职业道德的主要目的是关注从业人员的个人行为和职业操守，以保护消费者权益、保护商业机密、诚实守信等为核心内容。电子商务从业人员职业道德具有自律性质，不具备强制性。电子商务从业人员在遵守职业道德的同时，可以提高个人的职业素养，增强企业的社会形象。职业道德的遵守不仅能够促进企业的长期发展，还有助于维护整个电子商务行业的良好秩序。

电子商务法律制度的主要目的是确保电子商务活动的合法性、安全性和公平性，保护消费者的权益，促进市场的有序运行。与职业道德不同，电子商务法律制度具有强制性，违反法律规定将面临法律制裁和法律责任。电子商务法律制度的范围更广泛，涵盖了电子商务活动的各个方面，包括电子商务合同、网络支付、电子数据交换等方面的法律规定。

（一）电子商务从业人员职业道德和电子商务法律制度之间的联系

（1）职业道德和法律制度共同促进了电子商务行业的健康发展。职业道德规范了从业人员的行为准则，使其在商业活动中遵循公平竞争、诚实守信的原则，从而维护了电子商务行业的诚信和可持续发展。法律制度则为电子商务活动提供了法律依据和规范，保障了交易的合法性和安全性。

（2）职业道德和法律制度可以相互补充和促进。职业道德的遵守有助于推动法律法规的有效实施。从业人员在遵守职业道德的同时，也遵守了法律法规的要求，避免了违法行为的发生。法律制度的制定和实施则可以弥补职业道德在约束力上的不足，确保从业人员更加规范地开展电子商务活动。

（二）电子商务从业人员职业道德和电子商务法律制度之间的区别

（1）职业道德是一种自我约束，需要从业人员自觉遵守。尽管违背职业道德可能会受到社会舆论的谴责，但没有法律强制力。法律制度则具有法律效力，违反法律规定将面临法律制裁和法律责任。

（2）职业道德的制定和实施相对较为灵活，可以根据行业和企业的特点进行调整和完善。而法律法规的制定则需要经过立法程序，较为烦琐，调整和修改相对困难。这也使得职业道德在适应变化和发展中更加灵活和具有针对性。

总之，电子商务从业人员职业道德与电子商务法律制度在性质、范围、约束力和目的等方面存在明显的区别。职业道德是一种自律性质的规范，侧重于从业人员的个人行为和职业操守。而法律制度是一种强制性质的规范，涵盖了电子商务活动的各个方面。两者相互关联、相互促进，共同推动了电子商务行业的健康发展。

三、电子商务从业人员职业道德教育

为了避免道德失范的问题，电子商务从业人员应该秉持诚实守信的原则，遵守法律法规，提供真实准确的商品信息，保护消费者的合法权益。同时，电子商务平台也应加强对商家的监管，建立健全的信用评价机制，对违规行为进行严肃处理。此外，电子商务从业人员也应加强道德教育，提高自身的道德素质，树立正确的商业道德观念。只有在道德规范的指导下，电子商务行业才能健康发展，消费者才能放心购物。

（一）电子商务从业人员职业道德教育形式

电子商务从业人员职业道德教育是培养从业人员良好职业道德的重要手段，可通过接受教育和自我教育两种形式展开。接受教育主要指通过培训、课程等外部资源来学习和提高职业道德。自我教育则是个体自主学习和反思的过程，主要通过自我调整和提升来塑造良好的职业道德。

1. 接受教育

（1）职业道德培训课程。通过专门的职业道德培训课程，了解职业道德的重要性、核心价值观和实践原则。这些课程可以包括职业道德的基本知识、案例分析、道德决策等内容，通过理论与实践相结合，提高电子商务从业人员的道德素养和职业操守。

（2）现场观摩和案例分享。通过到优秀企业进行现场观摩，学习先进企业的职业道德理念和实践经验。同时，通过案例分享，了解职业道德在实际工作中的应用和挑战，从而在实践中形成正确的职业道德观念。

（3）专家讲座和学术研讨。邀请行业专家、学者等进行专题讲座和学术研讨，介绍最新的职业道德理论和研究成果，引导电子商务从业人员深入思考和讨论职业道德的问题。这种形式可以促进其对职业道德的深入理解，激发他们的思考和创新能力。

（4）考核和评估机制。建立职业道德的考核和评估机制，对电子商务从业人员的职业道德进行定期评估和反馈。通过定期的考核，可以发现所存在的问题和不足，有针对性地进行培训和指导。

2. 自我教育

（1）自我反思和反馈。电子商务从业人员应常常反思自己的行为和决策是否符合职业道德的要求，及时发现和纠正自身存在的问题。可以通过个人日志、心得体会等形式进行记录，对自己的行为进行反馈和总结，不断提高自我意识和职业道德素养。

（2）学习和研究。电子商务从业人员应主动学习和研究职业道德的相关知识和经验。可以通过阅读书籍、参与学习小组、关注行业资讯等方式，不断更新自己的知识储备和思维方式，提高职业道德的认知水平和行动能力。

（3）寻求导师和榜样。电子商务从业人员可以寻找职业导师或榜样，向他们学习和请教。导师可以提供指导和建议，帮助电子商务从业人员发现自身的优势和不足，并引导其形成正确的职业道德观念和行为准则。

（4）参与社会公益活动。积极参与社会公益活动，通过实际行动践行职业道德。参与公益活动可以培养自身的社会责任感和公共意识，提高对社会公平正义的关注和维护意识。

（二）电子商务从业人员职业道德教育内容

电子商务从业人员职业道德教育是培养电商从业人员具备正确的职业道德观念和行为规范的重要环节。这种教育内容主要包括电子商务从业人员职业道德观念教育、电子商务从业人员职业道德规范教育、电子商务从业人员职业道德警示教育以及其他与电子商务从业人员职业道德相关的教育。

1. 电子商务从业人员职业道德观念教育

电子商务从业人员职业道德观念教育是培养从业人员树立正确的职业道德观念的重要环节。在这方面的教育中，可以通过案例分析、讨论和讲座等形式，引导电子商务从业人员理解和认同电商行业的职业道德观念。例如，要求电子商务从业人员尊重消费者权益，不利用信息不对称欺骗消费者；要求从业人员维护公平竞争，不进行不正当的竞争行为；要求从业人员珍视商业信誉，保持诚实守信的态度。通过这种教育，可以让从业人员明确职业道德的重要性，增强对职业道德的认同感。

2. 电子商务从业人员职业道德规范教育

电子商务从业人员职业道德规范教育是指向电子商务从业人员传授电子商务行业的职业道德规范。这方面的教育内容主要包括尊重用户隐私、保护消费者权益、公平竞争、不欺诈、不侵犯知识产权等。从业人员应当了解并遵守相关的法律法规和行业规范，保持良好的职业操守。在这方面的教育中，可以通过培训和宣传活动，让从业人员了解违反职业道德规范带来的后果，以及如何遵守规范，保持良好的职业行为。

3. 电子商务从业人员职业道德警示教育

电子商务从业人员职业道德警示教育是为引起从业人员对于职业道德风险和违法行为的警觉，以避免犯错。通过向电子商务从业人员展示一些电商领域的道德失范案例，让他们认识到不当行为所导致的后果，并提醒他们要时刻保持警惕，避免陷入道德和法律的纠纷。这种教育可以通过讲座、研讨会、案例分析等方式进行，让电子商务从业人员深刻认识到职业道德的重要性，增强警觉性和自我约束能力。

4. 其他与电子商务从业人员职业道德相关的教育

其他与电子商务从业人员职业道德相关的教育包括隐私保护教育、知识产权保护教育、社会责任教育等。在电子商务行业中，保护用户个人隐私是一项重要的职业道德要求。电子商务从业人员应当学习如何妥善处理用户个人信息，保护用户隐私权，遵守相关的隐私保护法律和规定。电商行业中存在着侵犯知识产权的风险，电子商务从业人员应当了解并遵守知识产权保护的法律和规定。电子商务行业对社会和环境的影响越来越大，电子商务从业人员应当承担起相应的社会责任。教育内容可以包括环境保护、公益慈善、反腐败等方面的知识，以引导电子商务从业人员践行社会责任。

思维导图实训 1-3

规范电子商务从业人员职业道德

请同学们结合"规范电子商务从业人员职业道德"相关知识点，参考以下思维导图，分组训练。

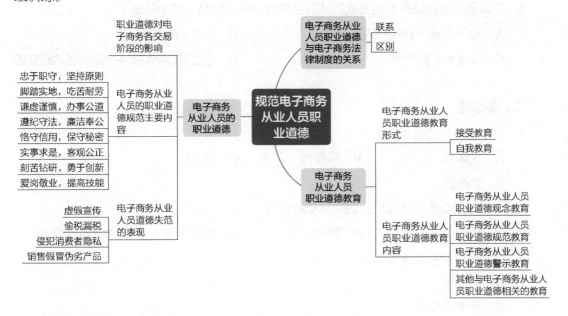

✪ 项目同步练习

一、单选题

1. 《中华人民共和国电子商务法》历经 5 年立法过程，经过（　　）次审议及修改，于 2019 年 1 月 1 日正式施行。

　　A. 2 次　　　　　　B. 3 次　　　　　　C. 4 次　　　　　　D. 5 次

2. 按照《电子商务法》的规定，下列说法错误的是（　　　）。

    A. 电子商务经营者应当依法办理市场主体登记

    B. 个人销售自产农副产品、家庭手工业产品，可以不办理市场主体登记

    C. 个人利用自己的技能从事依法无须取得许可的便民劳务活动和零星小额交易活动，可以不办理市场主体登记

    D. 企业从事零星小额电子商务经营活动，可以不办理市场主体登记

3. 《中华人民共和国电子签名法》实施的时间是（　　　）。

    A. 2005 年 4 月 1 日   B. 2004 年 4 月 24 日

    C. 2004 年 8 月 28 日   D. 2005 年 10 月 28 日

4. 下列行为中适用《电子商务法》调整的是（　　　）。

    A. 通过网络销售商品   B. 在线出版杂志

    C. 通过网络征集立法修改意见   D. 通过网络发布新闻信息

5. 李某通过某网络直播的方式推销其经销的一种化妆品，则李某属于（　　　）。

    A. 电子商务平台经营者   B. 平台内经营者

    C. 自建网站经营者   D. 通过其他网络服务销售商品的经营者

二、多选题

1. 电子商务法的特点包括（　　　）。

    A. 国际性   B. 科技性   C. 开放性   D. 安全性

    E. 复杂性

2. 电子商务法的立法原则中的中立原则包括（　　　）。

    A. 技术中立   B. 媒介中立   C. 实施中立   D. 同等保护

3. 电子商务经营主体包括（　　　）。

    A. 消费者

    B. 平台经营者

    C. 平台内经营者

    D. 通过自建网站、其他网络服务销售商品或者提供服务的电子商务经营者

4. 电子商务法律关系的构成要素包括（　　　）。

    A. 主体   B. 客体   C. 内容   D. 媒介

5. 电子商务从业人员的职业道德规范具体内容包括（　　　）。

    A. 忠于职守，坚持原则   B. 脚踏实地，吃苦耐劳

    C. 遵纪守法，廉洁奉公   D. 恪守信用，保守秘密

三、判断题

1. 电子商务法律关系就是消费者与电子商务平台经营者之间的关系。　　（　　）

2. 电子商务法就是指 2018 年 8 月 31 日第十三届全国人民代表大会常务委员会第五次会议通过，于 2019 年 1 月 1 日起施行的《中华人民共和电子商务法》。　　（　　）

3. 根据《电子商务法》，有关主管部门依照部门规章的规定要求电子商务经营者提供有关电子商务数据信息的，电子商务经营者应当提供。　　（　　）

4. 平台内经营者接到转送的通知后，可以向电子商务平台经营者提交不存在侵权行为的声明，声明应当包括不存在侵权行为的初步证据。　　（　　）

5. 国家采取措施推动建立公共数据共享机制，促进电子商务经营者依法利用公共数据。　　（　　）

四、综合案例分析

2020 年 7 月，高某以其朋友包某的身份信息在某平台公司运营的电商平台注册了某网店。2020 年 12 月至 2021 年 7 月，高某利用该网店向各地销售假冒注册商标 ROEM 和 MO&Co. 的服装赚取差价，累计销售金额 106 827 元。高某注册该网店时，点击同意该平台的《服务协议》，该协议特别提示，完成全部注册程序后，即表示用户已充分阅读、理解并接受协议的全部内容，并与平台达成协议。平台公司以售假为由诉请高某赔偿损失 106 827 元以及合理支出 10 000 元。

法院审理发现：高某已与平台公司达成协议的依据充分。该网店注册手续由高某办理，高某知晓服务协议的内容，并作为实际使用平台服务的当事人在该网店销售产品，是该网店的实际经营者，是协议实际履行主体。本案服务协议明确禁止售假行为，平台公司对商铺售假作为违约行为予以制止的意思表示清楚明确。

请问：

1. 案例中的高某和平台公司分别属于电子商务经营主体中的哪一种类型？

2. 高某是否应赔偿平台公司的损失和合理支出？

电子商务合同法律实务

知识目标

1. 掌握电子商务合同的概念、订立程序、格式条款
2. 掌握电子商务合同的效力以及合同履行的规则
3. 了解电子支付的概念、特征及法律风险防范
4. 熟悉电子证据的概念、特征及电子证据的收集与保全
5. 熟悉电子商务合同责任的种类

能力目标

1. 具备独立分析并签订、履行电子商务合同的能力
2. 具备合理使用电子支付、合理收集与保全电子证据的能力
3. 具备运用法律知识解决电子商务合同纠纷的能力

素养目标

1. 培养在从事电子商务合同法律实务中应具有的诚信、公正、法治、和谐的社会主义核心价值观，以及自觉维护社会公共利益的责任感
2. 培养自主创业应具备的创新思维和创客素养

学习参考法律法规

《中华人民共和国民法典》
《中华人民共和国电子商务法》
《中华人民共和国电子签名法》

项目背景

随着网络的快速发展，大量电子商务合同应运而生。作为一种特殊的合同形式，电子

商务合同既受《中华人民共和国民法典》（以下简称《民法典》）合同编基本原理的约束，又区别于传统的合同形式。电子商务合同作为电子交易活动中的重要依据和凭证，其法律效力贯穿于整个电子交易流程。本项目以电子商务合同的订立为基础进行任务分解：一是了解电子商务合同的订立、履行与传统意义上的合同订立、履行的异同，对格式化电子商务合同应如何防范法律风险；二是了解电子支付与传统支付方式的异同，一旦发生纠纷，如何做好电子证据的收集与保全；三是正确区分电子商务合同的责任主体及责任形式，并能树立诚信经营、以人为本的人生观、价值观。

导入案例

2020 年 11 月 16 日，某市"天天连锁酒店车站路店传统双人房入住 1 晚"的团购商品在 A 网络平台上架，A 网站显示其原价 218 元，团购价格 18 元，有效期为一年。于是，李某等 4 人分别团购几千份商品，通过绑定银行卡号的方式在线支付了全部团购款项，并收到 A 网站发出的电子团购券。当天，A 网站称发现价格标注错误（成本价为 208 元），随即单方冻结了李某等 4 人共计 8 000 份的团购券，并将相应价款退还到团购消费者的银行卡中。李某等 4 人认为，自己支付了全部团购款项，并且收到 A 网站发出的电子团购券，双方的电子商务合同已经成立，A 网站应该按团购券履行义务，于是诉至人民法院，请求法院判令 A 网站与某市的天天连锁酒店继续按照团购信息履行义务。A 网站认为，其与李某等 4 人在达成电子商务合同的过程中，存在重大误解，电子商务合同的订立及内容有违自愿、等价有偿、诚实信用、公平等基本原则。因其工作人员操作失误，将团购价为 218 元的产品误标为 18 元，这不是其真实意思表示，其冻结行为是为了维护自身合法权益的自力救济行为，不是违约行为，请求法院驳回李某等 4 人的诉讼请求，并提出反诉，请求法院撤销其与李某等 4 人的电子商务合同。

案例思考：

1. 本案中，A 网站上某市天天连锁酒店车站路店的团购宣传是要约还是要约邀请？

2. 本案中，李某等 4 人采用的支付方式是什么？这种支付方式是否受法律保护？

3. 本案中，李某等 4 人与 A 网站签订的电子商务合同是否成立？

4. 本案中，法院是否可以撤销 A 网站与李某等 4 人的电子商务合同？

任务一　签订电子商务合同

任务描述

2020 年 11 月，李某在淘宝网成功注册为一般会员，随后李某在淘宝网上看到美美手机经营店在"双十一"期间推出"手机促销"的广告，华为某型号新款手机市面价格 6 000 元，但是美美手机经营店只需要 5 500 元，于是李某在线提交了华为新款手机订单，并采用支付宝付款了 5 500 元。一天后，美美手机店铺取消了与李某的在线订单，并通过支付宝返还了李某支付的 5 500 元货款。李某认为，自己已经在线提交订单，并且支付了货款，其与美美手机经营店之间的电子商务合同已经成立，美美手机经营店不能随意取消订单，应该履行发货义务。美美手机经营店认为，因手机尚未发货，所以双方的电子商务合同尚未成立，商家有权取消李某的在线订单。双方争执不下，遂起诉至法院。

请思考：

1. 在本案中，李某在线提交了手机订单并支付货款，其与美美手机经营店之间的电子商务合同是否成立？

2. 美美手机经营店是否可以随意取消消费者的在线订单？

任务分解

1. 理解电子商务合同的定义与特征。

2. 能够签订电子商务合同。

3. 能够区分在线提交订单是要约还是要约邀请。

知识精讲

一、电子商务合同概述

（一）电子商务合同的概念和特点

《民法典》第四百六十四条规定："合同是民事主体之间设立、变更、终止民事法律关系的协议。婚姻、收养、监护等有关身份关系的协议，适用有关该身份关系的法律规定；没有规定的，可以根据其性质参照适用本编规定。"

电子商务合同又称电子合同，是以电子的方式订立的合同，其主要是指在网络条件下当事人为了实现一定的目的，通过数据电文、电子邮件等形式签订的明确双方权利义务关系的一种电子协议。从广义上说包括通过 EDI（电子数据交换）、电子邮件、电报、电传或传真等电子方式订立的合同；从狭义上说，电子商务合同是指通过电子数据交换、电子邮件等方式借助互联网订立的合同。其中，电子邮件是基于网络协议，从计算机终端输入如信件、便条、文件、图片或声音等，凭借服务器传送到另一计算机终端所产生的信息；电子数据交换则指凭借计算机联网，根据既定的标准通过电子手段传送和处理的商业数据。电子商务合同在订立、履行以及合同终止后，当事人要贯彻平等、自愿、公平、诚实守信、守法、公序良俗以及节约资源、保护生态环境等原则。

相对于传统合同而言，电子商务合同有以下特点：

1. 以数据电文方式借助网络媒介订立，具有技术性

电子商务合同一般不使用传统纸张等媒介作为记录的凭证，而是一串电子数据。它以看不见的文本的形式，存储在磁盘文件中进行信息传输。这一无纸化功能不仅可以降低交易成本，还可以提高信息传输速率，可以提高商务效率。然而，数据化也有一些缺点，让人们对电商合同的真实性产生了些许质疑，如电子商务合同中的电子数据很容易抹除和变更。电子数据存储在数据媒介中，具有隐形、易变、可伪造等特点。

2. 签约环境和主体具有虚拟性

电子商务合同以电子形式订立，通过线上数据传输进行信息传递，订立合同的当事人在线上进行订立，不用进行线下磋商。模拟化特点有利于提高商务效率与经济性。但是，这种模拟化也带来了一些问题，比如当事人的身份无法查证，当事人是否为适格的民事主体，有没有民事责任能力，很难确认。此外，很难确定双方当事人收到的信息是否代表对方的真实意思表示，因此有被诈骗的风险，不利于商务磋商谈判的进行。

3. 电子商务合同具有快捷性、便利性

因为电商合同是以虚拟信息的方式签订的，修改、流通、存储的过程都在线上进行，速度非常快，有利于双方在瞬息万变的市场形势下抓住机遇，最大限度地把握时间。但这也导致买卖双方的失误行为将快速影响到整个网络空间。电子商务合同的便捷性，电子商务合同无须合同双方现场签字或盖章，直接依据电子签名即可进行签署。

（二）电子商务合同的分类

根据电子商务合同的特性，可以对电子商务合同进行如下分类：①根据订立方式，可以分为通过电子数据交换方式订立的合同和通过电子邮件订立的合同；②根据合同的标的内容，

可以分为网络购物合同、网络技术服务合同、软件授权合同；③根据合同的签订主体，可以分为 B2B 合同（即企业与企业订立的电子商务合同）、B2C 合同（即企业与个人订立的电子商务合同）、C2C 合同（即个人与个人订立的电子商务合同）等。

知识拓展 2-1

电子代理人

伴随电子商务的发展，在网络交易中出现一种新型交易协助者，即电子代理人。电子代理人是不需要其他民事主体的干预，根据预设的程序就能独立地进行要约与承诺并对此做出反应，同时部分或全部地履行合同的一种自动化手段的表现形式。电子代理人与民法中的代理制度仍然有很大的区别。电子代理人并不是法律规定的民事主体（自然人、法人或其他组织），它只是一种交易工具。它也没有独立的意思表示，作为一种智能系统，它只是按照预设的程序进行交易。目前，理论界和司法实务界对电子代理人的法律性质尚未形成统一观点，需要法律对其进行进一步完善。

二、电子商务合同的形式与内容

（一）电子商务合同的形式

《民法典》第四百六十九条第 1 款规定："当事人订立合同，可以采用书面形式、口头形式或者其他形式。"当事人有权自由选择合同的形式，但法律对合同形式有规定的，应当采用法律规定的合同形式。

1. 书面形式

《民法典》第四百六十九条第 2 款规定："书面形式是合同书、信件、电报、电传、传真等可以有形地表现所载内容的形式。"《民法典》第四百六十九条第 3 款规定："以电子数据交换、电子邮件等方式能够有形地表现所载内容，并可以随时调取查用的数据电文，视为书面形式。"

2. 口头形式

口头形式的合同是指当事人直接以对话的方式订立的合同。口头合同广泛应用于社会生活的各个领域，与人们的衣食住行密切相关，如在市场买菜、在商店买衣服。

3. 其他形式

合同的其他形式是指采用除书面形式、口头形式以外的方式订立合同的形式，如推定形式和默示形式。

（二）电子商务合同的内容

合同的一般条款包括：①当事人的名称或者姓名和住所；②标的；③数量；④质量；⑤价款或者报酬；⑥履行期限、地点和方式；⑦违约责任；⑧解决争议的方法。不同种类的合同对合同的条款有不同的要求，当事人订立合同时，应根据所订合同的性质确定合同的条款。但是，造成对方人身伤害，以及因故意或者重大过失造成对方财产损失的免责条款无效。

在电子商务合同的合同内容中，合同标的有可能牵涉网络虚拟财产的问题。《民法典》第一百二十七条规定："法律对数据、网络虚拟财产的保护有规定的，依照其规定。"《最高人民法院 国家发展和改革委员会 关于为新时代加快完善社会主义市场经济体制提供司法服务和保障的意见》中也指出加强对数字货币、网络虚拟财产、数据等新型权益的保护。

案件直击 2-1

网络虚拟财产纠纷

俞某是 A 公司运营的直播平台的实名认证消费者。某年 4 月 6 日上午 10 点，俞某账号显示在异地被登录并被盗刷了价值 1180 元的红钻券。账户被盗后，俞某立即联系 A 公司客服要求提供盗刷者的账户信息及采取相关冻结措施，A 公司仅要求其向公安机关报案，未应允其要求。俞某主张该直播平台的安全性存在问题，A 公司没有履行妥善保管义务且未及时协助追回被盗的网络虚拟财产，故请求法院判令 A 公司赔偿其 1180000 红钻券，折合人民币 1180 元等。人民法院经审理认为，俞某在上述虚拟财产被盗前，密码比较简单，且未能充分选用 A 公司提供的更高等级的安全保障方案，其未能妥善地保管账号、密码并采取充分措施防止财产被盗，对上述被盗结果应负主要责任；A 公司向用户提供的防盗措施特别是默认状态下的防盗措施不够周密，且在俞某通知其客服人员财产被盗后，未能提供或保存被盗财产的流向等信息，造成损失难以被追回，在技术和服务上存在一定疏漏，对俞某的损失负有次要的责任，故判令 A 公司向俞某赔偿被盗虚拟财产价值的 40%，即 472 元，驳回俞某的其他诉讼请求。

案例讨论：网络虚拟财产可否作为合同标的受保护？法律依据是什么？

三、电子商务合同订立的程序

《民法典》第四百七十一条规定："当事人订立合同，可以采取要约、承诺方式或者其他方式。"《电子商务法》第四十九条第 1 款规定："电子商务经营者发布的商品或者服务信息符合要约条件的，用户选择该商品或者服务并提交订单成功，合同成立。当事人另有约定的，从其约定。"依据该规定，通过互联网缔约并

微课2-1
电子商务合同的订立

没有打破要约承诺的缔约模式，该规定仅对电子合同的成立时间作出了不同于传统的规定，但是合同的订立依然遵循要约承诺模式。电子缔约与传统合同的订立在本质上是一致的，都是缔约双方进行磋商沟通的动态过程，不同的是在电子缔约过程中，要约与承诺均是借助计算机的信息系统，通过网络进行传递和接收的，呈现了明显的技术性。

（一）要约

1. 要约与要约邀请

要约是指希望和他人订立合同的意思表示。发出要约的当事人为要约人，接受要约的人为受要约人。有效的要约应符合以下条件：①内容具体确定；②表明经受要约人承诺，要约人即受该意思表示的约束。电子要约是指借助互联网通过电子通信方式发出的缔结合同的意思表示，具有电子化和无纸化特征。这里的电子通信方式主要包括电子数据交换方式、电子邮件方式、即时通信软件方式等三种。电子要约本质上依然是要约，即具备明确具体的内容，表明一经承诺，要约人即受约束的意思。

要约邀请是希望他人向自己发出要约的表示。拍卖公告、招标公告、招股说明书、债券募集办法、基金招募说明书、商业广告和宣传、寄送的价目表等为要约邀请。商业广告和宣传的内容符合要约条件的，构成要约。要约和要约邀请的区别主要包括以下两点：第一，要约的内容应当具体明确，如果缺少某一主要条款（如数量、价款等），则属于要约邀请；第二，要约具有法律约束力，而要约邀请没有法律约束力。

《民法典》第四百九十一条第 2 款规定："当事人一方通过互联网等信息网络发布的商品或者服务信息符合要约条件的，对方选择该商品或者服务并提交订单成功时合同成立，但是当事人另有约定的除外。"判断网页信息究竟是要约还是要约邀请，应综合考虑发布者的意思表示，根据发布信息的实际情况，区别以下情况，分别处理：①单纯的广告信息。商家发布这类信息的目的是吸引消费者关注，这样的信息通常没有标价，也没有提供付款方式，只是单纯地介绍商品或服务，意在推广，因此是要约邀请。②指明商品具体细节的网页信息。这样的信息通常商家不仅标明了商品的价格，还提供具体的购买链接，甚至连商品的库存量都标得清清楚楚，由此可以推断信息发布者的意图在于缔约，故此类信息属于要约。③网上拍卖。为拍卖目的而发布的展示拍卖物的信息，我国司法实务中，通常认为是要约邀请。

德法课堂 2-1

商家推出的网络"秒杀"优惠是否属于要约？

2020 年 4 月 6 日，某市 A 快餐公司推出"超值星期五"三轮秒杀活动，68 元的外带全家桶只要 34 元。但当消费者拿着从网上辛苦秒杀抢到的半价优惠券消费时，却被 A 快餐公司单方面宣布无效。与此同时，A 快餐公司发表声明称，由于部分优惠券是假的，所以取消优惠兑现。不过对此，消费者并不买账，认为是 A 快餐公司"忽悠"了大家。针对优惠券是否造假一事，顾客、网友以及 A 快餐公司争论不已。顾客认为："优惠券上明明白白写着能复印，能打印，而且使用期限未到为何不能使用。""同一网站下载的其他券能用为何这张不可。"而 A 快餐公司工作人员将这种现象归结于"A 快餐公司官网遭遇黑客袭击"，秒杀活动尚未开始，顾客便拿到了优惠券。

案例分析：商家推出的网络"秒杀"优惠属于要约还是要约邀请？本案应如何处理？

要点提示

商业广告和宣传的内容符合要约条件的，构成要约。商家推出的网络"秒杀"优惠属于要约，顾客秒杀抢到的半价优惠券有效，快餐公司应履行合同义务予以兑现优惠券。通过案例分析，引导学生具备诚实守信的人生观、价值观，增强学生维护社会公共秩序和善良风俗的责任感、使命感。

---

2. 要约的生效时间

要约生效的时间适用《民法典》第一百三十七条第 2 款规定："以非对话方式作出的意思表示，到达相对人时生效。以非对话方式作出的采用数据电文形式的意思表示，相对人指定特定系统接收数据电文的，该数据电文进入该特定系统时生效；未指定特定系统的，相对人知道或者应当知道该数据电文进入其系统时生效。当事人对采用数据电文形式的意思表示的生效时间另有约定的，按照其约定。"

3. 要约的撤回、撤销与失效

要约可以撤回。《民法典》第一百四十一条规定："行为人可以撤回意思表示。撤回意思表示的通知应当在意思表示到达相对人前或者与意思表示同时到达相对人。"在签订电子商务合同的过程中，一般情况下，电子要约因其在发出后能够即刻到达收件人的指定系统，所以撤回的可能性比较小，但是依然存在阻碍要约传输速度的客观情况，要约人是有可能撤回要约的。例如，突然停电、系统故障、网络速度过慢、文件存储量太大发送速度受影响等。

要约可以撤销。《民法典》第四百七十七条规定："撤销要约的意思表示以对话方式作出的，该意思表示的内容应当在受要约人作出承诺之前为受要约人所知道；撤销要约的意思表示以非对话方式作出的，应当在受要约人作出承诺之前到达受要约人。"在签订电子商务合同中，电子要约人能否达成撤销要约的目的，取决于要约意思表示发出的具体方式，如果要约人采用自动信息系统发出要约，受要约人收到要约即刻就会作出承诺，此时，要约人无法撤销电子要约，但是如果要约人采用的是非自动信息系统发出的要约，并且在要约发出后，遇到阻碍要约传输速度的客观情况，要约人是有可能撤销要约的。

要约失效的情形主要有以下几种：①拒绝要约的通知到达要约人；②要约人依法撤销要约；③承诺期限届满，受要约人未作出承诺；④受要约人对要约的内容作出实质性变更。

（二）承诺

承诺是受要约人同意要约的意思表示。承诺应该由受要约人向要约人作出，并在要约确定的期限内到达要约人。承诺的内容应当与要约的内容一致。承诺对要约的内容作出实质性变更的，则视为对原要约的拒绝而作出的一项新的要约。所谓"实质性变更"，是指有关合同标的、数量、质量、价款或者报酬、履行期限、履行地点和方式、违约责任和解决争议方法等的变更。

1. 承诺期限

要约确定了承诺期的，承诺应当在要约确定的期限内到达要约人。要约未确定承诺期限的，以对话方式作出的，应当即时作出承诺，但当事人另有约定的除外；以非对话方式作出的，承诺应当在合理期限内到达。要约以电话、传真等快速通信方式作出的，承诺期限自要约到达受要约人时开始计算。

2. 承诺的生效时间

以通知方式作出的承诺，生效的时间适用《民法典》第一百三十七条的规定："以非对话方式作出的意思表示，到达相对人时生效。以非对话方式作出的采用数据电文形式的意思表示，相对人指定特定系统接收数据电文的，该数据电文进入该特定系统时生效；未指定特定系统的，相对人知道或者应当知道该数据电文进入其系统时生效。当事人对采用数据电文形式的意思表示的生效时间另有约定的，按照其约定。"承诺不需要通知的，根据交易习惯或者要约的要求作出承诺的行为时生效。承诺生效时合同成立，但是法律另有规定或者当事人另有约定的除外。

3. 承诺的撤回

承诺可以撤回。承诺的撤回适用《民法典》第一百四十一条的规定："行为人可以撤回意思表示。撤回意思表示的通知应当在意思表示到达相对人前或者与意思表示同时到达相对人。"

电子承诺具有传输速度快，自动化程度高的特点，特别是采用电子代理人等自动传输系统签订的电子合同，承诺发出后即时到达要约人，自动系统会按照预先设计的指令即刻发生合同成立的后果，在这种情况下，电子承诺是无法撤回的。但是，电子承诺在传输过程中，遭遇突发客观情况，诸如停电断电、线路故障、系统拥挤、感染病毒等，都会促使电子承诺无法及时到达，此时，撤回承诺是可以实现的。

四、电子商务合同成立的时间、地点

对于电子商务合同的成立，可以归纳为以下几种情形：①以电子数据交换、电子邮件等方式订立合同的，受要约人在要约人的发出要约期限内作出承诺的电子意思表示到达要约人时合同成立；②对于采用信件、数据电文等形式订立的合同，当事人如果继续要求签订确认书的，那么签订确认书时合同成立；③当事人一方通过互联网等信息网络发布的商品或者服务信息符合要约条件的，对方选择该商品或者服务并提交订单成功时合同成立，但是当事人另有约定的除外。

知识拓展 2-2

部分电商平台关于网购合同成立时间的规定

平台名称	有关网购合同成立时间的规定	内容理解
真快乐（原国美）	《真快乐平台服务协议》第6条"订单成立及履约基本规则"（2021.9.29生效）	下单并支付货款后，合同成立
京东商城	《京东用户注册协议》第3节"订单"第3款和第4款（2020.5.16生效）	1. 明确网购链接的性质为要约邀请 2. 网购合同成立时间根据商品类型区分 2.1 数字化商品下单并支付货款时合同成立 2.2 实物商品发货时合同成立 2.3 缺货时，网购双方均有权取消订单
当当网	《当当交易条款》第2条"合同的订立"（2021.12.22生效）	1. 明确网购链接的性质为要约邀请 2. 下单并支付货款时，合同成立
苏宁易购	《苏宁会员章程》第23条"订单成立规则"（2021.6.29生效）	下单并支付货款后，合同成立
淘宝平台	《淘宝平台规则总则》第18条"交易履约与服务保障"（2022.5.31修订）	会员可根据淘宝网要求及实际需求选择交易方式 卖家须履行交易或服务等承诺，包括根据《淘宝网发货管理规范》等规则及其自身作出的承诺在规定和承诺期限内及时发货（特殊情形除外）等

1. 王某在 A 网络平台购买一条裙子，A 网络平台提示："系统根据买家提交的订单信息，自动生成数据，仅是对买家要约的确认，并不能视为承诺；当商家根据买家提交的订单，从仓库中发出商品时，方可视为商家的承诺行为。"

2. 李某在 B 网络平台购买一台计算机，B 网络平台的用户注册协议约定："如果您通过我们网站订购产品，您的订单就成为一种购买产品的申请。您下单购买支付货款后，我们双方的合同立即成立，我们将会向您发出通知发货的邮件。"

讨论：以上案例中，合同成立的时间分别是什么时候？

承诺生效的地点为合同成立的地点。采用数据电文形式订立合同的，收件人的主营业地为合同成立的地点；没有主营业地的，其住所地为合同成立的地点。当事人另有约定的，按照其约定。当事人采用合同书形式订立合同的，最后签名、盖章或者按指印的地点为合同成立的地点，但是当事人另有约定的除外。

传统合同中承诺生效的时间指承诺到达要约人，在现实空间的支配范围的时间，如信箱、办公室、收发室等；而电子商务合同承诺生效的时间应是承诺到达要约人在虚拟空间的支配范围的时间，如电子信息、计算机系统、信息系统等。

讨论：电子商务合同成立的时间与传统合同有何不同？

五、电子商务合同中的格式条款

格式条款是当事人为了重复使用而预先拟定，并在订立合同时未与对方协商的条款。采用格式条款订立合同的，提供格式条款的一方应当遵循公平原则确定当事人之间的权利和义务，并采取合理的方式提示对方注意免除或者减轻其责任等与对方有重大利害关系的条款，按照对方的要求，对该条款予以说明。提供格式条款的一方未履行提示或者说明义务，致使对方没有注意或者理解与其有重大利害关系的条款的，对方可以主张该条款不成为合同的内容。

《民法典》第四百九十七条规定："有下列情形之一的，该格式条款无效：（一）具有本法第一编第六章第三节和本法第五百零六条规定的无效情形；（二）提供格式条款一方不合理地免除或者减轻其责任、加重对方责任、限制对方主要权利；（三）提供格式条款一方排除对方主要权利。"

对格式条款的解释，应遵循以下规则：①当事人对格式条款的理解发生争议的，应当按照通常理解予以解释；②对格式条款有两种以上解释的，应当作出不利于提供格式条款一方的解释；③格式条款与非格式条款不一致的，应当采用非格式条款。

电子格式合同最常见的为点击合同。点击合同是指在网页中点击"我接受"或"我同意"的选项，由此订立的电子格式合同。《电子商务法》第四十九条第2款规定："电子商务经营者不得以格式条款等方式约定消费者支付价款后合同不成立；格式条款等含有该内容的，其内容无效。"此类合同的内容系其中一方事先设定条款并要约，另一方通过点击"我接受"或"我同意"，从而签订合同。在司法实践中，认定用户是否充分阅读并了解格式条款的内容的判断标准在于相关网站是否向用户提供了充分阅读合同条款的机会，是否履行了合理的提示义务。

刘某在某网络平台注册并购买一件羽绒服，该网络平台在《服务协议》中以专门条款约定"您因使用本网络平台服务所产生及与本网络平台服务有关的争议，由本网络平台与您协商解决。协商不成时，任何一方均可向被告所在地人民法院提起诉讼"，该条款以粗体下划线的形式进行了特别标注。

讨论：该网络平台《服务协议》中的专门条款是否有效？

思维导图实训 2-1

签订电子商务合同

请同学们结合"签订电子商务合同"相关知识点，参考以下思维导图，分组训练。

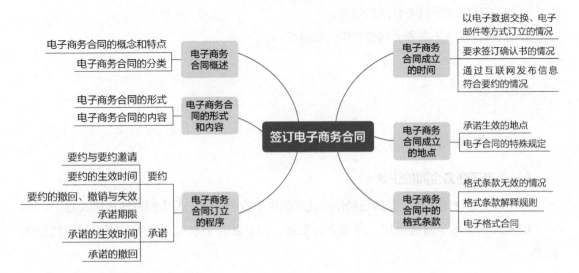

任务二　履行电子商务合同

任务描述

案例 1：亚马逊销售价为 949 元的一款"科沃斯智能家用扫地机器人"，在亚马逊上标价为 94 元并上线推广。随后网站以"标错价"为由对该商品进行删单处理，退回 2.2 万消费者已支付的货款，引发大量投诉。据了解，亚马逊网站购进该款商品仅 15 件，远不能满足消费者的订单需求。此后亚马逊被北京朝阳工商局罚款 50 万元。

案例 2：苏宁易购因负责价格维护的工作人员手误，一款原价 1 999 元的 AcerW3 平板电脑在苏宁易购网站上被标价 499 元，虽然工作人员在第一时间发现并恢复了原价，但几分钟内，这款"史上最实惠的平板电脑"仍然被卖出了 1 000 余台。苏宁易购随后确认，此次标错价事件损失上百万元，不过仍会照常发货承担损失。

案例 3：联想原价 1 888 元的联想 S5000 平板电脑，被供货商误标价 999 元，10 小时卖出 11 万台。事后联想索性"将错就错"，将该款平板正式调价为 999 元继续出售，损失近亿元。

请思考：

1. 电子商务交易中的"标价错误"如何认定？
2. 电商企业标价错误，是否可以请求法院撤销电子商务合同？

任务分解

1. 能够认定电子商务合同的效力。
2. 正确行使电子商务合同履行中的抗辩权。

知识精讲

一、电子商务合同的效力

（一）电子商务合同的生效

电子商务合同的生效，是指已经依法成立的电子商务合同，发生相应的法律效力。

依法成立的电子商务合同，自成立时生效，但是法律另有规定或者当事人另有约定的除外。

依照法律、行政法规的规定，电子商务合同应当办理批准等手续的，依照其规定。例如，某电子商务平台打算开展跨境电商业务，销售海外商品给国内消费者。根据相关法律、行政法规的规定，跨境电商业务需要进行备案或申请相应的许可证。再如，某电商企业决定在电子商务平台上开设网络直播销售渠道。根据相关法律、行政法规的规定，网络直播销售需要事先申请主播资格及相关许可。

当事人对电子商务合同的效力可以附条件或者附期限。根据《民法典》关于民事法律行为附条件和附期限的规定，民事法律行为可以附条件，但是根据其性质不得附条件的除外。

附生效条件的民事法律行为，自条件成就时生效。附解除条件的民事法律行为，自条件成就时失效。附条件的民事法律行为，当事人为自己的利益不正当地阻止条件成就的，视为条件已经成就；不正当地促成条件成就的，视为条件不成就。民事法律行为可以附期限，但是根据其性质不得附期限的除外。附生效期限的民事法律行为，自期限届至时生效。附终止期限的民事法律行为，自期限届满时失效。

课堂讨论 2-4

1. 王某在一个电子商务平台上购买了一台电脑，并与卖家达成了交付时间为一个月后的合同。双方约定，在交付之前，小明有权对电脑进行检查，如果出现质量问题，可以要求退换货。

2. 张某通过一个电子商务平台预订了一张机票，并与航空公司约定，如果在一个月内机票价格下降，他可以要求退还差价。

讨论：以上案例中电子商务合同是否生效？

（二）有效电子商务合同

《民法典》第一百四十三条规定："具备下列条件的民事法律行为有效：（一）行为人具有相应的民事行为能力；（二）意思表示真实；（三）不违反法律、行政法规的强制性规定，不违背公序良俗。"电子商务合同作为典型的民事法律行为，其有效应符合上述条件，但同时应兼顾电子商务合同的特殊性。《电子商务法》第四十八条规定："电子商务当事人使用自动信息系统订立或者履行合同的行为对使用该系统的当事人具有法律效力。在电子商务中推定当事人具有相应的民事行为能力。但是，有相反证据足以推翻的除外。"

在电子交易中，当事人的民事行为能力是一个重要问题。根据《电子商务法》第四十八条的规定，当事人在使用自动信息系统进行合同行为时，被推定具有相应的民事行为能力。这种推定是基于电子商务的特殊性，即自动信息系统的使用为当事人提供了便利和自主性。

当事人通过电子商务平台进行合同订立和履行的行为，被认为是自主的和能够理性决策的行为。然而，这种推定并不是绝对的，如果有证据证明参与电子商务合同的当事人实际上没有足够的民事行为能力，例如未成年人或无民事行为能力人，那么这个推定将不适用，当事人需要承担相应的法律后果。

课堂讨论 2-5

李某是一名未成年人，他在一个电子商务平台上购买了一台电视机。他通过平台上的自动信息系统选择了产品、填写了收货地址并支付了款项。卖家收到订单后按照约定将电视机发货给李某。本案中，李某使用了自动信息系统进行了合同订立和履行的行为。

讨论：若卖家或者其他相关方不能提供证据证明李某是未成年人，那么双方订立的电子商务合同是否有效？

（三）无效电子商务合同

1. 无效电子商务合同的概念

无效电子商务合同是指电子商务合同虽已成立，但因欠缺不违反法律和社会公共利益的合同生效要件，而自始就不具有法律约束力的电子商务合同。

无效电子商务合同具有以下特征：①合同自始无效。无效电子商务合同从订立时起就不具法律约束力，而并非以合同无效原因发现之日起或合同无效原因确认之日起，电子商务合同才失去法律效力。②合同绝对无效。无效电子商务合同不仅自订立时起无效，而且此后的任何事实都不能使之变为有效。如内容违法，即使履行完毕也不受法律保护。③合同当然无效。无效电子商务合同不论当事人是否知道无效，也不论是否经仲裁机构或法院确认，都无效。

2. 电子商务合同无效的主要情形

根据《民法典》对民事法律行为效力的规定，有下列情形之一的，为无效民事法律行为：

（1）无民事行为能力人实施的民事法律行为无效。

（2）行为人与相对人以虚假的意思表示实施的民事法律行为无效。

（3）违反法律、行政法规的强制性规定的民事法律行为无效。但是，该强制性规定不导致该民事法律行为无效的除外。

（4）违背公序良俗的民事法律行为无效。

（5）行为人与相对人恶意串通，损害他人合法权益的民事法律行为无效。民事法律行为部分无效，不影响其他部分效力的，其他部分仍然有效。

2017 年 9 月 11 日，许某通过其微信向常某寻求"暗刷的流量资源"。经过沟通，双方于 2017 年 9 月 15 日就"暗刷需求"达成一致：以单价 0.9 元每千次 UV（独立访客）每周结算，按许某指定的第三方后台 CNZZ 统计数据结算。常某于 2017 年 9 月 15 日开始为许某提供网络暗刷服务。2017 年 9 月 20 日，许某通过微信转账给常某结算了 229 元服务费。2017 年 10 月 9 日，双方将单价调整为 1.1 元每千次 UV。后常某催促许某结算付款，许某于 2017 年 10 月 23 日微信回复称"财务去弄发票了，今天能结"。但到 2017 年 11 月 3 日，许某却意图单方面变更双方商定的"以第三方后台 CNZZ 数据为结算依据"，而强行要求以其甲方提供的数据为结算依据，只同意付款 16 293 元。常某起诉要求许某支付服务费30 743 元及利息。

案例讨论：双方订立的"暗刷流量"合同是否有效?

（四）可撤销电子商务合同

可撤销电子商务合同指电子商务合同欠缺生效要件，但一方当事人可依照自己的意思使电子商务合同的效力归于消灭的电子商务合同。

电子商务合同一经成立，各方当事人就要全面履行电子商务合同，不得随意撤销。根据《民法典》对民事法律行为效力的规定，出现下列情形，经一方当事人请求，法院或者仲裁机构可以判定撤销该行为：

（1）基于重大误解实施的民事法律行为。

（2）一方以欺诈手段，使对方在违背真实意思的情况下实施的民事法律行为。

（3）第三人实施欺诈行为，使一方在违背真实意思的情况下实施的民事法律行为，对方知道或者应当知道该欺诈行为的。

（4）一方或者第三人以胁迫手段，使对方在违背真实意思的情况下实施的民事法律行为。

（5）一方利用对方处于危困状态、缺乏判断能力等情形，致使民事法律行为成立时显失公平的。

重大误解与欺诈的区别

重大误解指行为人对行为的性质，对方当事人，标的物的品种、质量、规格和数量等的错误认识，使行为的后果与自己的意思相悖，造成较大损失的意思表示。

欺诈指一方当事人故意告知对方虚假情况，或者故意隐瞒真实情况，诱使对方当事人作出错误意思表示的行为。

1. 两种错误产生的原因不同

重大误解的表意人的错误认识来源于自身对民事法律关系中某一因素的误解，如行为人把镀金的物品当作是纯金的，把原作当成赝品，或者误将买卖作为赠与或将赠与作为买卖。这些民事行为的实施与法律关系的另一方当事人的行为无关。

欺诈的表意人的错误认识则是由欺诈人的欺诈行为引起，其错误认识与欺诈行为具有因果关系。简言之，表意人的错误认识是在受到对方当事人的影响下形成的。

2. 两种行为性质不同

重大误解的表意人的对方当事人必须是善意，被欺诈人的错误意思表示则为欺诈人所知，并且是其期望达到的结果。在民事活动中应保护善意当事人的合法权益，如果某人在误解的状态下表示了自己的意思，同时对方当事人知道对方是在误解的情况下作出的意思表示而故意不向其说明真实情况，并利用这种误解以求实现自己的利益，则该行为违背诚实信用的原则，应援引有关民事欺诈的规定处理。

3. 两者的构成要件不同

重大误解以给当事人造成较大损失为构成要件，民事欺诈则不以此为构成要件。只要被欺诈人因欺诈行为而为错误意思表示，无论有无损失发生均构成欺诈，损失的存在可以作为欺诈人承担侵权责任的要件。法律对重大误解民事行为构成的规定要严格于欺诈，同时反映了欺诈所引起的民事行为社会危害性更大，法律对欺诈行为规制的力度也大于重大误解的民事行为。

4. 两者所负的民事责任不同

因重大误解所为的民事行为被撤销后，当事人一般应返还财产，如果给另一方造成损失的，还应负赔偿责任。而因欺诈所为的民事行为被确认无效或被撤销后，当事人除承担返还财产、赔偿损失的民事责任外，对于故意违反法律、损害国家、集体或第三人利益的，国家还可以依法追缴当事人已经取得或者约定取得的财产，归国家、集体或返还给第三人。

《民法典》第一百五十二条规定："有下列情形之一的，撤销权消灭：（一）当事人自知道或者应当知道撤销事由之日起一年内、重大误解的当事人自知道或者应当知道撤销事由之日起九十日内没有行使撤销权；（二）当事人受胁迫，自胁迫行为终止之日起一年内没有行使撤销权；（三）当事人知道撤销事由后明确表示或者以自己的行为表明放弃撤销权。当事人自民事法律行为发生之日起五年内没有行使撤销权的，撤销权消灭。"

民事法律行为无效、被撤销或者确定不发生效力后，行为人因该行为取得的财产，应当予以返还；不能返还或者没有必要返还的，应当折价补偿。有过错的一方应当赔偿对方由此所受到的损失；各方都有过错的，应当各自承担相应的责任。法律另有规定的，依照其规定。

（五）效力待定的电子商务合同

效力待定的电子商务合同是指电子商务合同虽已成立，但因不完全符合电子商务合同生效要件，是否发生效力不能确定，须经有权人追认才能生效的电子商务合同。根据《民法典》的规定，有下列情形之一的，为效力待定行为：

微课2-2
效力待定的电商合同

（1）《民法典》第十九条规定，八周岁以上的未成年人为限制民事行为能力人。限制民事行为能力人实施的纯获利益的民事法律行为或者与其年龄、智力、精神健康状况相适应的民事法律行为有效，实施的其他民事法律行为经法定代理人同意或者追认后有效。

（2）行为人没有代理权、超越代理权或者代理权终止后以被代理人名义订立的合同，未经被代理人追认，对被代理人不发生效力，由行为人承担责任，但相对人有理由相信行为人有代理权的，该代理行为有效。无权代理人以被代理人的名义订立合同，被代理人已经开始履行合同义务或者接受相对人履行的，视为对合同的追认。

相对人可以催告法定代理人自收到通知之日起三十日内予以追认。法定代理人未作表示的，视为拒绝追认。民事法律行为被追认前，善意相对人有撤销的权利。撤销应当以通知的方式作出。法定代理人或被代理人未作表示的，视为拒绝追认。合同被追认之前，善意相对人有撤销的权利。撤销应当以通知的方式作出。

法人或者其他组织的法定代表人、负责人超越权限订立的合同，除相对人知道或者应当知道其超越权限的以外，该代表行为有效。当事人超越经营范围订立的合同的效力，应当依照《民法典》对民事法律行为效力的有关规定以及合同编的有关规定确定，不得仅以超越经营范围确认合同无效。

德法课堂 2-2

小程是一名14岁的在校初中生，平时喜欢游戏，经常收看游戏直播。2020年7月，小程瞒着父母下载了一款网络直播平台 App，接下来的半年多，他通过微信在该平台上累计支付人民币21万余元用于购买虚拟币（钻石、头像框、座位框等），并打赏主播，成了直播间的"榜一大哥"。直到寒假，父母才发现小程闯下大祸，父母认为他们作为小程的监护人对小程登录该网络平台并购买虚拟币的行为不知情，他们不可能同意其实施该民事法律行为，且事后也并未予以追认，故将平台诉至法院要求返还全部打赏金额。

案例分析：本案应如何处理？家长、电商平台经营者应履行哪些义务？

要点提示

本案属于效力待定的电子商务合同，小程父母请求网络直播平台返还该款项，网络直播平台应当返还。家长应切实履行好未成年人的监护责任，网络经营者应承担起未成年人网络保护的监管责任。

二、电子商务合同履行的规则

电子商务合同生效后，电子商务合同的双方当事人应当正确、适当、全面地完成电子商务合同中规定的各项义务，当事人不得因姓名、名称的变更或者法定代表人、负责人、承办人的变动而不履行电子商务合同义务。在电子商务合同的履行中，当事人应该遵循诚实信用原则，根据电子商务合同的性质、目的和交易习惯履行通知、协助、保密等义务。当事人在履行电子商务合同过程中，应当避免浪费资源、污染环境和破坏生态。

（一）约定不明时合同内容的确定规则

电子商务合同生效后，当事人就质量、价款或者报酬、履行地点等内容没有约定或者约定不明确的，可以协议补充；不能达成补充协议的，按照电子商务合同有关条款或者交易习惯确定。

根据《民法典》的规定，当事人就有关合同内容约定不明确，依据前条规定仍不能确定的，适用下列规定：

（1）质量要求不明确的，按照强制性国家标准履行；没有强制性国家标准的，按照推荐性国家标准履行；没有推荐性国家标准的，按照行业标准履行；没有国家标准、行业标准的，按照通常标准或者符合合同目的的特定标准履行。

（2）价款或者报酬不明确的，按照订立合同时履行地的市场价格履行；依法应当执行政府定价或者政府指导价的，按照规定履行。

（3）履行地点不明确的，给付货币的，在接受货币一方所在地履行；交付不动产的，在不动产所在地履行；其他标的，在履行义务一方所在地履行。

（4）履行期限不明确的，债务人可以随时履行，债权人也可以随时请求履行，但应当给对方必要的准备时间。

（5）履行方式不明确的，按照有利于实现合同目的的方式履行。

（6）履行费用的负担不明确的，由履行义务一方负担；因债权人原因增加的履行费用，由债权人负担。

（二）电子商务合同的特殊规定

《民法典》第五百一十二条规定："通过互联网等信息网络订立的电子合同的标的为交付商品并采用快递物流方式交付的，收货人的签收时间为交付时间。电子合同的标的为提供服务的，生成的电子凭证或者实物凭证中载明的时间为提供服务时间；前述凭证没有载明时间或者载明时间与实际提供服务时间不一致的，以实际提供服务的时间为准。电子合同的标的物为采用在线传输方式交付的，合同标的物进入对方当事人指定的特定系统且能够检索识别的时间为交付时间。电子合同当事人对交付商品或者提供服务的方式、时间另有约定的，按照其约定。"

三、涉及第三人的电子商务合同履行

1. 向第三人履行的电子商务合同

向第三人履行的电子商务合同指债权人将自己所享有的债权转移给第三人，由债务人向该第三人履行债务的电子商务合同。当事人约定由债务人向第三人履行债务的，债务人未向第三人履行债务或者履行债务不符合约定，债务人应当向原债权人承担违约责任。法律规定或者当事人约定第三人可以直接请求债务人向其履行债务，第三人未在合理期限内明确拒绝，债务人未向第三人履行债务或者履行债务不符合约定的，第三人可以请求债务人承担违约责任；债务人对债权人的抗辩，可以向第三人主张。

2. 由第三人履行的电子商务合同

由第三人履行的电子商务合同指债务人将自己的债务转移给第三人，由第三人向债权人履行债务的电子商务合同。当事人约定由第三人向债权人履行债务的，第三人不履行债务或者履行债务不符合约定，应当由原债务人向债权人承担违约责任。债务人不履行债务，第三人对履行该债务具有合法利益的，第三人有权向债权人代为履行；但是，根据债务性质、按照当事人约定或者依照法律规定只能由债务人履行的除外。债权人接受第三人履行后，其对债务人的债权转让给第三人，但是债务人和第三人另有约定的除外。

知识拓展 2-4

涉及第三人的电子商务合同

电商平台 A 与该平台内电商经营者 B 签订合同，电商经营者 B 负责提供商品并将其送达给买家 C。在这个合同中，买家 C 是第三方，他们的合法权益由电商平台 A 与电商经营者 B 共同保护。合同中可能包括以下内容：电商经营者 B 需确保按照合同要求提供商品，并保证商品的质量和数量符合买家 C 的要求。电商经营者 B 需要与物流公司 D 合作，确保商品按时送达买家 C，同时保证商品的安全和完好。电商平台 A 需要提供有效的支付和退货机制，以保护买家 C 的权益。买家 C 有权在商品有质量问题或未按时送达的情况下要求退款或补偿。

四、电子商务合同履行中的抗辩权

电子商务合同履行中的抗辩权是指在双务合同中，当事人一方在对方未履行或者不能保证履行合同义务时可以相应地不履行电子商务合同的权利。抗辩权包括同时履行抗辩权、后履行抗辩权和不安抗辩权。

1. 同时履行抗辩权

同时履行抗辩权是指电子商务合同当事人的债务没有先后履行的顺序时，一方在对方未为对待给付前，可以拒绝对方的履行请求。《民法典》第五百二十五条规定："当事人互负债务，没有先后履行顺序的，应当同时履行。一方在对方履行之前有权拒绝其履行请求。一方在对方履行债务不符合约定时，有权拒绝其相应的履行请求。"

2. 后履行抗辩权

后履行抗辩权是在双务合同中应当先履行的一方当事人届期未履行或者不适当履行时，对方当事人享有的不履行或部分履行的权利。《民法典》第五百二十六条规定："当事人互负债务，有先后履行顺序，应当先履行一方未履行的，后履行一方有权拒绝其履行请求。先履行一方履行债务不符合约定的，后履行一方有权拒绝其相应的履行请求。"

3. 不安抗辩权

不安抗辩权是指电子商务合同当事人双方的债务有先后履行的顺序，依约定应先履行债务的当事人在有确切证据证明对方难以为对待给付并未提供担保之前，有权拒绝对方的履行要求。《民法典》第五百二十七条规定："应当先履行债务的当事人，有确切证据证明对方有下列情形之一的，可以中止履行：（一）经营状况严重恶化；（二）转移财产、抽逃资金，以逃避债务；（三）丧失商业信誉；（四）有丧失或者可能丧失履行债务能力的其他情形。当事人没有确切证据中止履行的，应当承担违约责任。"

《民法典》第五百二十八条规定："当事人依据前条规定中止履行的，应当及时通知对方。对方提供适当担保时，应当恢复履行。中止履行后，对方在合理期限内未恢复履行能力且未提供适当担保的，视为以自己的行为表明不履行主要债务，中止履行的一方可以解除合同并可以请求对方承担违约责任。"

课堂讨论 2-6

陈某看中某电商平台上美美服装店的一套预发货的定制礼服，随即与美美服装店客服进行购买咨询。双方达成协议，陈某在下单后 7 日内支付 1 000 元定制礼服的全部价款，一个月后美美服装店可以将陈某定制的礼服发货。3 日后，陈某发现电商平台上美美服装店的销售评价非常差，很多买家在电商平台留言美美服装店欺诈销售，销售的礼服质量很差，与标价严重不符，纷纷要求退款。7 日到期后，陈某拒绝支付定制礼服的全部货款。

讨论：陈某拒绝支付礼服货款的行为，是否要承担违约责任？

---

4. 三种抗辩权的比较

（1）三种抗辩权的联系。

1）目的相同。三种抗辩权设立的目的都在于维护当事人的权益，保障交易秩序。

2）适用范围相同。三种抗辩权都只能发生在双务合同中。

3）权利效力相同。三种抗辩权均能使对方的请求权在一定期限内不能行使，当对方当事人履行其义务或提供担保后，抗辩权归于消灭。

4）行使方式相同。三种抗辩权的行使都是依据当事人的意思自治原则，对此法院或者仲裁机构不得依职权行使。

（2）三种抗辩权的区别。

1）主张权利人不同。后履行抗辩权的权利人是电子商务合同履行中后履行义务的一方当事人。不安抗辩权的权利人是电子商务合同履行中先履行义务的一方当事人。在没有先后履行顺序的电子商务合同中，双方当事人都可行使同时履行抗辩权。

2）法律义务不同。主张不安抗辩权的当事人有通知和举证两项附随的义务。主张后履行抗辩权的当事人和同时履行抗辩权的当事人只要在对方不履行电子商务合同义务或者履行义务有重大瑕疵时，就可以直接拒绝其相应的履行请求。

3）行使权利的时间不同。后履行抗辩权的当事人和同时履行抗辩权的当事人在电子商务合同履行前或履行中主张权利。不安抗辩权的当事人只能在电子商务合同履行前主张权利。

思维导图实训 2-2

履行电子商务合同

请同学们结合"履行电子商务合同"相关知识点，参考以下思维导图，分组训练。

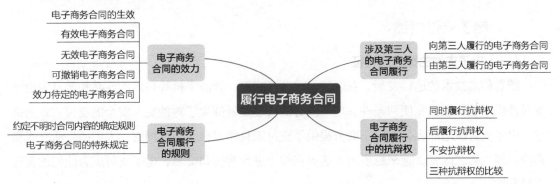

任务三　合理使用电子支付

任务描述

2022 年 6 月底，梁小姐在"易 × 网"平台上浏览时，发现有一家名为"免费数码"的商店。

她正在考虑买一台笔记本电脑，但发现市场价为 13 000 多元的笔记本电脑，在这家网上商店的售价仅为 6 000 多元。当时梁小姐对这个低价还是心存疑虑的，于是在汇款之前，特意打电话给店主"Free"，"Free"告诉梁小姐，自己的货是海关弄来的，质量没问题，价钱比较便宜。几次讨价还价后，7 月 1 日，梁小姐将 5 600 元汇入了卖家的账户。汇款后的第三天，梁小姐见笔记本电脑还没有邮寄到家中，又上网看了一下，竟然发现平台上已经有不少用户反映向该店铺汇款后没有收到货物。此时，原先店主"Free"留下的电话已经打不通了。

请思考：

1. 电子支付与传统支付的区别？
2. 电子支付平台有何法律风险？

任务分解

1. 能够防范第三方电子支付平台的法律风险。
2. 能够合理使用电子支付。

知识精讲

一、电子支付概述

（一）电子支付的概念及特征

随着信息技术的迅猛发展，互联网、移动互联网、智能手机等技术的成熟和普及为电子支付提供了基础设施和便利条件。电子商务的快速发展催生了对便捷、安全的支付方式的需求，电子支付应运而生，为电子商务提供了支付工具和平台。与此同时，人们的生活方式和消费习惯也随之改变，越来越多的人选择在线上进行购物和交易，电子支付成为他们的首选支付方式。

电子支付是指单位、个人直接或授权他人通过电子终端发出支付指令，实现货币支付与资金转移的行为。《电子商务法》第五十三条规定"电子商务当事人可以约定采用电子支付方式支付价款"。

电子支付的主要特征如下：

（1）利用互联网平台。电子支付是基于互联网平台进行的支付方式。互联网的普及使人们可以通过在线支付平台进行交易，无论是购物、转账还是付款，只需要一个连接互联网的设备就可以完成。这使支付变得更加便捷、快速和灵活，消费者可以随时随地进行支付。

（2）数字化。电子支付是以数字形式进行的。它不再使用纸币或硬币进行支付，而是通过数字货币、电子钱包、银行账户等进行支付。这种数字化的支付方式消除了实体货币的局限性，方便了跨境支付和跨平台支付。

（3）经济优势。相比传统支付方式，电子支付具有明显的经济优势。电子支付减少了现金的使用，降低了流通和储存现金的成本。电子支付可以实现快速、高效的交易，节省了人力资源和时间成本。此外，电子支付还能够提供各种优惠和促销活动，进一步降低了交易成本。

（4）先进的通信手段。电子支付离不开先进的通信技术支持。互联网的普及和移动通信网络的发展，为电子支付提供了可靠的通信基础。通过手机、电脑等设备，用户可以实现与支付平台的实时连接，进行交易。这种先进的通信手段确保了支付的安全性和及时性。

（5）实时交易记录。电子支付可以实时记录交易信息，每一笔交易都会被记录下来，包括交易时间、金额、参与方等信息。这些交易记录可以方便地用于后续的查询、统计和分析。对于商家来说，可以更好地管理销售和库存；对于消费者来说，可以更好地掌握自己的消费情况。此外，实时交易记录也为支付平台提供了更好的风险管理和反欺诈手段，确保了支付的安全性。

知识拓展 2-5

电子支付与传统支付的比较

比较项目	电子支付	传统支付
方便性	可以在任何时间和地点进行支付	需要到实体店面或 ATM 机进行支付
安全性	采用多层加密和身份验证技术	存在现金被盗或银行卡被盗刷的风险
成本效益	减少现金处理和人工操作的成本	需要支付现金处理和人工操作的成本
跨境支付	更适合跨境支付，不需要考虑货币兑换和汇款手续费等问题	需要通过银行汇款或信用卡支付等方式进行跨境支付
数据管理	支付数据可以被自动记录和整理，方便统计和分析	需要手动记录和整理支付数据

电子支付使消费者能够更加方便、安全地进行在线购物和交易，提高了消费者的满意度和购物体验。同时，对于电商平台和商家来说，电子支付也为他们提供了更加高效和便捷的收款方式，促进了电商交易的发展。

（二）电子支付的分类

电子支付是指通过电子设备和网络进行的支付活动。随着科技的不断发展和人们对便捷支付需求的增加，电子支付的分类也越来越多样化。

1. 根据支付工具分类

（1）网络支付。网络支付是指通过互联网完成的支付活动。它包括网银支付、第三方支付平台支付等。网银支付是指通过银行的网上银行系统进行支付，用户可以通过网银直接从自己的银行账户中转账支付。第三方支付平台支付是指由独立的支付服务提供商提供的支付服务，例如支付宝、微信支付等。

（2）移动支付。移动支付是指通过移动设备进行的支付活动。它包括手机支付、二维码支付、近场通信（NFC）支付等。手机支付是指通过手机应用程序完成支付。二维码支付是指通过扫描二维码进行支付，用户扫描商家提供的二维码，然后确认支付。NFC 支付是指通过近场通信技术进行支付，用户将手机靠近支持 NFC 的终端设备即可完成支付。

（3）电子钱包支付。电子钱包支付是指通过存储在电子设备中的虚拟钱包进行支付。用户可以将资金存入电子钱包中，然后通过扫码、NFC 或其他方式进行支付。

2. 根据支付方式分类

（1）预付卡支付。预付卡支付是指用户预先充值一定金额到预付卡中，然后通过刷卡或扫码等方式进行支付。预付卡可以是实体卡片，也可以是虚拟卡片。

（2）账户余额支付。账户余额支付是指用户将资金存入特定账户，然后通过账户余额进行支付。用户可以通过充值、转账等方式将资金存入账户中，然后在需要支付时直接使用账户余额进行支付。支付宝余额、微信余额等就是常见的账户余额支付方式。

（3）银行卡支付。银行卡支付是指直接使用银行卡进行支付，包括借记卡和信用卡等。用户可以在商户处刷卡或通过移动设备进行刷卡支付。

3. 根据支付环境分类

（1）在线支付。在线支付是指通过互联网进行的支付活动。用户可以在网上商城购物，然后选择合适的支付方式进行支付。在线支付可以使用网银支付、第三方支付平台、电子钱包等。

（2）线下支付。线下支付是指在实体店面或面对面的场景中进行的支付活动。用户可以通过移动设备进行支付，例如扫码支付、NFC 支付等。这种支付方式可以在超市、餐厅、电影院等地方使用。

4. 根据支付对象分类

（1）B2C 支付。B2C 是 Business-to-Consumer 的缩写，指商家向个人消费者进行支付。这是一种电子商务模式，其中商家通过互联网直接向消费者销售产品和提供服务。这个模式以网络零售业为主，允许消费者在网上购物网站购买商品。

（2）C2C 支付。C2C 是 Customer-to-Customer 的缩写，指个人与个人之间的电子商务。例如，一个消费者通过网络交易，将自己的电脑出售给另外一个消费者，此种交易类型就称为 C2C 电子商务。

（三）电子支付工具及流程

电子支付基于电子支付工具和相应的支付流程来实现交易的完成。

1. 电子支付工具

（1）银行卡。银行卡包括借记卡和信用卡，用户可以通过输入卡号、有效期、信用卡安全码等信息进行支付。

（2）第三方支付平台。例如支付宝、微信支付等，用户可以通过绑定银行卡或预存款等方式进行支付。

（3）数字货币。数字货币是以数字形式存在的货币，用户可以使用数字货币进行支付。

2. 电子支付流程

（1）用户选择商品或服务，并确定支付方式。

（2）在支付页面，用户输入相关支付信息，如银行卡号、密码、验证码等。

（3）支付信息通过支付网关进行加密传输，确保支付过程的安全性。

（4）支付网关将支付信息传输给支付平台。

（5）支付平台与用户的银行或第三方支付平台进行交互，验证支付信息的准确性和有效性。

（6）银行或第三方支付平台返回支付结果给支付平台。

二、电子支付的法律风险

电子支付的法律风险是指在电子支付过程中可能涉及的各种法律问题和风险。

（一）虚假交易风险

虚假交易是指在电子支付过程中，商家或个人发布虚假的商品信息，欺骗用户进行交易。这种行为既涉及消费者权益保护，也涉及商家的商业诚信。消费者可能面临购买到假冒伪劣商品或未能收到实物等问题，商家则可能面临欺诈指控和消费者维权。虚假交易风险主要表现在以下方面：

微课2-3
防范电子支付安全风险

（1）假冒伪劣商品。商家发布虚假商品信息，以次充好，让消费者购买到质量不符合标准的商品。

（2）虚假宣传。商家在商品描述、广告宣传等方面使用夸大、虚假的言辞和图片，误导消费者进行购买。

（3）虚假评论和评分。商家通过虚构用户评价和高分评分来提高商品的信誉度，诱导消费者进行购买。

（4）售后服务不到位。商家承诺的售后服务未能兑现，消费者在购买后遇到问题难以得到及时的售后支持。

课堂讨论 2-7

某用户在使用一款电子支付应用时，收到一条短信通知称其账户遭到异常登录并存在风险，需要立即验证账户信息以确保安全。用户点击链接进入一个与该应用官方网站非常相似的假冒网站，并输入了自己的账户信息和银行卡信息。不久后，用户发现自己的账户被盗，大量资金被转移。

讨论：电子支付存在哪些法律风险？如何防范电子支付的虚假交易风险？

（二）个人信息泄露风险

在电子支付过程中，用户需要提供个人敏感信息，如银行卡号、身份证号码等。如果支付平台或电商平台未能妥善保护用户个人信息，就可能导致个人信息泄露。这种情况下，用户可能面临金融欺诈、身份盗用等风险。个人信息泄露风险主要表现在以下方面：

（1）数据泄露。支付平台或电商平台的数据库被黑客攻击或员工泄露，导致用户个人信息被获取。

（2）第三方授权滥用。用户在使用电子支付时，可能会授权第三方应用访问自己的个人信息。若第三方应用未能严格保护用户信息，就有可能导致个人信息被滥用。

（3）假冒网站和钓鱼网站。黑客通过制作假冒的支付平台网站或钓鱼网站，诱导用户输入个人信息，从而获取用户的敏感信息。

案件直击 2-3

利用微信快捷支付盗刷他人资金

2016年，被告人江某某在被害人黄某某的门窗加工店中务工，期间在黄某某不知情的情况下，用黄某某放置在店中桌上皮包里的身份证和手机号码注册了一个微信并且绑定了黄某某的中国建设银行卡。自2017年1月至2020年2月期间，江某某通过微信支付消费、转账等方式，盗取被害人黄某某银行卡内的资金1.4万余元，还通过用黄某某的微信给自己的微信发红包或转账的方式，盗取被害人黄某某微信钱包内资金5516元。

法院判决：被告人江某某擅自使用他人的身份信息注册微信并绑定他人银行卡，然后利用微信支付服务中的快捷支付功能用于个人日常消费，数额较大，其行为构成信用卡诈骗罪；以非法占有为目的，秘密使用他人微信向自己转账，盗取他人财物，数额较大，其行为构成盗窃罪。

当地人民检察院指控被告人江某某犯信用卡诈骗罪、盗窃罪的罪名成立。被告人江某某在判决宣告以前一人犯数罪，应当数罪并罚，但鉴于其归案后如实供述，系坦白，且自愿认罪认罚，并已退赔被害人全部损失，可以从轻处罚。

据此，依照相关法律规定，依法对被告人江某某犯信用卡诈骗罪，判处有期徒刑八个月，并处罚金人民币 20 000 元；犯盗窃罪，判处有期徒刑六个月，并处罚金人民币 4 000 元。合并执行有期徒刑一年，并处罚金人民币 24 000 元。

案例讨论：在电子支付中如何防范个人信息泄露风险？

（三）支付纠纷风险

在电子支付过程中，可能出现支付失败、支付款项未能及时到账等问题，导致交易未能顺利完成。这可能引发买卖双方之间的支付纠纷，例如用户要求退款或商家要求确认支付。如果未能妥善解决，可能涉及法律问题。支付纠纷风险主要表现在以下方面：

（1）支付失败。在电子支付过程中，由于系统故障、网络问题等原因，支付可能失败，导致交易未能完成。

（2）支付款项未到账。商家在发货后，未能及时收到支付的款项，导致交易无法完成。

（3）退款纠纷。用户要求退款，但商家未能及时或拒绝退款，引发纠纷。

德法课堂 2-3

刘某与李某在微信朋友圈相识，之后聊得投机，约好见面。然而当两人到达见面地点时，李某拒绝了刘某的支付方式，并称自己没有带钱包。刘某善意地给李某转账 300 元，准备之后进行约定的活动。然而，李某居然向刘某反映因为网络问题没有收到钱，并向刘某发送了一个不知名的付款链接。出于对李某的信任，刘某点开链接进行了付款。但事后，刘某发现自己的银行卡被扣款 3 000 元。他试图向银行追回这个不合理的扣款，但银行以收款账号与李某账号最终吻合为由，不予受理。最终，刘某从李某口中得知了一个电话联系人，并从电话里发现了李某的骗局。这是一个典型的微信支付纠纷案例。

案例分析：出现微信支付纠纷应如何解决？我们应如何防范电子支付风险？

要点提示

这种微信支付纠纷本质上就是一个债权债务关系。如果刘某向银行申诉，其法律上的承担和债务人相当，赔偿能力有限。因此，一旦发生争议，我们应该立即尽力保护自己的权益，例如，可以向支付平台申诉、通过报警维权等。

（四）不合规运营风险

在电子支付行业中，支付机构或平台必须符合相关法律法规的要求，如支付牌照、资金存管等。不合规运营风险主要有以下几个方面：

（1）无牌照经营。支付机构未能取得相关支付牌照，擅自从事支付业务。

（2）资金风险。支付机构未能按照规定将用户资金进行存管，导致用户资金安全受到威胁。

（3）业务违规。支付平台未能按照规定进行风险评估、反洗钱等相关业务操作，违反相关法律法规。

三、电子支付的法律规范

（一）电子支付的安全管理

电子支付的安全管理是确保用户个人信息和资金安全的重要环节。通过对电子支付进行安全管理，电子支付平台可以提高用户的信任度，保护用户的个人信息和资金安全，推动电子支付的健康发展。

1. 电子支付服务提供者的义务

《电子商务法》第五十三条第 2 款、第 3 款规定："电子支付服务提供者为电子商务提供电子支付服务，应当遵守国家规定，告知用户电子支付服务的功能、使用方法、注意事项、相关风险和收费标准等事项，不得附加不合理交易条件。电子支付服务提供者应当确保电子支付指令的完整性、一致性、可跟踪稽核和不可篡改。电子支付服务提供者应当向用户免费提供对账服务以及最近三年的交易记录。"具体义务如下：

（1）提供安全保障措施。电子支付服务提供者应采取必要的技术和管理措施，确保用户个人信息和资金的安全。这包括使用加密技术、防火墙、身份验证等安全措施，以防止信息泄露、盗用、篡改等风险。

（2）建立用户身份验证机制。电子支付服务提供者应建立有效的用户身份验证机制，确保只有合法授权的用户可以访问和使用电子支付服务。

（3）提供风险提示和教育。电子支付服务提供者应向用户提供有关风险和安全注意事项的提示和教育，帮助用户增强安全意识，防范诈骗、钓鱼等网络安全风险。

（4）监测和防范风险。电子支付服务提供者应建立风险监测和防范体系，及时发现和处理安全漏洞、异常交易等风险事件，保障用户的资金安全。

（5）处理用户投诉和纠纷。电子支付服务提供者应及时、公正地处理用户的投诉和纠纷，保护用户的合法权益。

（6）合规运营。电子支付服务提供者应遵守相关法律法规和监管要求，进行合规运营，保障用户的合法权益和服务质量。

2. 电子支付用户的义务

（1）妥善保护个人信息。用户需要妥善保管个人身份信息、账号密码等，不得将其泄露给他人，以防止个人信息被盗用或滥用。

（2）定期检查账户情况。用户应定期查看自己的电子支付账户，核对账户余额、交易记录等，及时发现异常情况。

（3）建立支付强密码。用户应选择复杂度较高的密码，并定期更换密码，以增加账户的安全性。

（4）安装更新防护软件。用户应在使用电子支付服务的设备上安装并及时更新防护软件，以防止恶意软件或病毒的侵入。

（5）及时反馈问题。用户发现电子支付账户出现异常、交易纠纷等问题时，应及时向电子支付服务提供商报告并协助解决。

（6）遵守电子支付相关规定。用户应遵守电子支付服务提供商的使用规定，不得进行非法活动或滥用电子支付服务。

（二）电子支付的法律监管

电子支付作为一种新兴的支付方式，需要受法律监管以保障交易的安全、公平和合法性。法律监管措施可以确保电子支付的合法性、安全性和公平性，促进电子支付的健康发展。同时，法律监管也为用户提供了更可靠和便捷的支付方式。

（1）法律法规的制定。法律部门、政府部门应制定适用于电子支付的法律法规，明确电子支付的定义、范围和规范要求。这些法律法规可以包括关于电子支付平台的准入要求、消费者权益保护、数据隐私保护等方面的规定。

（2）消费者权益保护。消费者在电子支付过程中的合法权益应得到保护，包括隐私权、信息安全保护要求。应规范电子支付平台的收费标准和服务质量，以及建立用户投诉和纠纷解决机制等。

（3）反洗钱和反恐怖融资。电子支付平台应遵守反洗钱和反恐怖融资相关法律法规的要求，对用户进行身份验证和交易监测。同时，电子支付平台应与相关机构合作，分享可疑交易信息，以预防和打击非法活动。

（4）数据隐私保护。电子支付平台对用户个人信息的收集、使用和保护应符合法律法规的规定。电子支付平台应明确用户个人信息的用途和范围，并采取必要的措施保障用户个人信息的安全。

（5）竞争和市场监管。政府应加强对电子支付市场的监管，防止垄断和不正当竞争行为。同时，应建立监管机构，负责监督电子支付平台的合规运营，对违规行为进行处罚和调查。

（6）跨境支付监管。随着电子支付的国际化，跨境支付监管也变得十分重要。政府应加强与其他国家和地区的合作，建立跨境支付监管机制，规范跨境支付的流程和安全要求。

（三）电子支付的法律责任

电子支付作为一种新兴的支付方式，涉及多方的权益和责任。法律责任的规定可以保障电子支付的安全、公平和合法，维护用户权益和市场秩序，促进电子支付的健康发展。

（1）电子支付平台的责任。电子支付平台作为提供支付服务的机构，应承担相应的法律责任。电子支付平台应确保支付系统的正常运行，提供安全可靠的支付环境，并保障用户的资金安全；应及时处理用户的投诉和纠纷，并采取必要的措施预防欺诈行为。

（2）用户的责任。用户在使用电子支付时也有责任遵守相关法律法规和支付平台的规则。用户应提供真实、准确的个人信息，不得进行虚假交易和欺诈行为；应妥善保管账户密码和支付工具，避免密码泄露和支付工具被盗用。

课堂讨论 2-8

2020 年 3 月，李某看到"30 元一天"的租借个人收款码信息，被网络兼职赚佣金的利益诱惑，按照要求在"跑分平台"上上传了自己的收款码并缴纳保证金，后"跑分平台"将小李的收款二维码提供给赌博网站使用。最终，该"跑分平台"被公安机关查获，李某因属于诈骗罪共犯，被采取刑事强制措施。

讨论：出借个人收款码是否要承担法律责任？

（3）第三方支付机构的责任。第三方支付机构在电子支付过程中承担着中介角色，负责处理支付指令和资金结算。第三方支付机构应遵守相关法律法规和监管要求，确保支付过程的安全和准确性；应建立风险管理和内部控制机制，防止洗钱、欺诈和其他非法行为的发生。

思维导图实训 2-3

合理使用电子支付

请同学们结合"合理使用电子支付"相关知识点，参考以下思维导图，分组训练。

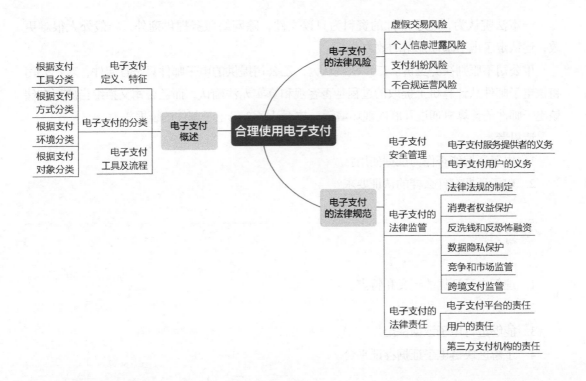

任务四　收集与保全电子证据

任务描述

　　2022 年 3 月 19 日，原告甲工具制造公司（以下简称甲公司）与被告乙电子商务公司（以下简称乙公司）签订电子商务服务合同一份，约定：乙公司为甲公司安装其拥有自主版权的国际贸易电子商务系统软件一套，在安装后一年之内最少为甲公司提供 6 个有效国际商务渠道。乙公司对甲公司利用其软件与商情获得的成交业务，按不同情形收取费用，最高不超过 6 万元。如果在一年之内乙公司未能完成提供有效国际商务渠道的义务，则无条件退还甲公司 6 万元的首期付款并支付违约金。合同签订后，乙公司在甲公司处安装了软件平台，并代甲公司操作该系统。2023 年 10 月。甲公司以乙公司违约，未能提供有效国际商务渠道为由起诉至法院，要求解除合同，同时要求乙公司返还已付款项并支付违约金。乙公司在举证期限内提供了海外客户对甲公司产品询盘的 3 份电子邮件（打印文件），以此证明乙公司为甲公司建立的交易平台已取得业务进展，至于最终没有能够成交，是由于甲公司提供给外商的样品不符合要求。

一审法院认为，电子邮件的资料为只读文件，除网络服务提供商外，一般外人很难更改，遂认定了电子邮件证据的效力。

甲公司不服判决并上诉。二审法院认为，乙公司提供的电子邮件只是打印件，对乙公司将该电子邮件从计算机上提取的过程是否客观和真实无法确认，而乙公司又拒绝当庭用存储该电子邮件的计算机通过互联网现场演示，故否认了3份电子邮件的证据效力。

请思考：

1. 电子证据能否作为证据使用？
2. 电子证据有什么样的认证要求？

任务分解

1. 理解电子证据的定义和特点。
2. 区分电子签名的应用。
3. 能够进行电子证据保全。
4. 了解区块链电子证据存证平台。

知识精讲

一、电子证据的定义和特点

互联网时代的持续推进与深化带来了更多虚拟形态的证据形式。电子证据，是指存储于磁性介质之中，以电子数据形式存在的诉讼证据。其表现形式具有多样性，因此给证据的效力、认定等带来了新的挑战。

（一）电子证据的定义

在电子商务迅速发展的大背景下，电子证据的适用场景越来越多，对其认定规则的确定也有较多研究。最高人民法院、最高人民检察院、公安部联合印发《关于办理刑事案件收集提取和审查判断电子数据若干问题的规定》（简称《电子数据规定》），该规定虽然针对刑事案件，但其中关于电子数据收集提取与审查判断的论述，对包括劳动争议在内的普通民事案件具有重要的参考价值。《电子数据规定》第1条对电子证据的定义和类型进行了明确：电子数据是案件发生过程中形成的，以数字化形式存储、处理、传输的，能够证明案件事实的数据。电子数据包括但不限于下列信息、电子文件：

（1）网页、博客、微博客、朋友圈、贴吧、网盘等网络平台发布的信息。

（2）手机短信、电子邮件、即时通信、通讯群组等网络应用服务的通信信息。

（3）用户注册信息、身份认证信息、电子交易记录、通信记录、登录日志等信息。

（4）文档、图片、音视频、数字证书、计算机程序等电子文件。

能够证明案件真实情况的常见的电子证据分为两类：一是封闭式计算机系统中的电子证据，如单位内部局域网中的电子文件、数据库等；二是开放式计算机系统中的电子证据，如互联网中的电子邮件、网上聊天记录等。

（二）电子证据的特点

电子证据与其他类型的证据相比，具有以下特点：

1. 科技性

电子证据的产生、储存与传输，都必须以计算机技术、存储技术、多媒体技术、网络技术等高科技为依托，使其能在没有外界蓄意篡改或差错的影响下准确地储存并反映有关案件的真实情况。

2. 无形性

在计算机内部，所有信息都被数字化。信息在进行存储、处理的过程中，必须用特定的二进制编码表示。计算机通过把二进制编码转换为一系列的电脉冲，来实现某种功能。在进行电子商务交易的过程中，一切信息都由这些不可见的无形的编码来传递，因此电子证据具有无形性。

3. 外在表现形式的多样性

由于多媒体技术的应用，电子证据综合了文本、图像、动图、音频及视频等多种媒体信息，几乎涵盖所有传统证据类型。

4. 易破坏性

计算机信息是用二进制数据表示的，以数字信号的方式存在，但数字信号是非连续性的，因此如果有人故意或因为差错对电子证据进行截收、监听、窃取、删减、剪接，技术上要查清难度较大，它不像录音、录像资料记录的是连续的模拟信号，发生变化可以用技术手段查明。包括计算机操作人员的差错或供电系统、通信网络的故障等环境和技术方面的原因都会使电子证据无法反映真实的情况。计算机登记、处理、传输的资料均以电磁浓缩的形式储存，体积极小，携带方便，而行为人往往具有各种便利条件，极易变更软件资料，随时可以毁灭证据。行为人对电子证据的修改或伪造过程在几分钟甚至几秒钟内就可以完成，不易察觉。

因此，进入电子证据时代，公众把电子证据与网络安全联系起来，提出疑问：如果电子产品遭到网络攻击，数据被修改，是否会导致证据的不真实？

证据的客观性主要是指证据的真实性，被修改过的电子数据当然不具备真实性，也就不能被法院采信。如果诉讼当事人对证据的真实性有疑问，可以申请专业部门进行鉴定，被专业部门鉴定为不真实的电子数据，不具有证据的效力。

此外，电子证据还具有收集迅速，占用空间少，传送和运输方便，可以反复出现，易于保存、使用、审查、核实，便于操作的特点。而且电子证据能够避免其他证据的一些弊端，如证言的误传、书证的误记等，相对来说比较准确，比较接近事实情况。

知识拓展 2-6

准备好迎接电子证据时代了吗?

最高人民法院发布的司法解释明确了电子证据的合法身份：聊天记录、博客、微博客、手机短信、电子签名、域名等形成或者存储在电子介质中的信息均可视为民事案件中的证据。这是一次历史性的突破，但这并不是终点，而恰好是一个起点。

目前，我国司法人员普遍缺乏高科技知识，相应的鉴定机构不够健全，要有步骤、有计划地培养不仅具有深厚法律知识而且具有计算机知识的复合型人才；要健全、普及专业的鉴定机构，以满足社会的需要。对电子证据进行有效的司法鉴定，是确保电子证据被采信的有效手段。

需要建立一支专业鉴定队伍：一方面，鉴定机构应该建立一套完备的取证、鉴定程序，这个程序应对其服务对象公开，接受监督，以保证计算机取证、鉴定活动的公正性和客观性；另一方面，应配备一些仪器设备，同时为了适应科学技术迅猛发展变化的现状，应保持用于鉴定的计算机设备不断更新。

电子证据在诉讼中发挥着越来越重要的作用，立法上可以在诉讼法中增加相关条文援引该单行法律。同时还要建立电子证据审查制度，审查电子资料的来源，包括发出地、目标地、路径、时间、日期、长度、持续时间或底层服务类型等；审查电子证据的内容是否真实，是否有伪造、篡改；审查电子证据收集的程序和使用的工具是否合法；审查电子证据与事实的联系等。

此外，还需要完善电子证据的举证规则。在网络环境下，电子证据本身的特性及证明力、取证难度的问题决定了举证的难度。并且，由于电子证据的无形性、高科技性，当事人对于电子证据的获取途径无从知晓。所以，举证责任的分配对于在网络环境下电子证据的认定就显得尤为重要。在涉及电子证据的案件中，由于现行法律的缺失，举证责任的分配应以公平诚信原则为指引。法官必须结合当事人的举证能力，遵守公平原则和诚实信用原则，最大限度地减少自由裁量带来的负面影响。

二、电子签名的应用

（一）电子签名的定义

根据 2019 年 4 月 23 日第十三届全国人民代表大会常务委员会第十次会议修正的《中华人民共和国电子签名法》（下称《电子签名法》）的相关规定，电子签名是指数据电文中以电子形式所含、

微课2-4
电子签名的法律问题

所附用于识别签名人身份并表明签名人认可其中内容的数据。所称数据电文，是指以电子、光学、磁或者类似手段生成、发送、接收或者储存的信息。能够有形地表现所载内容，并可以随时调取查用的数据电文，视为符合法律、法规要求的书面形式。

（二）电子签名的要求

1. 原件形式要求

符合下列条件的数据电文，视为满足法律、法规规定的原件形式要求：

（1）能够有效地表现所载内容并可供随时调取查用。

（2）能够可靠地保证自最终形成时起，内容保持完整、未被更改。但是，在数据电文上增加背书以及数据交换、储存和显示过程中发生的形式变化不影响数据电文的完整性。

2. 文件保存要求

符合下列条件的数据电文，视为满足法律、法规规定的文件保存要求：

（1）能够有效地表现所载内容并可供随时调取查用。

（2）数据电文的格式与其生成、发送或者接收时的格式相同，或者格式不相同但是能够准确表现原来生成、发送或者接收的内容。

（3）能够识别数据电文的发件人、收件人以及发送、接收的时间。

数据电文不得仅因为其是以电子、光学、磁或者类似手段生成、发送、接收或者储存的而被拒绝作为证据使用。

3. 真实性审查

审查数据电文作为证据的真实性，应当考虑以下因素：

（1）生成、储存或者传递数据电文方法的可靠性。

（2）保持内容完整性方法的可靠性。

（3）用以鉴别发件人方法的可靠性。

（4）其他相关因素。

4. 可靠性认定

电子签名同时符合下列条件的，视为可靠的电子签名：

（1）电子签名制作数据用于电子签名时，属于电子签名人专有。

（2）签署时电子签名制作数据仅由电子签名人控制。

（3）签署后对电子签名的任何改动能够被发现。

（4）签署后对数据电文内容和形式的任何改动能够被发现。

当事人也可以选择使用符合其约定的可靠条件的电子签名。可靠的电子签名与手写签名或者盖章具有同等的法律效力。

德法课堂 2-4

2021 年 5 月，孙先生结识了女孩杨某。同年 8 月 27 日，杨某发短信给孙先生，向他借钱应急，短信中说："我需要 8 000 元，刚回武汉做了眼睛手术，不能出门，你汇到我卡里。"孙先生随即将钱汇给了杨某。一个多星期后，孙先生再次收到杨某的短信，又借给杨某 5 000 元。因为都是短信来往，两次汇款孙先生都没有索要借据。此后，因杨某一直没提过借款的事，而且再次向孙先生借款，孙先生产生了警惕，于是向杨某催要以前的两笔借款，但一直索要未果。孙先生于是起诉至海淀法院，要求杨某归还 13 000 元，并提交了银行汇款底单两张。但杨某却称这是孙先生归还以前欠她的钱款。后经法官核实，孙先生提供的发送短信的手机号码拨打后接听者正是杨某本人。而杨某本人也承认，自己从 2015 年 7 月开始使用这个手机号码。

为此，在庭审中，孙先生在向法院提交的证据中，除了提供银行汇款单存单两张外，还提交了自己使用的号码为 "1350011××××" 的诺基亚移动电话一部，其中记载了杨某发来的部分短信内容。如：2021 年 8 月 27 日 17 时 13 分 "可以借点资金援助吧"，2021 年 8 月 27 日 18 时 21 分 "我需要 8 000 元，刚回武汉做了眼睛手术，不能出门，你汇到我卡里" 等杨某发来的 21 条短信内容。移动电话短信内容中载明的款项往来金额、时间与中国农业银行个人业务凭证中体现的孙先生给杨某汇款的金额、时间相符，且移动电话短信内容中亦载明了杨某偿还借款的意思表示，两份证据之间相互印证。

案例分析：手机短信是否能作为证据？如何确定短信的法律效力？

要点提示

随着互联网的日益发展，中国网络购物的用户规模不断上升，随之而来的便是侵权产品的肆虐。由于网络证据存在不稳定性和易灭失的特征，网络保全证据公证的介入大大促进了对知识产权的保护，营造了良性竞争的网上交易环境。

三、电子证据保全

电子证据法律属性的不同，直接影响电子证据的证据力和证明能力，也直接影响电子证据保全的方式方法。在司法环节中，并不是所有电子数据都具有法律效力。所以，需要科学、实时地对电子证据进行公证、存证，必要时进行司法鉴定，以保证电子证据的法律效力。《电子数据规定》第五条规定："对作为证据使用的电子数据，应当采取以下一种或者几种方法保护电子数据的完整性：扣押、封存电子数据原始存储介质；计算电子数据完整性校验值；制作、封存电子数据备份；冻结电子数据；对收集、提取电子数据的相关活动进行录像；其他保护电子数据完整性的方法。"

随着互联网技术发展，电子证据保全作为新的证据保全方式，因其快捷、可信、成本低、易查证等特点，越来越多地在司法实践中采用。保全方式大致可以分为以下几种：

1. 人民法院保全

人民法院保全证据分为诉前保全和诉中保全两种情形。基于电子数据证据的特殊性，电子数据证据保全除了要选择相关的物质载体，并且对相关的使用人、制作者进行必要的询问外，最主要的是应当在专家的指导下开展相应的保全工作。只有使法律与技术相结合，才能保证电子数据证据的真实性与完整性，并且可以最大限度地获取与案件有关的证据材料，避免司法资源的浪费。

2. 公证保全

根据相关司法解释规定，公证证据的证明力更强，具有更高的证据效力。电子数据证据保全公证的内容应当包括电子数据原始性公证和电子数据取得行为真实性公证。具体而言，由当事人主动申请，公证机构对电子证据进行全面的合法性审查，再对电子数据证据进行相关操作。

3. 网络公证保全

网络公证是指由特定的网络公证机构借助网络平台，在网上接受并审查当事人的申请，开展公证业务。电子数据证据的网络保全公证的内容分为一般数据保全（即实时数据保全）和综合保全（包括网上拍卖、裁判、招标投标、政府采购等），其应用领域涉及一方确定、另一方不确定的交易，可起到监督作用。

案件直击 2-4

商标侵权网络电子证据保全公证案

广东××日化有限公司是江门市的一家知名企业，其名下生产的一款除臭喷雾效果良好，深受消费者欢迎，市场占有率高，属江门本地的一个老品牌。近日，该公司在淘宝网上发现某些商家在未经授权的前提下，擅自使用该企业的商标，侵犯了其商标专用权。该公司为维护自身合法权益，委托律师卢某作为其代理人，向公证处申请对网购过程办理保全证据公证。

卢某来到公证处，使用公证处的电脑登录淘宝网（保证了取证设备的清洁性），网上购买了侵权产品（包括下单、网上支付货款），并浏览了侵权网店的工商信息、产品销售记录等信息。卢某将相关页面截屏，并保存于新建的 Word 文档内。上述过程由公证员及公证员助理现场督促、记录。随后，公证处出具了公证书，公证书内容除以文字形式详细记录每一截屏步骤外，另将上述截图以 Word 文档形式保存，并将 Word 文档进行打印并刻录成光盘（方便使用时查看电子版），将打印件及光盘附在证词正文后。

待网店发货后，公证员及公证员助理随同卢某来到快递中转站，由卢某现场提取货物。公证员助理对现场状况进行拍照、记录。随后，公证员、公证员助理将货物带回公证处拆封、清点并重新封存，封存后货物交卢某保管。公证处对上述提货、清单封存过程出具了公证书，另附相关照片及照片刻录而成的光盘。

卢某提起诉讼，并将上述公证书作为关键证据上交法院。被告收到公证书后，主动提出了赔偿，并承诺尽快将相关侵权产品在网店上下架。

案例讨论：如果网购过程没有申请保全证据公证，还能进行上诉吗？

四、区块链电子证据存证平台

随着时代的发展与科技的进步，电子证据在诉讼中的使用占比日益增加。除了易保存、易传输等优点外，电子证据同样具有易被篡改、易被删除等缺点。但随着区块链技术的诞生，这一情况发生了改变，区块链技术天然具有难以篡改、伴随时间戳等特性，对于其他电子证据具有极大的优势，因此区块链存证技术在电子证据发展中具有里程碑意义。

随着区块链证据的使用越来越多，最高人民法院在《最高人民法院关于互联网法院审理案件若干问题的规定》《人民法院在线诉讼规则》《最高人民法院关于加强区块链司法应用的意见》等司法文件中制定了一系列关于区块链证据的规定。

（一）区块链存证的基本原理和相关规定

区块链存证技术是区块链运用于司法领域的重要突破，区块链技术主要利用共识机制将依附于区块链的每个区块通过时间戳层层嵌套形成链式数据结构，在数据运行过程中，系统内所有的信息和交易记录数据都会被记录，以实现后期对链上数据的追踪。每一个节点都对应一个固定的时间值，例如，运用底层设计分布的节点进行链入时，交易 1 通过系统运算会产生一个哈希值 1，交易 n 通过系统运算后会产生一个哈希值 n，下层节点会自动记入上层节点录入的哈希值，即为 Hash1-n，从而实现系统数据不可篡改性和去中心化。正是由于上述性质，区块链节点越多，区块链的安全性就越高。

由于区块链技术具有几乎不可被篡改的特性，因此将区块链技术应用于司法存证具有天然的优势。对此，最高人民法院通过一系列司法文件予以充分肯定，例如：2018 年 9 月，最高人民法院发布的《最高人民法院关于互联网法院审理案件若干问题的规定》第十一条在实质层面推进了区块链技术存证在证据领域的适用；2021 年 6 月发布的《人民法院在线诉讼规则》确定了区块链存证电子证据的效力范围和审查标准；2022 年 5 月发布的《最高人民法院关于加强区块链司法应用的意见》明确了人民法院区块链平台建设的要求。

（二）区块链电子证据存证平台的应用

区块链电子证据可分为司法存证、商业存证、版权保护三个细分领域。

1. 司法存证

在区块链司法存证方面，目前已有北京、广州、江苏、石家庄等多地人民法院布局区块链平台。区块链存证应用于司法业务主要体现在提升司法效率这一方面，尤其是判断电子证据是否真实上传时，传统的证据固定主要依赖公证，但响应时间长，保全证据成本高，应用场景难以满足电子数据存证动态、即时和大数据的要求，引进区块链技术则能较为有效地解决这些问题。"区块链电子证据"是指使用区块链技术，或通过基于区块链开发的存证平台，对证据实时进行收集、存储和固定，并能有效防篡改、具有真实性，并通过其记载内容可以起到证明效力的电子数据证据。

2. 商业存证

一些企业推出了可以存证的电子邮件、电子合同、电子文件的商业区块链系统。以金融场景为例，金融信贷业务往往伴随着逾期纠纷、牵涉主体广泛、电子证据繁杂、认定困难、成本高等问题。在传统方式下，要将证据全部打印再进行盖章，法院接收到纸质证据材料后还要进行人工审核。面对提升案件处理效率的需求，使用区块链存证系统，放贷方在放贷过程中，实时将数据上链，形成标准方案，在出现违约情形时，通过系统化的方式将证据归档组合发送至法院。对于法院而言，可以进行快速验证与核查。

3. 版权保护

特别针对互联网上的电子图片、文章等作品建设的区块链版权保护系统。例如通过版权区块链原创平台，可以抓取原创图片生成版权的 DNA，从存证、检测到维权，实现作品"全生命周期"管理。

课堂讨论 2-9

区块链存证是否会遇到其他的实际问题？

思维导图实训 2-4

收集与保全电子证据

请同学们结合"收集与保全电子证据"相关知识点，参考以下思维导图，分组训练。

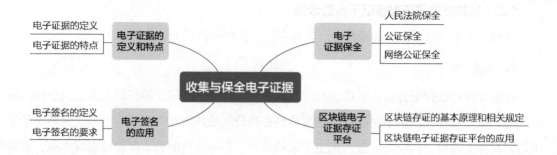

任务五 区分电子商务合同责任

任务描述

2021 年 4 月 15 日，马某以 "Jaliseng" 为用户名在交易平台注册，成为 Y 网的用户，由 Y 网为马某提供免费的网络交易平台服务。2021 年 8 月 1 日，Y 网开始向用户收取网络交易平台使用费，并于 8 月 17 日发布了新的《服务协议》供新老用户确认，该协议对用户注册程序、网上交易程序、收费标准和方式及违约责任等作了具体的约定。此后，马某确认了 Y 网的《服务协议》，并继续使用 Y 网的网络交易平台，但至 2021 年 9 月 24 日，马某尚欠 Y 网网络平台使用费 2 100 元，为此，Y 网诉至法院，要求马某支付网络平台使用费、赔偿律师费用。马某则认为，《服务协议》长达 67 页，过于冗长，致使用户不能阅读全文，故用户不应受该协议的约束。

请思考：

1. 《服务协议》是否会产生约束？

2. 你平时会仔细阅读《服务协议》吗？

任务分解

1. 理解缔约过失责任。

2. 能够判断电子商务合同违约责任。

3. 理解违约责任归责原则。

一、缔约过失责任

缔约过失责任是指在电子商务合同订立过程中，一方因违背其依据的诚实信用原则所产生的义务，而致另一方信赖利益损失时应承担的损害赔偿责任。

微课2-5
缔约过失责任

根据《民法典》的规定，当事人在订立合同过程中有下列情形之一，造成对方损失的，应当承担赔偿责任：

（1）假借订立合同，恶意进行磋商。

（2）故意隐瞒与订立合同有关的重要事实或提供虚假情况。

（3）有其他违背诚实信用原则的行为。

《民法典》第五百零一条规定："当事人在订立合同过程中知悉的商业秘密或者其他应当保密的信息，无论合同是否成立，不得泄露或者不正当地使用；泄露、不正当地使用该商业秘密或者信息，造成对方损失的，应当承担赔偿责任。"

德法课堂2-5

范某在某网络平台发布信息，称因资金周转紧张，决定将其经营的一家效益较好的饭馆以15万元的价格转让，与同等条件的饭馆相比，价格比较优惠。刘某得知情况后，在网上与范某取得联系，表示愿意购买，并与范某进行了商谈。

与此同时，陈某也有一饭馆着急转让，他在网上看见范某发布的信息，得知范某与刘某商谈了转让饭馆事宜后，想让刘某收购自己开办的饭馆，于是故意以收购饭馆为由在网上向范某作出愿意购买的意思表示，并进行了长时间的谈判。同时，陈某暗地里与刘某进行磋商，并在网上签订了饭馆转让电子协议。随后，陈某找借口不与范某签订转让饭馆的电子合同，造成范某拒绝了许多买家之后又卖不出去，最终不得不以更低的价格出手。

当得知陈某的所作所为时，范某认为自己在饭馆的转让过程中所遭受的损失完全是由陈某故意造成的，遂向人民法院提起诉讼，要求陈某赔偿其遭受的损失。

根据《民法典》的规定，民事主体在从事民事活动时，应当遵循诚信原则。在订立合同过程中，一方因违背诚信原则所要求的义务而致使另一方信赖利益遭受损失的，依法应承担缔约过失责任。构成缔约过失责任，应当具备以下要件：①该责任发生在订立合同的过程中，这也是缔约过失责任与违约责任的主要区别；②当事人违背了诚信原则所要求的义务；③受害方的信赖利益遭受损失。

根据《民法典》第五百条的规定，当事人在订立合同过程中有下列情形之一，造成对方损失的，应当承担赔偿责任：①假借订立合同，恶意进行磋商；②故意隐瞒与订立合同有关的重要事实或者提供虚假情况；③有其他违背诚信原则的行为。其中，"假借订立合同"是指行为人根本没有与对方订立合同的目的，其真实目的是损害对方或者第三人的利益，以订立合同为借口，恶意地与对方进行合同谈判。

案例分析：本案中，陈某是否需要承担赔偿责任？

要点提示

参考《民法典》有关缔约过失责任的规定。通过案例分析，培养诚实守信的人生观、价值观，增强维护社会公共秩序和善良风俗的责任感、使命感。

知识拓展 2-7

缔约过失责任与违约责任的区别

1. 发生的时间不同

缔约过失责任发生在合同订立过程中；违约责任则发生在合同履行过程中。

2. 性质不同

缔约过失责任是一种法定的损害赔偿责任，其目的是解决合同没有订立的情况下因一方的过错而造成另一方信赖利益损失的问题；违约责任可以由当事人自行约定，如可以约定违约金、损害赔偿金的计算方法和数额。

3. 赔偿范围不同

缔约过失责任赔偿当事人的信赖利益损失，以求恢复到先前的状态；违约责任则赔偿当事人的期待利益损失，目的在于达到犹如合同全部履行的状态。

在具体的责任形式上，缔约过失责任表现为单一的损害赔偿责任，违约责任则表现为支付违约金、赔偿损失和实际履行等。

4. 损害赔偿的限度不同

因违约责任而产生的损害赔偿，原则上不能超过违反合同的一方在订立合同时应当预见到的因违约可能造成的损失，在缔约过失责任中则不存在这样的限制性规定。

二、电子商务合同违约责任

违约责任是指电子商务合同当事人不履行合同义务或履行合同义务不符合约定时应承担的法律后果。我国《民法典》在对待违约责任的问题上采取严格责任原则。只要当事人不履行合同义务或者履行合同义务不符合约定，除存在不可抗力等法定免责事由或当事人另有约定外，不管违约方主观上是否存有过错，都需要承担违约责任。

（一）承担违约责任的方式

1. 继续履行

违约的当事人无论是否已经承担赔偿金或者违约金责任，都必须按照对方的要求，在自己能够履行的条件下，对原合同未履行的部分进行履行。继续履行合同，既是为了实现合同的目的，又是一种承担违约责任的方式。

2. 采取补救措施

采取补救措施，主要发生在标的物质量不符合约定的情况下。《民法典》第五百八十二条规定："履行不符合约定的，应当按照当事人的约定承担违约责任。对违约责任没有约定或者约定不明确，依据本法第五百一十条的规定仍不能确定的，受损害方根据标的的性质以及损失的大小，可以合理选择要求对方承担修理、更换、重作、退货、减少价款或者报酬等违约责任。"

3. 赔偿损失

赔偿损失是指电子商务合同当事人一方不履行电子商务合同或者不适当履行电子商务合同给对方造成损失的，应依法或依照电子商务合同约定承担赔偿责任。当事人一方违约后承担了继续履行或者采取补救措施等违约责任后，对方还有其他损失的，仍应当赔偿损失。损失赔偿额不得超过违反合同一方订立电子商务合同时预见到或者应当预见到的因违反电子商务合同可能造成的损失。一方违约并造成损失后，另一方应及时采取合理的措施防止损失扩大，否则，无权请求违约方对扩大的损失进行赔偿。当事人因防止损失扩大而支出的费用由违约方承担。

4. 违约金责任

违约金是指当事人约定一方违约时根据违约情况应向对方支付的一定数额的金钱。约定的违约金过分低于或高于造成的损失的，当事人可以请求人民法院或者仲裁机构予以增加或适当减少。当事人约定的违约金超过造成损失的 30% 的，一般可以认定为"过分高于造成的损失"。当事人认为约定的违约金过分低于造成的损失，请求人民法院增加违约金的，增加后的违约金数额以不超过实际损失额为限。当事人就迟延履行约定违约金的，违约方支付违约金后，还应当继续履行债务。

5. 定金责任

债务人履行债务的，定金应当抵作价款或者收回。给付定金的一方不履行债务或者履行债务不符合约定，致使不能实现电子商务合同目的的，无权请求返还定金；收受定金的一方不履行债务或者履行债务不符合约定，致使不能实现电子商务合同目的的，应当双倍返还定金。当事人既约定违约金，又约定定金的，一方违约时，对方可以选择适用违约金或者定金条款。定金不足以弥补一方违约造成的损失的，对方可以请求赔偿超过定金数额的损失。

定金和订金有什么区别

在我们日常购物中经常会遇到要交定金或者订金的活动，一些交易为了保障买卖双方的利益，通常需要买方交纳定金，那么定金和订金有什么区别呢？

1. 定义不同

定金是指在合同订立之前支付一定金钱来作为担保，也称为保证金。比如我们购车，通常需要交付几千元的保证金，如果买方反悔不购买相关车辆，定金不会退回。如果卖家没有在规定的时间履约，买家可以获得双倍定金金额的赔偿。

订金只是单方行为并不具有明显的担保性质，人民法院也不予支持，买家交付订金通常会被认为交纳的预付款，买方和卖方任何一方不履行合约都不会出现双倍返还订金的后果，交纳的订金可以返还。

2. 适用范围不同

定金担保方式适用于多种多样的合同中。而订金适用于一方履行债务的合同中，这类合同以金钱为给付，可以是租赁合同、承揽合同等。

3. 作用不同

定金给付后，就会对违约方起到制裁作用，对守约方进行经济补偿。订金给付后，如果合同中的一方出现了违约情况，最终导致合同被解除，那么收取订金的一方需要退还订金给付款方。

4. 收取的金额不同

定金的金额需要由当事人来约定，但是不能超过法律的规定，也就是合同标的物价格的20%，超出规定的金额也不具有定金的效力。订金也是由双方约定，但并未有严格的规定。

5. 功能不同

定金有担保合同履行的功能，而订金不具有担保功能。定金收受方违约，需要双倍赔偿定金金额，订金直接退回即可。

（二）违约责任的免除

违约责任的免除是指在电子商务合同的履行过程中，由于法律规定的或者当事人约定的免责事由致使当事人不能履行合同义务或者履行合同义务不符合约定的，当事人可以免于承担违约责任。违约责任的免除主要有以下两种情形：

1. 不可抗力

不可抗力是指不能预见、不能避免并不能克服的客观情况。因不可抗力不能履行电子商务合同的，根据不可抗力的影响，部分或者全部免除责任。当事人迟延履行后发生不可抗力的，不能免除责任。不可抗力包括因自然原因引起的，如地震、暴雪等，也有因社会原因引起的，如战争、罢工等。当事人因不可抗力不能履行电子商务合同的，应及时通知对方，以减轻可能给对方造成的损失，并应在合理期限内提供证明。

2. 免责条款

免责条款是双方在电子商务合同中约定的免除或者限制其未来责任的条款。免责条款作为电子商务合同的组成部分，必须经合同当事人充分协商，并且其内容必须符合法律的规定，才具有法律效力。

三、违约责任归责原则

电子商务合同违约责任归责原则包括过错责任原则、过错推定原则、无过错责任原则。

《民法典》第五百九十二条规定："当事人都违反合同的，应当各自承担相应的责任。当事人一方违约造成对方损失，对方对损失的发生有过错的，可以减少相应的损失赔偿额。"

《民法典》第五百九十三条规定："当事人一方因第三人的原因造成违约的，应当依法向对方承担违约责任。当事人一方和第三人之间的纠纷，依照法律规定或者按照约定处理。"

（一）过错责任原则

《民法典》第一千一百六十五条第 1 款规定："行为人因过错侵害他人民事权益造成损害的，应当承担侵权责任。"

过错责任原则是侵权责任归责的一种基础性原则。它要求行为人只有在因过错侵害了他人的民事权益并造成了损害时，才须承担侵权责任。这种原则强调的是行为人的主观状态，即是否存在故意或过失。如果没有过错，或者无法证明行为人有过错，那么行为人不承担赔偿责任。

（二）过错推定原则

《民法典》第一千一百六十五条第 2 款规定："依照法律规定推定行为人有过错，其不能证明自己没有过错的，应当承担侵权责任。"

过错推定原则是过错原则适用的一种特殊情况，是指受害人若能证明其受损害是由行为人造成的，而行为人不能证明自己对造成损害没有过错的，则法律就推定其有过错并就此损害承担侵权责任。过错推定是在众多的工业事故造成受害人损害而又不能通过过错推定责任原则得以补救的情况下而产生的，是介于过错责任和无过错责任之间的一种中间责任形式。过错推定较之一般的过错责任，更有利于保护受害人的利益，因为它将过错的举证责任转移给了行为人，从而减轻了受害人的举证责任。

（三）无过错责任原则

《民法典》第一千一百六十六条规定：“行为人损害他人民事权益，不论行为人有无过错，法律规定应当承担侵权责任的，依照其规定。”

无过错责任原则，也称无过失责任原则，是指没有过错造成他人损害的依法律规定应由与造成损害原因有关的人承担民事责任的确认责任的准则。

执行这一原则，主要不是根据行为人的过错，而是基于损害的客观存在，根据行为人的活动及所管理的人或物的危险性质与所造成损害后果的因果关系，而由法律规定的特别加重责任。

案件直击 2-5

流量劫持的司法认定——陈某诉 A 软件服务公司网络服务合同纠纷案

原告陈某于 2017 年 4 月 27 日在被告 A 软件服务公司运营的某网站申请注册了账户。随后，原告利用自己注册的 www.q***t.com 域名搭建了内含多个页面的导航平台网站用以进行某网站的推广业务，即网络用户通过该导航平台网站的不同页面可进入相应的知名购物平台进行浏览和购买，原告在此过程中可对这些订单的金额提取一定比例的佣金。2017 年 6 月，被告通知原告，因原告运营的导航平台网站内流量异常，冻结了原告的某网站账户。截至 2017 年 6 月 26 日已冻结金额为人民币 185 480.71 元，另有预估未结算收入为人民币 151 745.31 元，后原告将 151 745.31 元提现。原告按照被告规定的程序提交申诉，被告认为申诉无法解释流量异常，原告提供的证据自相矛盾，并且暴露流量的关联作弊属性，因此不予解冻，驳回申诉。

裁判内容：本地互联网法院经审理后认为：关于被告判定原告的推广行为存在流量异常依据是否充分，相关数据库准确记录某网站相关网页的 cookie 记录，用户先通过 www.hao123.com 导航网站访问了 www.t****o.com，然后在短时间内访问路径变成了从原告的 www.q***t.com 到 www.t****o.com。原告认为页面的跳转是因为用户在 www.hao123.com 网站点击访问 www.t****o.com 网页并进入 www.t****o.com 网页后，用户被收藏夹中的标签标题（即原告在预装 PE 系统时导入浏览器收藏夹中的标签）所吸引继而选择点击收藏夹中标签的方式来访问原告的导航网站。本院认为，上述路径跳转方式不符合正常用户的访问习惯，需要到 www.t****o.com 购物的消费者，已经进入 www.t****o.com 后，无须再通过某推广页面进入 www.t****o.com 选购商品。从被告提供的其他 cookie 记录来看，部分用户是通过 www.hao123.com 等导航网站访问了 www.t****o.com，然后在短时间内访问路径变成从 www.q***t.com 到 www.t****o.com，部分用户是访问了其他平台用户，在短时间内访问路径变成从 www.q***t.com 到 www.t****o.com，能够说明上述异常路径跳转并非是个别现象。关于流量劫持行为的认定依据，A 软件服务公司认为，其投入大量人力和成本研发的涉案反作弊系统，经过长期实际运营使用，具有高度的科学性和有效性，能够准确识别淘宝客推广过程中存在的明显异常行为，因此该系统得出的判断结果作为原告存在不当推广行为的依据，既具有高度的科学性，又具有合同依据。

关于服务协议中隐私条款是否有效，被告 A 软件服务公司作为服务提供商，负有管理职责，需要根据 cookie 记录对原告等某网络平台进行流量监管、结算费用，原告等在内的用户点击确认《法律声明等隐私权政策》，同意被告收集其 cookie 记录，故被告收集 cookie 记录是在用户同意授权的情况下进行的，用户可以根据自己的偏好管理或删除 cookie，也可以清除计算机上保存的所有 cookie，所以被告 A 软件服务公司在本案中使用 cookie 有合理性，原告诉称被告搜集用户 cookie 记录侵犯隐私权，不能成立。本案厘清了用户 cookie 记录具备能够单独或者与其他信息结合识别特定自然人个人身份的可能性，根据我国《网络安全法》第七十六条的规定，属于个人信息。同时比照《网络安全法》第四十一条、第四十二条关于网络用户个人信息保护的规定，网络交易平台向网络用户明示收集并取得同意后，遵循正当、合法、必要、最低限度原则加以使用，不侵犯个人隐私权。

关于服务协议中商业秘密条款是否有效，人工认定涉嫌违规的，A 软件服务公司可视是否涉及商业秘密等而独立决定是否披露具体认定依据的条款属于网络交易平台单方拟定，且符合内容具有定型化和相对人在订约中处于服从地位的特点，故属于格式条款的范畴，如果排除了合同相对方的主要权利，并有违合同目的的实现，应当无效。

本地互联网法院于 2018 年 7 月 27 日作出民事判决：判决被告 A 软件服务公司于本判决生效之日起十日内支付原告陈某佣金 23 611.69 元，并赔偿原告陈某差旅费、餐饮费损失 755元，驳回原告陈某的其他诉讼请求。被告 A 软件服务公司不服提出上诉，本地中级人民法院经审理后作出判决：驳回上诉，维持原判。

案例讨论：遇到流量劫持行为应该如何维权？

课堂讨论 2-10

2020 年 12 月，原告张某在某网络交易平台向吴某购买了某品牌二手女款包，价款14 000 元，卖家保证为正品，承诺货到付款，如假包退。后张某委托检测机构进行检测，发现该包并非正品，遂将该包寄回给吴某，张某要求退款未果，遂诉至法院要求全额退款。被告吴某陈述，其专门从事奢侈品经营交易，与原告曾进行过多次交易，并辩称交易是货到付款，买家付款表明已认可商品质量，且平台《用户行为规范》明确"交易成功后，不支持售后维权"，故不同意退货退款。

讨论：平台《用户行为规范》规定的"交易成功后，不支持售后维权"是否有效？

区分电子商务合同责任

请同学们结合"区分电子商务合同责任"相关知识点，参考以下思维导图，分组训练。

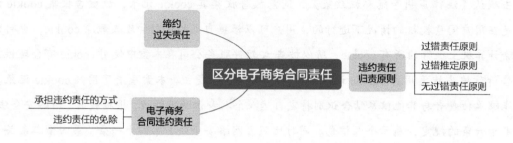

✗ 项目同步练习

一、单选题

1. 下列属于电子商务合同适用范围的是（　　　）。

    A. 手机买卖合同　　　B. 收养合同　　　C. 劳动合同　　　D. 行政合同

2. 根据我国法律规定，下列（　　）情形属于效力待定的电子商务合同。

    A. 未成年人给主播打赏

    B. 电子网站的"错标货物价格"

    C. "暗刷流量"合同

    D. 电子平台上商家冒充某知名品牌代理商

3. 李某在某网站开设网店销售化妆品，宣传自己销售的化妆品能使人年轻十岁，王某购买后发现被骗。李某与王某之间的电子商务合同效力为（　　　）。

    A. 有效合同　　　　　　　　　　　　B. 无效合同

    C. 效力待定合同　　　　　　　　　　D. 可撤销合同

4. 下列（　　）不属于根据合同标的内容对电子商务合同进行的分类。

    A. 网络购物合同　　　　　　　　　　B. 企业之间订立的电商合同

    C. 网络技术服务合同　　　　　　　　D. 软件授权合同

5. 下列（　　）不属于电子支付的风险。

    A. 快捷方便　　　　B. 数据泄露　　　C. 个人隐私泄露　　　D. 假冒网站

二、多选题

1. 以下哪些属于电子商务合同的特点（　　　）。
   A. 无纸化　　　　　　B. 快捷性　　　　　　C. 虚拟性　　　　　　D. 技术性

2. 下列关于电子商务合同订立中的要约、承诺表述正确的是（　　　）。
   A. 电子商务合同订立过程也需要遵循要约和承诺两个阶段
   B. 在电子商务合同订立中，要约人能否达成撤销要约的目的，取决于要约意思表示发出的具体方式
   C. 当事人对采用数据电文形式的意思表示的生效时间另有约定的，按照其约定
   D. 在电子商务合同中，不存在要约撤回和承诺撤回的情况

3. 根据《民法典》规定，要约失效的情形主要有（　　　）。
   A. 拒绝要约的通知到达要约人
   B. 要约人依法撤销要约
   C. 承诺期限届满，受要约人未作出承诺
   D. 受要约人对要约的内容作出实质性变更

4. 根据《民法典》规定，具备下列（　　　）条件的民事法律行为有效。
   A. 行为人具有完全的民事行为能力
   B. 意思表示真实
   C. 不违反法律、行政法规的强制性规定
   D. 不违背公序良俗

5. 电子支付存在以下（　　　）风险。
   A. 虚假交易风险　　　　　　　　　　　B. 个人信息泄露风险
   C. 支付纠纷风险　　　　　　　　　　　D. 不合规运营风险

三、判断题

1. 采用数据电文形式订立合同的，收件人的主营业地为合同成立的地点；没有主营业地的，其住所地为合同成立的地点。（　　　）

2. 电子商务经营者不得以格式条款等方式约定消费者支付价款后合同不成立；格式条款等含有该内容的，其内容无效。（　　　）

3. 当事人在使用自动信息系统进行合同行为时，都能推定具有相应的民事行为能力。（　　　）

4. 电子合同的标的物为采用在线传输方式交付的，合同标的物进入对方当事人指定的特定系统且能够检索识别的时间为交付时间。（　　　）

5. 电子支付服务提供者应当向用户免费提供对账服务以及最近五年的交易记录。

（   ）

四、综合案例分析

2023 年 10 月 1 日，志远公司在某电商网站上发布国庆促销广告，进行手机促销活动，商品名称为某品牌 5G 手机，价格为 1 元秒杀价，并宣称市场价为 3 000 元，同时网页界面上显示有限购数量。王某发现上述信息后，立即下单购买了 100 台手机，查询得知下单成功后，王某便通过支付宝将货款 100 元转给志远公司。后因志远公司未向王某交付 100 台手机而发生纠纷。

请问：

1. 本案中，王某采用的支付方式是什么？这种支付方式是否受法律保护？
2. 王某与志远公司之间订立的电子商务合同是否成立？
3. 志远公司未交付货物是否违约？

项目三　电子商务物流法律实务

项目背景

　　随着电子商务的不断发展，以及人们生活水平的日益提高，网上购物已成为人们日常生活的重要组成部分。而伴随着网络购物的普及以及日常物品的运输需要，快递运输行业及其他快递公司的快递服务也不断融入日常生活。本项目以电子商务物流的概念特征为基础安排任务内容：一是了解并分析电子商务物流各个操作环节存在的风险以及分析如何构建防范措施；二是厘清在电子商务物流配送过程中各方的权利与义务；三是了解在发生快递侵权责任后，需要承担的责任有哪些，从而树立规范操作的劳动观、诚信经营的人生观、价值观。

我国快递业务量进入"千亿件"时代

2023年11月22日，国家邮政局在第五届中国（杭州）国际快递业大会上发布了《全球快递发展报告（2023）》。报告显示，全球快递市场增速高于全球经济增速，亚太地区业务量位列第一。中国快递业已进入"千亿件"时代，正从"快速增长"转向"高质量发展"，国内快递企业需加快向现代物流企业、综合物流服务商转变。据统计，2023年，邮政行业寄递业务量累计完成1624.8亿件，同比增长16.8%。其中，快递业务量（不包含邮政集团包裹业务）累计完成1320.7亿件，同比增长19.4%。

物流快递业务量的暴增带来的是对行业服务的巨大压力，拖延、破损、丢失等因快递物流企业管理不规范、服务不到位所引发的纠纷不断发生。同时，随着新业态、新技术、新模式的不断涌现，物流快递业也面临着市场竞争加剧、成本压力增大、安全风险突出、监管环境复杂等问题，各种新型的快递物流纠纷和案件也越来越多。行业主管部门相继出台了相关法律法规，以进一步完善行业规范。比如，2018年5月1日起施行的《快递暂行条例》，对规范快递服务起到了重要约束和指引作用。但即便如此，快递物流行业服务质量仍须进一步提升。每年"6·18""双11"后，快递物流投诉总会迎来高峰。

案例思考：

作为电商从业人员，我们应从哪些方面提高自己的法律意识，避免陷入电商物流方面的纠纷中呢？

任务一　认识电子商务物流

任务描述

随着消费业态和需求的变化，电子商务蓬勃发展，而物流是电商的基石，对于各大电商平台来说，如何选择快递服务商，保障物流履约质量，尤其是在"6·18""双11"以及年货运输高峰期间让海量商品送得出、送得及时，是一个很关键的问题。

近几年，面对高峰订单量，对于抖音、快手等目前还没有成熟自建物流配送体系的新型电商平台而言，快递服务商的选择便成了一道值得深思熟虑的考题，它们强烈需要一个网络布局又广又深，且服务稳定的服务商。

极兔快递近些年成为多家头部新型电商平台的选择，虽然极兔快递2020年才在中国起网，但其成长速度完全出乎众人意料。按包裹量计，其2022年市场份额便已近11%，在中国的县区地理覆盖率超过98%，在接连收购百世快递和丰网后，其国内的网络得到进一步优化和完善。同时，国家邮管局数据显示，近几年极兔平均投诉率稳步下降，2023年上半年，极兔平均投诉率仅有0.6，远低于6.7的行业平均值水平；72小时准时率稳步提升，2023年上半年，行业平均72小时准时率排名中，极兔名列前三。

针对电商的销量高峰节，极兔与抖音、快手签署物流快递的保障协议，承诺若因物流轨迹长时间未更新导致的虚假发货判罚，赔付金额全部由极兔承担。同时，极兔还开通了针对抖音商家优先揽收、优先中转、优先派送的绿色通道。极兔的"兜底"能力不断发挥作用，获得了越来越多品牌的认可。

2023年红卫皂业等一众老国货品牌凭借价格实惠、良心的标签迎来高光时刻，收获了一波"野性"消费，由于爆红得太突然，其物流也遭受了巨大的压力和考验。鉴于极兔前期合作的专业和真诚，红卫皂业选择将大部分订单交给了极兔，在接到需求后，极兔迅速响应，不仅在履约时效和服务质量上下了很大功夫，为红卫皂业提供快递物流的全流程管理服务，大大提升了物流效率，还帮助红卫皂业在各大电商平台上提升了物流评分，赢得了客户的赞誉和信任。

请思考：

1. 传统的物流与电商物流有什么区别？
2. 电商物流应怎样规范操作？

任务分解

1. 了解物流以及电子商务物流的概念。
2. 了解电子商务物流的特点。
3. 防范电子商务物流法律风险。

知识精讲

一、电子商务物流的概述

（一）电子商务物流的概念

物流是个传统行业，但经济的迅速发展和高新技术的不断涌现已赋予它更新、更深的内涵和全新的概念，物流业已进入一个蓬勃发展的全新阶段。国家标准《物流术语》（GB/T 18354—2021）对物流活动的定义是：根据实际需要，将运输、储存、装卸、搬运、包装、流通加工、配送、信息处理等基本功能实施有机结合，使物品从供应地向接收地进行实体流动的过程。

微课3-1
电商物流合同
法律关系

物流是电子商务发展的先决条件，电子商务是物流进一步发展的动力。电子商务物流，是指物流配送企业采用网络化的计算机技术、现代化的硬件设备和软件系统及先进的管理手段，严格、守信地按用户的订货要求所进行的一系列分类、编配、整理、分工、配货等工作，定时、定点、定量地将货物交付给没有范围限制的各类用户的过程。

（二）电子商务物流的特点

电商企业通过互联网与客户建立联系，在电子商务时代，物流公司同样通过互联网被更大范围内的货主客户主动找到，能够在全国乃至世界范围内拓展业务；贸易公司和工厂能够更加快捷地找到性价比最适合的物流公司。电商物流致力把世界范围内最大数量的有物流需求的货主企业和提供物流服务的物流公司都吸引到一起，提供中立、诚信、自由的网上物流交易市场，帮助物流供需双方高效达成交易，因此它具备以下特点：

1. 信息化

电子商务时代，物流信息化是电子商务的必然要求。物流信息化表现为物流信息的商品化、物流信息收集的数据库化和代码化、物流信息处理的电子化和计算机化、物流信息传递的标准化和实时化、物流信息存储的数字化等。因此，条码技术（BarCode）、数据库技术（Database）、电子订货系统（Electronic Ordering System，EOS）、电子数据交换（Electronic Data Interchange，EDI）、快速反应（Quick Response，QR）及有效的客户反映（Effective Customer Response，ECR）、企业资源计划（Enterprise Resource Planning，ERP）等技术与观念在我国的物流中将会得到普遍的应用。

许多先进的信息技术与设备都应用于物流领域，基于信息化的物流行业也变得越来越自动化，自动化的核心是机电一体化，自动化的外在表现是无人化，自动化的效果是省力化，另外自动化还可以扩大物流作业能力、提高劳动生产率、减少物流作业的差错等。

物流自动化的设施非常多，如条码/语音/射频自动识别系统、自动分拣系统、自动存取系统、自动导向车、货物自动跟踪系统等。这些设施在发达国家已普遍用于物流作业流程中，而在我国由于物流业起步晚，发展水平低，自动化技术的普及还需要相当长的时间。

2. 网络化

物流网络化是物流自动化、信息化的一种高层次应用，互联网等全球网络资源的可用性及网络技术的普及为物流的网络化提供了良好的外部环境。物流作业过程大量的运筹和决策，如库存水平的确定、运输（搬运）路径的选择、自动导向车的运行轨迹和作业控制、自动分拣机的运行、物流配送中心经营管理的决策支持等问题都需要借助系统性的物流网络来解决。

3. 柔性化

在电子商务物流中，柔性化是指适应生产、流通和消费的需求，它是一种新型物流模式，其实质是将生产、流通进行集成，根据需求端的需求组织生产、安排物流活动。

20世纪90年代，国际生产领域纷纷推出弹性制造系统（FMS）、计算机集成制造系统（CIMS）、制造资源系统（MRP）、企业资源计划（ERP）以及供应链管理的概念和技术，以实现柔性化。柔性化本来是为实现"以顾客为中心"理念而在生产领域提出的，但要真正做到柔性化，即真正地根据消费者需求的变化来灵活调节生产工艺，没有配套的柔性化的物流系统是不可能达到的。

另外，物流设施、商品包装的标准化，物流的社会化、共同化也都是电子商务下物流模式的新特点。

项目三

知识拓展 3-1

我国电商物流业立法现状

我国现阶段并没有针对一体化物流活动制定专门的法律、行政法规或部门规章，但对每一种物流功能都有相应的法律规范进行调整。因此，一般认为调整上述功能的相关的规范，均属物流法的范围。除此之外，还有货运代理方面的规则，具体如图3-1所示。

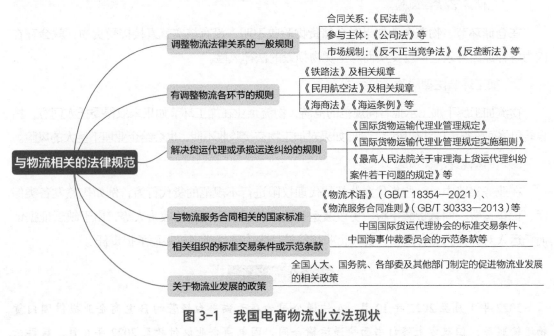

图3-1　我国电商物流业立法现状

二、电子商务物流的风险与防范

（一）物流企业常见法律风险

1. 运输环节法律风险

在电子商务物流中，物流企业通常以货物运单代替书面运输合同，这就容易导致物流服务纠纷当事人无法确定，且纠纷发生时无据可依，从而产生纠纷高发且责任承担难落实的风险。实际上在运输环节中，物流企业通常与承运人构成运输合同关系，在实务中，经常发生企业身为承运人却未尽管货义务，且在运输途中，擅自变更运输路线，导致安全事故频发的情况。

2. 包装环节法律风险

在包装环节，有的物流企业对包装条款描述不明确，对危险物品包装不明，表现在实务中则是对包装材料、包装规格、包装方式、包装文字说明以及对承运的货物性质、价值及免责条款等细节规定不到位，例如没有明确搬运、堆放的具体要求，就会存在发生危险物品物流事故且难于落实责任承担的风险。

3. 装卸环节法律风险

一般来说，速度是电商物流企业追求的最终目标，但在实务操作过程中，一些物流企业为了追求实效，未验证代收人导致货物误交；为了省时，未及时检验货物，导致货物与单据不符；为了一味追求速度，使货物在装卸过程中发生毁损。这些都是在装卸环节存在的法律风险。

4. 仓储环节法律风险

在仓储环节，物流企业如果对仓储货物验收不明，没有核实就直接接受货物，就会存在因为各种原因导致仓储物变质而产生货物损毁的法律风险。

5. 加工环节法律风险

物流加工属于加工承揽合同规范的范畴，物流企业在加工环节如果未取得委托人同意，擅自转包将面临很大的法律风险，同时如果对加工物交接验收不明，也会给企业埋下巨大的风险。

6. 货运代理法律风险

在业务实践中，一些货代企业超越代理权限进行不规范的货代行为，例如代签发各类保函、代垫运费、同意货装甲板、更改装运日期、将提单直接转给收货人等，由于缺乏证据证明托运人对货代企业有授权，货代企业往往被认定为超越代理权限而承担责任。

德法课堂 3-1

2022 年 1 月至 2022 年 12 月，A 快递公司为在天猫平台经营的 B 电商企业提供国内货物运输服务，但双方未签订书面快递运输合同。因电商企业仅付款至 2022 年 6 月，后再未向快递公司付款，2023年A快递公司起诉要求B电商企业支付欠付运费，但仅仅向法庭提交了"快递发货记录明细统计表"及"区域价目表"两份证据。

案例分析：在电子商务交易过程中，快递运输合同应该是电商平台与物流公司签订还是电商平台内经营者与物流公司签订？本案的快递运输合同关系是否成立？

要点提示

梳理法律关系，形成法治思维，提高法治意识，培养营造法治营商环境的责任感、使命感。

课堂讨论 3-1

同城取送、代买、帮办事……近年来，随着消费者即时、省时需求的不断提升，以跑腿代办为主要形式的即时物流正蓬勃兴起，市场规模快速增长。从"送外卖"到"送万物"，跑腿服务进入更多人的日常生活。

讨论：跑腿服务属于电子商务物流的范畴吗？其有什么样的特点呢？

（二）电子商务物流风险防范

1. 严格落实"实名收寄、收寄验视、过机安检"三项制度

快递物流行业的迅速发展在给人们带来极大便利的同时，也带来了不少安全隐患，甚至有不法分子运输违法违禁物品，给公共安全和人民群众生命财产安全带来了威胁，影响社会治安大局稳定。国内出台了一系列的标准和规定来确保物流快递的安全。《中华人民共和国邮政法》（2015年修正，简称《邮政法》）、《物流中心作业通用规范》（GB/T 22126—2008）、《第三方物流服务质量要求》（GB/T 24359—2009）、《快递暂行条例》等均对物流作业的安全问题提出了相应的规定和标准。经营电子商务物流业务的企业应当根据相关标准要求，建立并实施物流作业的"实名收寄、收寄验视、过机安检"这三项制度，确保整个作业过程的安全性。

（1）实名收寄制度。《邮件快件实名收寄管理办法》规定，寄递企业应当执行实名收寄，在收寄邮件、快件时，要求寄件人出示有效身份证件，对寄件人身份进行查验，并登记身份信息。

（2）收寄验视制度。《邮件快件收寄验视规定（试行）》规定，寄递企业接收用户交寄的邮件、快件时，应当查验用户交寄的邮件、快件是否符合禁止寄递、限制寄递的规定，以及用户在邮件详情单或者快递运单上所填写的内容是否与其交寄的物品的名称、类别、数量等相符。

项目三

（3）过机安检制度。《邮政业寄递安全监督管理办法》规定，邮政企业、快递企业应当按照国务院邮政管理部门的规定对邮件、快件进行安全检查，并对经过安全检查的邮件、快件作出安全检查标识。委托第三方企业对邮件、快件进行安全检查的，不免除邮政企业、快递企业对邮件、快件安全承担的责任。邮政企业、快递企业或者接受委托的第三方企业应当使用符合强制性国家标准的安全检查设备，并加强对安全检查人员的背景审查和技术培训，确保其具备安全检查必需的知识和技能。

案件直击 3-1

危险物品侵权责任

2019 年 8 月 24 日凌晨，某快递公司沧衡转运中心货车车厢内锂电池爆燃，造成 3 名员工受伤、数千件快件损毁、车厢破损严重。经调查，事故发生原因是网点违规揽收禁寄物品。快件包装未做好绝缘、防震处理，锂电池在装车过程中短路引发爆燃。

案例讨论：违规揽收禁寄物品，快递公司应当承担何种责任？快递员违规揽收发生事故并造成损失，快递公司是否应当承担责任？

---

2. 加强保护寄递服务用户个人信息安全

近年来，随着人工智能、大数据、云计算等新一代信息技术的广泛应用，物流快递行业逐步呈现出智能化、数字化的趋势。物流的数字化产生了大量的业务信息数据，这些数据能够帮助企业科学合理地进行管理决策，同时也对企业信息安全和网络安全提出了挑战。尤其在快递实名制之后，快递单上填写的个人信息安全风险加大。数据安全得不到保障，物流快递信息系统被攻击、侵入，信息数据被盗取、泄露、滥用等不仅会造成用户的合法信息权益受损，给用户带来财产损失甚至人身伤害，还会影响商家、快递企业的品牌和声誉，甚至危害公众及社会安全。

《邮政法》第三十五条规定："除法律另有规定外，邮政企业及其从业人员不得向任何单位或者个人泄露用户使用邮政服务的信息。"

根据《快递市场管理办法》的规定，经营快递业务的企业在生产经营过程中，获取用户个人信息的范围，应当限于履行快递服务合同所必需，不得过度收集用户个人信息。经营快递业务的企业应当依法建立用户个人信息安全管理制度和操作规程，不得实施下列行为：

（1）除法律、行政法规另有规定或者因向用户履行快递服务合同需要外，未经用户同意，收集、存储、使用、加工、传输、提供、公开用户信息。

（2）以概括授权、默认授权、拒绝服务等方式，强迫或者变相强迫用户同意，收集、使用与经营活动无关的用户信息。

（3）以非正当目的，向他人提供与用户关联的分析信息。

（4）法律、行政法规禁止的其他行为。

电子商务物流企业应妥善保管客户信息，不得利用客户信息谋取不正当利益。

除法律另有规定外，电子商务物流企业不得向任何单位或者个人泄露客户使用物流服务的信息。

《快递暂行条例》第三十四条规定："经营快递业务的企业应当建立快递运单及电子数据管理制度，妥善保管用户信息等电子数据，定期销毁快递运单，采取有效技术手段保证用户信息安全。经营快递业务的企业及其从业人员不得出售、泄露或者非法提供快递服务过程中知悉的用户信息。发生或者可能发生用户信息泄露的，经营快递业务的企业应当立即采取补救措施，并向所在地邮政管理部门报告。"

电子商务物流企业应提供与客户相关信息共享的办法，以便客户对其储存、运输物品状态的查询和跟踪。电子商务物流及快递企业应向用户提供自交寄之日起不少于 1 年的免费查询服务。

2022 年，国家市场监督管理总局、国家标准化管理委员会批准发布了《快递电子运单》（GB/T 41833—2022）和《通用寄递地址编码规则》（GB/T 41832—2022）两项国家标准，其中《快递电子运单》国家标准设立专门章节，强化个人信息保护内容，要求快递企业、电商经营主体等采取措施，避免在电子运单上显示完整的收寄件人个人信息。收寄件人姓名应隐藏 1 个汉字以上，联系电话应隐藏 6 位以上，地址应隐藏单元户室号。

为贯彻《中华人民共和国邮政法》《中华人民共和国网络安全法》《中华人民共和国数据安全法》《中华人民共和国个人信息保护法》《快递暂行条例》等法律法规，保护寄递服务用户个人信息权益，规范寄递企业用户个人信息处理活动，国家邮政局起草了《寄递服务用户个人信息安全管理办法（征求意见稿）》，于 2024 年 2 月向社会公开征求意见，不久也将进入实施。

思维导图实训 3-1

认识电子商务物流

请同学们结合"认识电子商务物流"相关知识点，参考以下思维导图，分组训练。

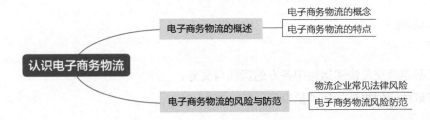

任务描述

2023 年 1 月初，深圳的李先生在京东电商平台购买了 5 箱白酒，经过 3 天时间的运输，商品在 1 月 9 日送达深圳，但因部分商品损坏，李先生未能成功取件。当时京东物流的配送员告诉李先生，5 箱酒在运输途中摔坏了 3 箱，只剩 2 箱是完好的，建议李先生先查收 2 箱。于是，3 箱摔碎的酒品被李先生以破损为由拒收了。李先生本以为未收到货的商品会以物流公司赔偿或商家重新发货的形式解决，未曾想 2 个月时间过去，李先生仍未拿到剩余的 3 箱酒品。

通过查询李先生该笔订单的京东物流单号可以看到，在 1 月 9 日 20 时 17 分，物流信息显示"快件派送不成功，原因包裹破损"。1 月 11 日至 1 月 30 日期间，该快件信息多次显示"派件中""疑难件"等进展。而在 2 月 1 日 14 时 32 分，该快件显示已被本人查收。自 1 月 9 日后，李先生也多次通过多种渠道与京东物流平台联系，但皆未能妥善解决。3 月 4 日，京东方面向李先生表示，由于该订单是消费者直接支付给寄件方，平台仅仅负责订单运输，在运输途中产生的损失平台已经理赔到寄件方，是理赔到账的状态，消费者与物流公司间未形成合同关系，消费者可联系寄件方重新发货或寻求相关金额的赔偿。而李先生却表示无法接受。"商品是物流公司损坏的，并非寄件商家损坏，这种过错不应该由消费者来承担解决。"李先生说。

请思考：

1. 在电商交易过程中，快递延误、丢失、毁损或者内件短少的，应该由谁承担责任？又应该承担怎样的责任？

2. 快递如果无法投递，企业应当如何处理？

3. 收件人或者代收人是否有权当面验收货物？

4. 快递单上是否可以填写用户个人信息？如果造成了用户信息的泄露，由谁来承担怎样的责任？

任务分解

1. 了解电商交易快递运输中各方的责任与义务。

2. 了解快递侵权该如何承担责任。

近年来电子商务迅猛发展，快递业务也随之迅速增长，但其服务质量和服务水平与消费者需求还有较大差距，投诉问题不断，且主要集中在实物快递配送问题上，快递投诉的主要诉求为赔偿、解释、快速配送、道歉、改善服务等。为有效解决因实物产品配送而产生的矛盾，降低快递投诉率，需要厘清在电子商务物流配送环节电子商务经营者、快递物流服务提供者在实物配送中的责任与义务。

一、电商交易实物配送中各方的责任与义务

（一）电子商务经营者的责任与义务

在电子商务交易的过程中，由于消费者与电子商务经营者之间直接建立了买卖合同关系，《电子商务法》将快递物流的主要风险归属于电子商务经营者，电子商务经营者应当承担在承诺期限内将质量合格的实物商品安全运送或投递到约定收件地址和收件人的责任。《电子商务法》第二十条规定："电子商务经营者应当按照承诺或者与消费者约定的方式、时限向消费者交付商品或者服务，并承担商品运输中的风险和责任。但是，消费者另行选择快递物流服务提供者的除外。"因此，在电子商务交易中，由卖家指定快递的，运输途中商品意外毁损灭失的风险由卖家承担；如果买家指定的快递，运输途中标的物意外毁损灭失的风险，则应当由买家与第三方物流公司协商。

《民法典》第五百一十二条第 1 款规定，"通过互联网等信息网络订立的电子合同的标的为交付商品并采用快递物流方式交付的，收货人的签收时间为交付时间"；第六百零四条规定，"标的物毁损、灭失的风险，在标的物交付之前由出卖人承担，交付之后由买受人承担，但是法律另有规定或者当事人另有约定的除外"。网络购物过程中，买卖双方之间形成买卖合同关系，卖家与快递公司之间形成运输合同关系，根据合同相对性原则，买家只能向卖家主张权利。从卖家发货之后到买家签收之前的这段时间，商品的毁损、灭失仍然在卖家的责任范围内。

（二）快递物流服务提供者的义务

1. 依法申请经营资质的义务

经营快递物流业务的企业，应当依法取得快递业务经营许可。《快递业务经营许可管理办法》第五条明确规定："经营快递业务，应当依法取得快递业务经营许可，并接受邮政管理部门及其他有关部门的监督管理；未经许可，任何单位和个人不得经营快递业务。"

2. 适货义务

物流经营人的适货义务是指物流经营人应当提供适于货物各种操作的设施、设备、工具和场地等。在国际货物运输中,《海牙规则》《汉堡规则》《鹿特丹规则》都对承运人的适货义务做了规定,我国《海商法》第四十七条参照《海牙规则》模式规定了承运人的适货义务,即承运人应使货舱、冷藏舱、冷气舱和其他载货处所适于并能安全收受、载运和保管货物。在国内货物运输过程中,物流经营人应根据运输手段的不同,依据《民法典》以及各种运输规则规定承担相应的适货义务。物流服务操作的对象是物,而适于货物操作的设施、设备、工具、场地等,是物流经营人完成货物物理流动的重要保证。如保管货物需要有合适的场地和设施、运输货物需要有合适的运输工具、装卸搬运货物需要有合适的设备和工具等。

3. 妥善管货义务

物流经营人的妥善管货义务是指物流经营人应该自接收货物时起到交付货物时止的全部期间内,妥善地管理货物。管货的内容包括对货物的全部的动态的和静态的操作活动,即物流经营人在对货物的所有操作环节都应履行管货义务,包括但不限于装载、卸载、搬移、积载、运输、保管、照料、加工等。对物流经营人而言,管货的期间为从货物的接收到交付,其在运输、仓储、加工承揽等服务中均承担管货义务。妥善保管是指物流经营人应该严格按照合同约定或法律的规定或货物自身的性质管理货物。管货义务也同物流委托人的如实申报和合法指示密切相关,因为物流经营人应当首先按照物流委托人的指示要求来管理货物,而管货的要求由物流委托人提出的,货物的名称、性质、数量等是由物流委托人如实申报的。如物流委托人无明确要求,则按照货物自身的储运要求来管理货物。当然对于特种货物,尤其是危险货物,如果法律对货物的储运有法定要求的,物流经营人则必须依法管货。对于快递运输中的货物,物流经营者应尽到保管的义务,不得随意丢失和踩踏物件。

《快递市场管理办法》(2024年3月1日起实施)规定,经营快递业务的企业有抛扔快件、踩踏快件的,由邮政管理部门责令改正,予以警告或者通报批评,可以并处1万元以下的罚款;情节严重的,处1万元以上3万元以下的罚款。

对于无法投递又不能退回的物件(简称无着快件),《快递市场管理办法》第二十九条规定,经营快递业务的企业应当按照法律、行政法规处理无法投递又无法退回的快件(以下称无着快件),并建立无着快件的核实、保管和处理制度,将处理情况纳入快递业务经营许可年度报告。经营快递业务的企业处理无着快件,不得有下列行为:①在保管期限内停止查询服务;②保管期限未届满擅自处置;③牟取不正当利益;④非法扣留应当予以没收或者销毁的物品;⑤法律、行政法规禁止的其他行为。按照《无法投递又无法退回快件管理规定》应当建立专门场地对无法投递又无法退回快件进行保管,并保障用户的合法权益。保管期限自登记之日起不少于1年。

4. 正确交付义务

正确交付货物是物流服务的目的，包括数量正确、状态正确、时间正确、地点正确和货物接收人正确。按正确的数量交付是指在有约定的情况下，按约定数量交付。但是如果当事人双方没有约定，则件杂货按接收的件数交付、集装箱整箱货按接收时的集装箱数交付、散装货按照接收时的重量减去合理损耗交付。按正确的状态交付是指在有约定的情况下，按约定状态交付；在没有约定的情况下，按接收时的状态交付。按正确的时间交付是指按照约定时间或合理时间交付货物。在正确的地点交接则指按照约定地点，或根据法律或合同的约定在临近地点交付货物。所谓正确的货物接收人包括物流委托人指定的人，以及物流经营人签发可转让单证（如提单、仓单等）情况下的单证持有人。

我国《快递暂行条例》明确规定，经营快递业务的企业应当将快件投递到约定的收件地址、收件人或者收件人指定的代收人，并告知收件人或者代收人当面验收。如果快递员在没有告知或没有征得收件人同意的情况下，直接将快递放到收件人的家门口，应视为其未尽到送达的义务，由此导致包裹丢失、物品损失等问题产生的责任应由快递公司承担。如果快递员在收件人同意的情况下，且可以证实其将快递完好无损地放置于收件人家门口，由于收件人未及时收取快递导致的快递丢失，责任由收件人承担。

5. 报告义务

物流委托人将所有物流环节的事务全权交给物流经营人操作，因此物流委托人对物流活动往往难以控制，无法获知物流活动具体处于什么环节，及货物的具体状态。因而需要由物流经营人及时告知，以便物流委托人能掌握最新动态。尤其是物流活动异常时，需要由物流委托人来决定如何处理。在物流经营人不拥有物流设施、设备、工具、场地等，不直接操作货物的情况下，其使用独立型履行辅助人来履行物流服务合同，如港站经营人、运输经营人、仓储经营人等，物流经营人应当对上述独立型履行辅助人的行为负责，并根据合同相对性原则向物流委托人承担违约责任。当然，物流经营人也可以根据《民法典》的相关规定，在物流服务合同中约定因独立型履行辅助人造成其违约的，其无须向物流委托人承担违约责任。

知识拓展 3-2

国际货物运输合同与国际货物运输代理合同

在跨境出口 B2C 电商行业，大部分的物流商都是货运代理人，简称货代。签署的物流合同标题，有的是"国际货物运输合同"，有的是"国际货物运输代理合同"。这两种合同有什么区别呢？

1. 合同性质不同

货物运输合同是建立在卖家与运输商（通常是船公司、货代或物流公司）之间的直接法律关系，卖家委托运输商直接执行货物运输。货物运输代理合同则是一种委托合同，建立了卖家与货物运输代理之间的关系。卖家委托代理商为其安排货物的运输，并与运输商进行协商，代理商充当中间人的角色。

2. 责任和义务不同

在货物运输合同中，运输商对货物的运输和安全负有直接责任，包括货物的损失、损坏或延误。在货物运输代理合同中，代理商的责任通常局限于安排货物的运输，而不承担直接的运输责任。代理商协调运输和提供相关服务，但运输商对货物的实际运输负有责任。

3. 维权和索赔不同

在货物运输合同中，卖家可以直接向运输商提出索赔，如果货物在运输过程中损坏、丢失或延误，卖家可以要求运输商进行赔偿。在货物运输代理合同中，卖家通常需要与代理商协商索赔事宜，代理商将与相关运输商协调索赔过程。代理商的责任是协助卖家获得赔偿，而非直接赔偿卖家。

二、快递物流服务常见侵权责任

（一）损失赔偿责任

快递服务公司与寄件人之间订立有关快递服务的契约，实际上是货运合同的一种，在电商交易的过程中寄件人大部分为电商经营者。快递员收寄快递物品，向客户递交背面载有"快件运单契约条款"的快递单，寄件人在填写快递单据时，可以根据物品的重要性、易毁损性等情况，自主选择保价或不保价的服务。

《快递暂行条例》第二十七条规定："快件延误、丢失、损毁或者内件短少的，对保价的快件，应当按照经营快递业务的企业与寄件人约定的保价规则确定赔偿责任；对未保价的快件，依照民事法律的有关规定确定赔偿责任。"

未保价快递件丢失、毁损的，寄件人对寄递物品的实际价值负有举证责任。《民法典》第八百三十三条确定货物赔偿额："货物的毁损、灭失的赔偿额，当事人有约定的，按照其约定；没有约定或者约定不明确，依据本法第五百一十条的规定仍不能确定的，按照交付或者应当交付时货物到达地的市场价格计算。法律、行政法规对赔偿额的计算方法和赔偿限额另有规定的，依照其规定。"

案件直击 3-2

快递损毁保价赔偿

2022 年 7 月 31 日，罗先生委托某快递公司运输掐丝唐卡，某快递公司向罗某出具运输单。运输单载明：标准快递。名称：唐卡。保价20 000元，保费80元，已验视。收件人陈某，寄件人罗某，付款方式：到付240元。2022年8月4日，快递寄达收件人陈先生，但陈先生看到快递外包装已破损，拆开包装后发现唐卡已完全损坏，故以货物损毁为由拒收，快递被退回罗先生。罗先生遂起诉快递公司，要求按照保价赔偿货物损失20 000元。

案例讨论：你认为法院将如何审理这样的快递赔偿案件？

（二）危险物品侵权责任

对于违法寄递危险品的行为，根据《危险化学品安全管理条例》第八十七条第2、3款的规定，在邮件、快件内夹带危险化学品，或者将危险化学品谎报为普通物品交寄的，依法给予治安管理处罚；构成犯罪的，依法追究刑事责任。邮政企业、快递企业收寄危险化学品的，依照《邮政法》的规定处罚。

《邮政法》第七十五条规定："邮政企业、快递企业不建立或者不执行收件验视制度，或者违反法律、行政法规以及国务院和国务院有关部门关于禁止寄递或者限制寄递物品的规定收寄邮件、快件的，对邮政企业直接负责的主管人员和其他直接责任人员给予处分；对快递企业，邮政管理部门可以责令停业整顿直至吊销其快递业务经营许可证。"

（三）用户个人信息泄露侵权责任

《快递暂行条例》专门规定了用户个人信息保护制度，其中第三十四条规定："经营快递业务的企业应当建立快递运单及电子数据管理制度，妥善保管用户信息等电子数据，定期销毁快递运单，采取有效技术手段保证用户信息安全。具体办法由国务院邮政管理部门会同国务院有关部门制定。经营快递业务的企业及其从业人员不得出售、泄露或者非法提供快递服务过程中知悉的用户信息。发生或者可能发生用户信息泄露的，经营快递业务的企业应当立即采取补救措施，并向所在地邮政管理部门报告。"

德法课堂 3-2

王某于2018年11月通过手机货拉拉App下单，从广州运送货物到深圳，货拉拉公司接单后指派黄某建驾驶赣KG****号小型车承运。途中发生单方交通事故，造成王某受伤并被实施开颅手术。交警认定黄某建未按规范操作安全驾驶负事故全部责任。王某诉请黄某建赔偿阶段性医疗费用331 576.68元，货拉拉公司承担连带责任，联合财保承担保险理赔责任。

案例分析：在利用网约平台运送货物这种形式中，网约平台与托运人之间究竟是怎样的法律关系？网约平台要承担怎样的责任？

梳理运输平台与平台内经营者之间的法律关系，树立经营者的责任意识。

课堂讨论 3-2

现如今，直播电商如火如荼，"一件代发"作为电子商务领域近年兴起的一种销售模式，受到了众多经营者的青睐。消费者在直播电商平台的直播间下单购买商品，直播间所属公司又从云仓库（货源）处以自己的名义下单，但在收货人处填写消费者的相关信息，由其他经营者作为实际供货人直接向消费者发货并最终完成交易，公司从此过程中赚取两笔订单间的差价。这种经营模式契合了当前电子商务的特征和发展趋势。

讨论：直播间所属公司、云仓库以及货物实际所有者之间是什么法律关系？

思维导图实训 3-2

认识快递物流法律规范

请同学们结合"认识快递物流法律规范"相关知识点，参考以下思维导图，分组训练。

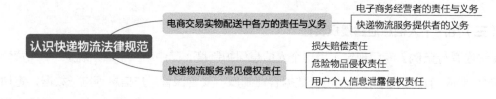

✦ 项目同步练习

一、单选题

1. 以下命题说法正确的是（　　）。
   A. 物流是电商发展的先决条件
   B. 电子商务是物流进一步发展的动力
   C. 电子商务物流采用了网络信息化技术用于物流的全过程
   D. 以上说法全对

2. 以下不属于电子商务物流特点的是（　　）。
   A. 信息化
   B. 组织网络化
   C. 柔性化
   D. 信息流动单项性

3. 为确保快递业务的安全，法律规定寄递企业应当执行实名收寄，在收寄邮件、快件时，要求寄件人出示有效身份证件，对寄件人身份进行查验，并登记身份信息，这项制度是（　　　）。

  A. 实名收寄制度 B. 收寄验视制度 C. 过机安检制度 D. 次日达制度

4. 在电子商务交易过程中，电子商务经营者按照承诺或者与消费者约定的方式、时限向消费者交付商品或者服务，（　　　）应当来承担这笔交易商品运输中的风险和责任。

  A. 电子商务经营者 B. 电子商务平台 C. 消费者自己 D. 物流经营企业

5. 对于无法投递又无法退回的快件，经营快递业务的企业可以采取以下哪种行为？（　　　）

  A. 采取保管行为   B. 当盲盒进行销售

  C. 直接销毁   D. 拆开自行使用

二、多选题

1. 下列关于电子商务物流的特点说法正确的有（　　　）。

  A. 电商物流信息化   B. 组织网络化

  C. 柔性化   D. 物流设施、商品包装的标准化

2. 为了避免快递物流行业的安全问题，快递物流经营企业在经营过程中要建立哪三个制度？（　　　）。

  A. 实名收寄   B. 收寄验视   C. 过机安检   D. 信息隐藏

3. 以下说法正确的有（　　　）。

  A. 任何人都可以创办物流企业无须经过审核

  B. 物流企业在快递物流高峰期，因货物太多可以随意扔丢与踩踏物件

  C. 物流企业在交付货物的时候可以交给收件人或收件人指定的代收人

  D. 快递员在经得收件人同意后可以直接将物品放置收件人家门口

4. 在快递货物过程中，对于未保价的商品丢失毁损的，下列说法正确的有（　　　）。

  A. 寄件人对寄递物品的实际价值负有举证责任

  B. 承运人对寄递物品的实际价值负有举证责任

  C. 由寄件人确定赔偿的额度

  D. 按照交付或者应当交付时货物到达地的市场价格计算赔偿

5. 对于无法投递又不能退回的物件，经营快递业务的企业不得有下列（　　　）行为。

  A. 在保管期限内停止查询服务

  B. 保管期限未届满擅自处置

  C. 牟取不正当利益

  D. 非法扣留应当予以没收或者销毁的物品

三、判断题

1. 电子商务物流的自动化、信息化被大量运用于物流作业过程的运筹和决策中。

（　　）

2. 经营电子商务物流业务的企业应当根据相关标准要求，建立并实施物流作业的"实名收寄、收寄验视、过机安检"这三项制度，确保整个作业过程的安全性。（　　）

3. 快递企业、电商经营主体可以在电子运单上显示完整的收寄件人个人信息。（　　）

4. 电子商务经营者应当按照承诺或者与消费者约定的方式、时限向消费者交付商品或者服务，并承担商品运输中的风险和责任。但是，消费者另行选择快递物流服务提供者的除外。

（　　）

5. 经营快递物流企业应当向邮政管理部门提出申请，取得快递业务经营许可；未经许可，任何单位和个人不得经营快递业务。

（　　）

四、综合案例分析

李同学 2023 年"双十一"在天猫平台的某饰品店购买了价值 300 元的银饰，收件人为本人，快递经过六天运输后，快递公司未经本人同意将快递物件放置李同学家的保安室，结果购买的物品被他人代领，且保安室没有摄像头，找不到代领的当事人。

请问：对于网购商品代领或丢失，这个责任应该由谁来承担？

电子商务知识产权法律实务

知识目标 ✓

1. 掌握知识产权的定义和法律特征
2. 掌握电子商务对知识产权的挑战、了解知识产权的类别
3. 了解电子商务活动中知识产权侵权的常见形式
4. 理解保护知识产权的法律法规

能力目标 ✓

1. 能分析知识产权在电子商务中的作用
2. 能分析电子商务中的著作权、商标权和专利权的利用方式
3. 能够运用法律知识解决知识产权侵权的问题

素养目标 ✓

1. 培养学生知识产权法治观念
2. 培养学生知识产权的创新思维和创客素养

学习参考法律法规 ✓

《中华人民共和国民法典》
《中华人民共和国电子商务法》

项目背景

2021年9月22日，中共中央、国务院印发了《知识产权强国建设纲要（2021—2035年）》，标志着我国从知识产权引进大国向创造大国的转变，我国进入全面提速阶段。党的二十大报告指出："加强知识产权法治保障，形成支持全面创新的基础制度。"知识产权作为电子商务企业发展的战略性资源和核心竞争力要素的作用更加明显。知识产权是电子商务企业重要的无形资产，重视知识产权的培植和维护、使用与管理，加强知识产权保护，提升知识产权法律风险防控，对于电子商务企业而言至关重要。

2020 年 4 月 26 日是第二十个"世界知识产权日"。美团大学在中国互联网协会的指导下，联合京沪两地知识产权相关部门，从 4 月 24 日起，开展了为期三天的"春风行动—品牌力"系列公益课程，向生活服务业商家普及知识产权相关知识，传递经营建议。这一系列课程，是美团切实履行平台责任，加强商家品牌保护，助力商家合规经营的众多举措之一。为更好地解决商户在品牌保护方面存在的痛点，美团采取了入驻审核、事后监督、主动监管等多维度的保护措施，积极探索完善知识产权保护机制。据统计，2019 年全年，美团平台上共受理了 3 万余家商户因涉嫌品牌假冒被侵权的投诉，按照《民法典》和《电子商务法》的有关规定，美团对其中经审核认定为侵权的 2.4 万家商户进行了下线处理。

为了更加快捷、高效地处理知识产权相关投诉，促进平台商户合规经营，美团主动开发了知识产权维权平台（ipr.meituan.com），已于 2020 年 1 月正式上线。权利人可以通过知识产权维权平台就美团上的商户存在的商标侵权、著作权侵权和部分外观设计专利权侵权行为进行投诉，同时，权利人可以全程跟踪投诉进度和结果。此外，嵌入其中的知识产权中诉指南还可以帮助商家快速辨析侵权点并进行合规整改。知识产权维权平台目前在美团网和大众点评网首页底部均有入口。

知识产权维权平台将传统的线下投诉整合至线上，投诉处理时间整体缩短了近 37%，效率明显提高。对于一些侵权情况比较严重的品牌，美团还会积极引导侵权商家整改合规，保护品牌利益。比如曾被媒体报道过的真假混杂的网红奶茶店"鹿角巷"，美团一方面对官方认定为正牌店的门店进行"品牌"打标，另一方面引导涉嫌侵权的山寨门店进行整改。鹿角巷方面表示，美团通过其一系列知识产权保护措施，帮助商家实现了鹿角巷品牌的"正名"计划，对于商家在全国开展维权行动有着非常重要的作用。鹿角巷有关负责人说："美团保护了我们的正当权益，对我们的合法经营有非常大的帮助，体现了平台应有的法律责任和社会担当。"

案例思考：

1. 什么是知识产权？

2. 电子商务活动中知识产权侵权有哪些形式？

任务一 认识电子商务中的知识产权

任务描述

乐动卓越公司开发了移动端游戏《我叫 MT online》和《我叫 MT2》。2015 年 8 月，乐动卓越公司发现网上出现了类似《我叫 MT online》的游戏《我叫 MT 畅爽版》，并涉嫌非法复制了其游戏数据包。乐动卓越公司认为，涉案网站的行为侵犯了自己的复制权、发行权、信息网络传播权。但该公司一直未找到涉案网站经营人的相关信息，经过进一步查找，发现该游戏内容存储于阿里云公司的服务器上，并通过该服务器提供游戏服务。2015 年 10 月，乐动卓越两次致函阿里云，要求其删除涉嫌侵权内容，并提供服务器租用人的具体信息，阿里云未给予回应。后乐动卓越公司向北京市石景山区人民法院提起诉讼，请求法院判令阿里云公司断开链接，停止为侵权游戏《我叫 MT 畅爽版》继续提供服务器租赁服务，将存储在其服务器上的游戏数据库信息提供给乐动卓越公司，并赔偿经济损失共计 100 万元。

法院一审判决阿里云赔偿乐动卓越公司经济损失及合理费用约 26 万元。阿里云向北京知识产权法院提起上诉。2019 年 6 月 20 日，北京知识产权法院驳回一审原告的所有诉讼请求，阿里云公司不承担法律责任。二审法院认为，乐动卓越公司向阿里云公司发出的通知不符合法律规定，属于无效通知，阿里云公司在接到通知后未采取必要措施未违反法律规定。因此，法院认为，阿里云公司就其出租的云服务器中存储侵权软件的行为，在本案中不应承担侵权责任。

请思考：

1. 电子商务活动中的知识产权与传统知识产权的区别？
2. 电子商务活动中知识产权保护与传统的知识产权保护有何区别？

任务分解

1. 理解知识产权的概念。
2. 理解知识产权的法律性质。
3. 理解知识产权的特征。

一、知识产权的定义和法律特征

（一）知识产权的定义

知识产权是指人们就其智力劳动成果所依法享有的专有权利，通常是国家赋予创造者对其智力成果在一定时期内享有的专有权或独占权。知识产权有两类：一类是著作权，另一类是工业产权。

1. 著作权

著作权也称版权、文学产权，是指自然人、法人或者非法人组织对文学、艺术和科学作品依法享有的财产权利和精神权利的总称。在我国，著作权即指版权。广义的著作权还包括邻接权，我国《著作权法》称之为"与著作权有关的权利"。

2. 工业产权

工业产权也称产业产权，是指发明专利、商标以及工业品外观设计等方面组成的工业方面的产权。工业产权包括专利、商标、服务标志、厂商名称、原产地名称，以及植物新品种权和集成电路布图设计专有权等。

知识产权从本质上说是一种无形财产权，它的客体是智力成果或是知识产品，是一种无形财产或者一种没有形体的精神财富，是创造性的智力劳动所创造的劳动成果。它与房屋、汽车等有形财产一样，都受国家法律的保护，都具有价值和使用价值。有些重大专利、驰名商标或作品的价值远远高于房屋、汽车等有形财产。

知识拓展 4-1

"知识产权"概念的由来

在我国，"知识产权"一词是舶来品，是翻译外来语的结果。知识产权的英文表达是"Intellectual Property"。"知识产权"最初只是一个学理概念。自 1967 年成立世界知识产权组织后，"知识产权"这一概念逐渐获得了世界上大多数国家和众多国际组织的承认，成为国际上通行的法律术语。我国民法理论在 20 世纪七八十年代，开始使用"智力成果权"一词。在中国立法上第一次作为法律术语使用"知识产权"的是 1986 年《中华人民共和国民法通则》。随着我国知识产权法制的不断健全，"知识产权"作为一个专门法律术语被普遍接受。

（二）知识产权的法律特征

从法律上讲，知识产权具有以下三种明显的法律特征：

1. 知识产权的地域性

知识产权只在所确认和保护的地域内有效。除签有国际公约或双边互惠协定外，经一国法律所保护的某项权利只在该国范围内发生法律效力。因此，知识产权既具有地域性，在一定条件下又具有国际性。

2. 知识产权的独占性

知识产权除权利人同意或法律规定外，权利人以外的任何人不得享有或使用该项权利。这表明权利人独占或垄断的专有权利受严格保护，不受他人侵犯。只有通过"强制许可""征用"等法律程序，才能变更权利人的专有权。知识产权的客体是人的智力成果，既不是人身或人格，也不是外界的有体物或无体物，所以既不属于人格权也不属于财产权。另外，知识产权是一个完整的权利，只是作为权利内容的利益兼具经济性与非经济性，因此不能把知识产权说成是两类权利的结合。例如，说著作权是著作人身权（或著作人格权或精神权利）与著作财产权的结合是不对的。知识产权是一种内容较为复杂（多种权能）、具有经济和非经济两方面性质的权利。

3. 知识产权的时间性

知识产权只在规定期限保护。各国法律对知识产权分别规定了一定期限，期满后权利自动终止。

（三）知识产权的法律限制

知识产权是私权，虽然法律也承认其具有排他的独占性，但因人的智力成果具有高度的公共性，与社会文化和产业的发展有密切关系，不宜为任何人长期独占，所以法律对知识产权规定了很多限制。

（1）从权利的发生角度，法律为权利的发生规定了各种积极的和消极的条件以及公示的办法。例如专利权的发生须经申请、审查和批准，对授予专利权的发明、实用新型和外观设计规定有各种条件（《中华人民共和国专利法》第二十二条、第二十三条），对某些事项不授予专利权（《中华人民共和国专利法》第二十五条）。

（2）在权利的存续期上，法律都有特别规定。这一点是知识产权与所有权大不相同的。

（3）权利人负有一定的使用或实施的义务。法律规定有强制许可或强制实施许可制度。

二、知识产权对电子商务企业的重要性

知识产权对电子商务企业的重要性体现在两个方面。

首先，知识产权是电子商务企业发展的原动力。一方面，电子商务企业拥有知识产权的状况与其经济效益之间存在着较大的关联性，拥有自主知识产权的电子商务企业，往往能占

据较大市场份额，获得较好的经济效益和社会效益。另一方面，电子商务企业可以通过对知识产权的运营，实现知识产权价值最大化，为电子商务企业创造更多的财富和价值，提高电子商务企业的经济效益。

微课4-1
电子商务中的知识产权侵权行为

其次，随着互联网技术的日新月异，电子商务中的知识产权侵权案件数量日益增多，侵权行为的新形态不断涌现，电子商务企业在重视知识产权开发与利用的同时，应增强知识产权法律保护意识。一方面，电子商务企业应尊重他人的知识产权，有效防范对他人知识产权构成侵害的法律风险。另一方面，近年来，在电子商务中的知识产权侵权方式呈现出多样化、虚拟性、低成本、隐蔽性、复杂化、取证难等特点，例如，App盗图行为侵害著作权、商标抢注行为侵害商标权、视频聚合平台盗链行为侵害信息网络传播权、电子商务平台经营者帮助他人实施商标权侵权等新型知识产权案件层出不穷。电子商务企业要运用法律武器保护好自己的知识产权，当遭遇侵害知识产权时，要能及时分析和判断，有效控制、减少损失。

案件直击 4-1

搜狐视频诉迅雷侵权终审胜诉

2016年12月7日消息，广东省深圳市中级人民法院就搜狐视频（以下简称"原告"）诉深圳市迅雷网络技术有限公司（以下简称"被告"）信息网络传播权侵权纠纷一案做出终审判决，判定被告构成信息网络传播权侵权，驳回上诉，维持原判。

被告开发并运营"迅雷影音""迅雷HD"聚合软件，未经许可盗链原告享有独家信息网络传播权的多部作品内容，提供视频在线播放。至此，原告将被告诉至深圳市南山区人民法院。

本案一审中，深圳市南山区人民法院认为，被告在未取得涉案作品的权利人原告许可的情况下，通过技术手段分析、破解"搜狐视频"的相关代码并私自取得涉案影视作品信息，使得公众无须登录"搜狐视频"，通过被告"迅雷影音""迅雷HD"聚合软件即可实现涉案作品的在线观看，其本身是一种新的作品使用方式，理应取得权利人的许可。被告的行为扩大了涉案影视作品的传播范围，造成了权利人的利益损失，侵害了其信息网络传播权，应当依法承担相应的侵权责任，判定：①被告立即停止侵犯原告信息网络传播权行为；②被告赔偿原告经济损失及维权合理费用共计人民币16.4万元。

二审中，深圳市中级人民法院经审理认定，本案为侵害作品信息网络传播权纠纷，被告虽然提供的是搜索链接服务，但未经授权跳过广告直接抓取视频，故意避开或者破坏原告为涉案作品采取的保护信息网络传播权的技术措施，已构成侵权，驳回上诉，维持原判，判决为终审判决。

案例讨论：未经许可的盗链行为是否合法？法律依据什么？

三、知识产权的法律保护

（一）我国知识产权保护法律体系

改革开放以来，我国对知识产权保护工作的重视不断加强，已经建立了一整套保护知识产权的法律体系，其中主要有：

为加强商标管理，保护商标专用权，1982年我国颁布了《中华人民共和国商标法》（简称《商标法》），1988年颁布了《中华人民共和国商标法实施细则》。

为鼓励发明创造，推动发明创造的应用，提高创新力，1984年我国颁布《中华人民共和国专利法》（简称《专利法》），2001年颁布了《中华人民共和国专利法实施细则》。

为保护文学、艺术和科学作品作者的著作权，1990年我国颁布了《中华人民共和国著作权法》（简称《著作权法》），1991年颁布了《中华人民共和国著作权法实施条例》。

为了保护计算机软件著作权人的权益，2001年我国颁布了《计算机软件保护条例》。

1993年，我国颁布了《中华人民共和国反不正当竞争法》（简称《反不正当竞争法》），规定侵犯商标权、专利权的行为为不正当竞争行为。

《中华人民共和国刑法》规定了侵犯知识产权罪。

2021年实施的《民法典》第七编"侵权责任"中对网络用户、网络服务提供者的知识产权侵权责任做了规定。

（二）保护知识产权的国际条约

迄今我国已经加入几乎所有主要的知识产权国际公约，包括《保护工业产权巴黎公约》《保护文学作品伯尔尼公约》《世界版权公约》《商标国际注册马德里协定》等。同时，我国还与有关国家签订了双边或多边的有关知识产权问题的协议、备忘录等法律文件。

德法课堂 4-1

平衡好知识产权保护与反垄断，树立正确的知识产权保护意识

1999年，中国和阿尔及利亚共同提出了关于建立"世界知识产权日"的提案，2000年10月，世界知识产权组织第35届成员大会系列会议通过了这一提案，决定从2001年起，将每年的4月26日定为"世界知识产权日"。

"世界知识产权日"的确定将有助于突出知识产权在所有国家经济、文化和社会发展中的作用和贡献，有助于在世界范围内树立尊重知识、崇尚科学和保护知识产权的意识，营造鼓励知识创新的法律环境。

项目四

然而，滥用知识产权排除、限制竞争的问题随之而来。滥用知识产权排除、限制竞争行为会阻碍创新和损害竞争，背离了知识产权保护的宗旨，更引发了知识产权垄断问题。

因此，2015年，国家工商行政管理总局根据《中华人民共和国反垄断法》（简称《反垄断法》），制定并颁布了《关于禁止滥用知识产权排除、限制竞争行为的规定》。该规定的第二条、第三条规定，经营者违反《反垄断法》的规定行使知识产权，实施垄断协议、滥用市场支配地位等垄断行为（价格垄断行为除外），构成滥用知识产权排除、限制竞争行为，适用《反垄断法》。该规定也对拒绝许可知识产权、限定交易、搭售、附加不合理限制条件、差别待遇等实践中较为常见的几种具体滥用行为做了禁止性规定，同时对构成要件、表现形式等做了细化规定。

案例分析：如何平衡知识产权保护与反垄断？

要点提示

我们应当树立正确的知识产权保护意识，在保护权利人合法权益和防止知识产权垄断中做好平衡，推动创新，促进竞争，更好地满足人民群众日益增长的物质文化需要。

课堂讨论 4-1

赵某和张某都是 A 软件公司的员工，均于 2019 年 7 月入职。赵某任软件项目经理，张某从事软件开发工作。A 软件公司与赵某、张某签订了软包含保密与竞业禁止的劳动合同、竞业限制协议、员工知识产权承诺议、保密协议。二人受 A 软件公司指派，参与了了与 B 电子商务公司合作的电子应用平台项目。2020 年 5 月，二人成立 C 公司。2020 年 6 月，二人自 A 软件公司离职后，以 C 公司名义与 B 电子商务公司开展合作。二人在 A 软件公司任职期间接触到 B 电子商务公司相关项目接洽人员马某、李某；2020 年 12 月 B 电子商务公司（甲方）与 C 公司（乙方）签订电子应用平台项目平台更新功能完善技术服务合同，合同中载明甲方联系人是马某，甲方授权代表是李某。A 软件公司主张 C 公司、赵某、张某侵犯其商业秘密（即客户名单），要求 C 公司、赵某、张某连带赔偿责任。

讨论：什么是商业秘密？如何保护商业秘密？

思维导图实训 4-1

认识电子商务中的知识产权

请同学们结合"认识电子商务中的知识产权"相关知识点，参考以下思维导图，分组训练。

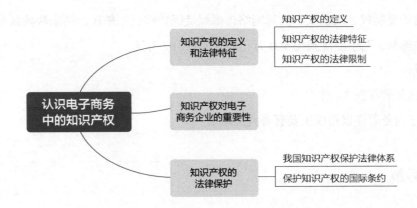

任务二　使用与保护著作权、商标权、专利权

任务描述

《葫芦兄弟》诉《十万个冷笑话·福禄篇》著作权侵权案

1986—1987年，上海美术电影制片厂（现为上海美术电影制片厂有限公司）创作完成动画片《葫芦兄弟》第一集至第十三集，并通过电视台、电影院播映。七个葫芦娃动漫角色形象造型一致，其共同的特征为四方脸型、赤足、头顶葫芦冠、项戴葫芦叶项圈。身穿坎肩短裤、腰围葫芦叶围裙，七个葫芦娃的服饰分为七种颜色。

北京四月星空网络技术有限公司经案外人授权，将漫画《十万个冷笑话》改编成系列动画片《十万个冷笑话》。动画片《十万个冷笑话》深受年轻网络用户的欢迎，在相关视频网站具有极高的播放量，《十万个冷笑话》第一季第4、5、6集为被控侵权作品《福禄篇》。《福禄篇》以搞笑的方式演绎了福禄兄弟救爷爷的故事。蛇精在葫芦未成熟时抓走爷爷，福禄兄弟相继去救爷爷，却因过于自信而失败，被蛇精抓获。福禄兄弟被投入炼丹炉，意外合体成福禄小金刚。但福禄小金刚却忘记了救爷爷的事，与蛇精生活在一起。《福禄篇》中有六个福禄娃，福禄娃动漫形象均为少年形象，头身比例基本一致，身体上均有明显的肌肉线条，赤足，身穿坎肩短裤，腰围葫芦叶围裙，除大娃外的五个福禄娃均头顶葫芦冠。六个福禄娃的坎肩、短裤、葫芦叶服饰与对应的葫芦娃的服饰基本相同。北京四月星空网络技术有限公司和天津仙山文化传播有限公司是关联公司，经后者授权，搜狐视频等视频网站向公众提供动画片《十万个冷笑话》的在线播放服务。上海美术电影制片厂有限公司认为，《福禄篇》大量使用《葫芦兄弟》动画片元素，且通过低俗、恶搞、丑化的表达方式肆意歪曲、篡改《葫芦兄弟》动画片及葫芦娃动漫角色形象，侵犯了其对《葫芦兄弟》动画片以及葫芦娃动漫角色形象享有的复制权、改编权、信息网络传播权及保护作品完整权，请求法院判令被告停止侵权、消除影响、赔偿经济损失 500 万元及合理费用 2 万元。

请思考：

1. 什么是著作权？
2. 电子商务著作权侵权主要有哪些类型？

任务分解

1. 了解著作权、商标权和专利权的内容。
2. 了解电子商务著作权、商标权和专利权侵权的类型。
3. 理解电子商务中著作权、商标权和专利权的保护。

知识精讲

一、著作权与著作权概述

（一）著作权

著作权也称版权，是指法律赋予文学、艺术和科学作品的作者对其创作的作品享有的权利。著作权属于知识产权的范畴，具有知识产权专有性、地域性、时间性的特点。中华人民共和国境内，凡是中国公民、法人或者非法人组织的作品，不论是否发表，都享有著作权；外国人的作品首先在中国境内发表的，也依著作权法享有著作权；外国人在中国境外发表的作品，根据其所属国与中国签订的协议或者共同参加的国际条约享有著作权。

（二）著作权法

我国的著作权法律规范主要包括：《著作权法》《著作权法实施条例》；《宪法》《民法典》《刑法》中有关著作权的条款以及各种相关的行政法规、行政条例等。我国缔结或者加入的与著作权有关的知识产权国际条例、我国与其他国家签订的有关著作权保护的条约，也属于我国著作权法的组成部分。

（三）著作权的主体

著作权的主体包括：作品的作者；其他依法享有著作权的自然人、法人或非法人组织。

根据相关法律规定，著作权属于作者，但另有规定的除外。创作作品的自然人是作者。代表法人或者非法人组织意志创作，并由法人或者非法人组织承担责任的作品，法人或者非法人组织视为作者。

中国自然人、法人或者非法人组织的作品，无论是否发表，依照《著作权法》享有著作权。外国人、无国籍人的作品根据其作者所属国或者经常居住地国同中国签订的协议或者共同参加的国际条约享有的著作权，受《著作权法》保护。外国人、无国籍人的作品首先在中国境内出版的，依照《著作权法》享有著作权。未与中国签订协议或者共同参加国际条约的国家的作者以及无国籍人的作品首次在中国参加的国际条约的成员方出版的，或者在成员方和非成员方同时出版的，受《著作权法》保护。

知识拓展 4-2

谁是著作权人

（1）在作品上署名的作者。

（2）因继承、赠与、遗赠或受让等而取得著作财产权的继受人。

（3）经过改编、翻译、注释、整理等创造性劳动而形成的演绎作品的演绎者。

（4）合作作品的著作权由合作作者共同享有。

（5）汇编作品的著作权由汇编人享有，但汇编他人受著作权法保护的作品或片段时应征得他人同意。

（6）影视作品的著作权由制片者享有，但编剧、导演、摄影、作词、作曲等作者享有署名权和获得报酬权。

（7）单位作品的著作权由法人或其他组织享有；一般职务作品的著作权由作者享有；特殊职务作品的作者享有署名权，其他权利由法人或其他组织享有。

（8）委托创作的著作权归属由委托人和受托人通过合同约定。合同未作明确约定或者没有订立合同的，著作权属于受托人。

（9）美术等作品原件所有权的转移，不视为作品著作权的转移，但美术作品原件的展览权由原件所有人享有。

（四）著作权的客体

著作权的客体是指著作权法保护的对象，也是著作权主体的权利和义务所共同指向的对象。这一对象就是作品，指文学、艺术和科学领域内具有独创性并能以一定形式表现的智力成果，包括：

（1）文字作品。

（2）口述作品。

（3）音乐、戏剧、曲艺、舞蹈、杂技艺术作品。

（4）美术、建筑作品。

（5）摄影作品。

（6）视听作品。

（7）工程设计图、产品设计图、地图、示意图等图形作品和模型作品。

（8）计算机软件。

（9）符合作品特征的其他智力成果。

（五）著作权内容

微课4-2
游戏直播是否
构成侵权

著作权的内容，包括下列人身权和财产权：

（1）发表权，即决定作品是否公之于众的权利。

（2）署名权，即表明作者身份，在作品上署名的权利。

（3）修改权，即修改或者授权他人修改作品的权利。

（4）保护作品完整权，即保护作品不受歪曲、篡改的权利。

（5）复制权，即以印刷、复印、拓印、录音、录像、翻录、翻拍等方式将作品制作成一份或者多份的权利。

（6）发行权，即以出售或者赠予方式向公众提供作品的原件或者复制件的权利。

（7）出租权，即有偿许可他人临时使用电影作品和以类似摄制电影的方法创作的作品、计算机软件的权利，计算机软件不是出租的主要标的的除外。

（8）展览权，即公开陈列美术作品、摄影作品的原件或者复制件的权利。

（9）表演权，即公开表演作品，以及用各种手段公开播送作品的表演的权利。

（10）放映权，即通过放映机、幻灯机等技术设备公开再现美术、摄影、电影和以类似摄制电影的方法创作的作品等的权利。

（11）广播权，即以无线方式公开广播或者传播作品，以有线传播或者转播的方式向公众传播广播的作品，以及通过扩音器或者其他传送符号、声音、图像的类似工具向公众传播广播的作品的权利。

（12）信息网络传播权，即以有线或者无线方式向公众提供作品，使公众可以在其个人选定的时间和地点获得作品的权利。

（13）摄制权，即以摄制电影或者以类似摄制电影的方法将作品固定在载体上的权利。

（14）改编权，即改编作品，创作出具有独创性的新作品的权利。

（15）翻译权，即将作品从一种语言文字转换成另一种语言文字的权利。

（16）汇编权，即将作品或者作品的片段通过选择或者编排，汇集成新作品的权利。

（17）应当由著作权人享有的其他权利。

游戏直播是否侵犯著作权？

广州网易计算机系统有限公司（下称"网易公司"）起诉广州华多网络科技有限公司（下称"华多公司"）提供游戏直播的工具和平台，以利益分成的方式召集、签约主播对其开发的游戏"梦幻西游2"进行游戏内容直播，并以此牟利，侵害了网易公司的著作权。

被告则认为，游戏直播画面是玩家玩游戏时即时操控所得，不符合《著作权法》规定的作品确定性的构成要件，不构成法律规定的任何一种作品类型。此外，游戏直播行为不对应《著作权法》上规定的任一作品权项：第一，直播行为不产生法律所规定的复制件，故不构成对复制权的侵犯；第二，公众并非可在选定时间和地点观看直播，故也不构成对信息网络传播权的侵犯；第三，直播并非以有线或者无线的方式传播广播作品，故也不构成对广播权的侵犯。因此，涉案内容不能依据《著作权法》获得保护。

广州知识产权法院认为，华多公司在其网络平台上开设直播窗口、组织主播人员进行涉案游戏直播，侵害了网易公司对其游戏画面作为类电作品享有的"其他权利"，属于《著作权法》第四十七条第十一项规定的"其他侵犯著作权的行为"，依法判决被告停止侵权并赔偿原告经济损失2000万元。

案例讨论：游戏直播、展览权、放映权、表演权、广播权和信息网络传播权是否属于著作权保护范围？

（六）著作权的保护期

按照《著作权法》的规定，作者的署名权、修改权、保护作品完整权的保护期不受限制。其发表权及著作财产权的保护期为作者终生及其死亡后50年，截止于作者死亡后第50年的12月31日；如果是合作作品，截止于最后死亡的作者死亡后第50年的12月31日。

法人或者其他组织的作品、著作权（署名权除外）由法人或者其他组织享有的职务作品，其发表权及相关权利的保护期为50年，截止于作品首次发表后第50年的12月31日，但作品自创作完成后50年内未发表的不再保护。

电影作品和以类似摄制电影的方法创作的作品、摄影作品，其发表权、相关权利的保护期为50年，截止于作品首次发表后第50年的12月31日，但作品自创作完成后50年内未发表的不再保护。

（七）著作权的限制

网络著作权的合理使用，是指在法律规定的情形下，任何人可以依法自由使用章有著作权的作品，而不必征得著作权人的同意，也不必向其支付使用报酬的法律制度。根据我国《著作权法》规定，在下列情况下使用作品，可以不经著作权人许可，不向其支付报酬，但应当指明作者姓名或者名称、作品名称，并且不得影响该作品的正常使用，也不得不合理地损害著作权人的合法权益：

（1）为个人学习、研究或者欣赏，使用他人已经发表的作品。

（2）为介绍、评论某一作品或者说明某一问题，在作品中适当引用他人已经发表的作品。

（3）为报道新闻，在报纸、期刊、广播电台、电视台等媒体中不可避免地再现或者引用已经发表的作品。

（4）报纸、期刊、广播电台、电视台等媒体刊登或者播放其他报纸、期刊、广播电台、电视台等媒体已经发表的关于政治、经济、宗教问题的时事性文章，但作者声明不许刊登播放的除外。

（5）报纸、期刊、广播电台、电视台等媒体刊登或者播放在公众集会上发表的讲话，但作者声明不许刊登、播放的除外。

（6）为学校课堂教学或者科学研究，翻译、改编、汇编、播放或者少量复制已经发表的作品，供教学或者科研人员使用，但不得出版发行。

（7）国家机关为执行公务在合理范围内使用已经发表的作品。

（8）图书馆、档案馆、纪念馆、博物馆、美术馆、文化馆等为陈列或者保存版本的需要，复制本馆收藏的作品。

（9）免费表演已经发表的作品，该表演未向公众收取费用，也未向表演者支付报酬，且不以营利为目的。

（10）对设置或者陈列在公共场所的艺术作品进行临摹、绘画、摄影、录像。

（11）将中国公民、法人或者非法人组织已经发表的以国家通用语言文字创作的作品翻译成少数民族语言文字作品在国内出版发行。

（12）以阅读障碍者能够感知的无障碍方式向其提供已经发表的作品。

（13）法律、行政法规规定的其他情形。

前款规定适用于对与著作权有关的权利的限制。

根据《信息网络传播权保护条例》规定，通过信息网络提供他人作品，属于下列情形的，可以不经著作权人许可，不向其支付报酬：

（1）为介绍、评论某一作品或者说明某一问题，在向公众提供的作品中适当引用已经发表的作品。

（2）为报道时事新闻，在向公众提供的作品中不可避免地再现或者引用已经发表的作品。

（3）为学校课堂教学或者科学研究，向少数教学、科研人员提供少量已经发表的作品。

（4）国家机关为执行公务，在合理范围内向公众提供已经发表的作品。

（5）将中国公民、法人或者其他组织已经发表的、以汉语言文字创作的作品翻译成的少数民族语言文字作品，向中国境内少数民族提供。

（6）不以营利为目的，以盲人能够感知的独特方式向盲人提供已经发表的文字作品。

（7）向公众提供在信息网络上已经发表的关于政治、经济问题的时事性文章。

（8）向公众提供在公众集会上发表的讲话。

另外，在第七条中规定了图书馆、档案馆、纪念馆、博物馆、美术馆等通过信息网络提供数字作品和陈列、保存版本之合理使用的情形。

著作权的法定许可，是指依法规定，使用者在利用他人已经发表的作品时，可以不经著作权人的许可，但应向其支付报酬的制度。我国《著作权法》第三十五条第 2 款规定："作品刊登后，除著作权人声明不得转载、摘编的外，其他报刊可以转载或者作为文摘、资料刊登，但应当按照规定向著作权人支付报酬。"《信息网络传播权保护条例》第八条规定："为通过信息网络实施九年制义务教育或者国家教育规划，可以不经著作权人许可，使用其已经发表作品的片段或者短小的文字作品、音乐作品或者单幅的美术作品、摄影作品制作课件，由制作课件或者依法取得课件的远程教育机构通过信息网络向注册学生提供，但应当向著作权人支付报酬。"

（八）电子商务著作权侵权的类型

1. 网络服务者侵权

网络服务者分为网络服务提供者（ISP）和网络内容提供者（ICP）。网络服务提供者是指提供通路以使使用者与互联网连线的从业者；网络内容提供者是指持有网络信息经营许可证和营业执照的网络信息服务提供者，主要从事网络信息提供服务，这类服务内容广泛，包括国内外政治、经济、交通、旅游、文化、教育、生活、娱乐及天气变化等资源。网络服务者侵权是电子商务侵权的主要形式，因为网络服务者掌握了资源发布的平台和大的信息技术优势，形成了明显的信息不对称。

2. 网站管理者侵权

网站管理者一般负责某个网站信息的撰写、编辑和发布，并对这个网站的内容进行管理。网站管理者对其管理的网页或网站的内容整体享有著作权。当网站管理者对其编辑或整理的作品进行强行署名、剽窃或是违规使用时，就构成了著作权的侵权行为。

课堂讨论 4-2

美团网因大众点评网盗取其网站摄影图片，于 2013 年年底向法庭提起诉讼。上海市徐汇区法院做出了判决，被告上海汉涛信息咨询有限公司（即大众点评网）立即停止侵害北京三快科技有限公司（即美团网）对 90 张团购摄影图片享有的署名权、信息网络传播权，立即删除 90 张团购摄影图片，并赔偿原告经济损失人民币 2.64 万元，以及为制止侵权所支付的合理开支 2.3 万元。

然而，美团网起诉大众点评网一事刚告一段落，大众点评网又将美团网推上了被告席。大众点评网方面认为，其旗下拥有著作权的逾百张图片遭到了美团网的侵权，甚至部分照片是从大众点评网上直接截图使用。大众点评网于是向北京市朝阳区人民法院提起了诉讼。

讨论：网站管理者的侵权行为具体表现在哪些方面？

知识拓展 4-3

淘宝网知识产权保护平台操作步骤

（1）登录淘宝网知识产权保护平台进行注册。

（2）在收到"欢迎您成功注册淘宝知识产权保护平台"的邮件后登录平台。

（3）提交知识产权权属证明，填写相关知识产权信息。

（4）点击"承诺函预览"，打印"投诉函"并签字盖章。

（5）知识产权验证通过之后，单击"发起投诉"。

（6）查询处理结果，处理反通知。待投诉方回应反通知的状态，需要单击"查看申诉"进行回应，2 个工作日不处理，系统默认为撤销投诉。针对会员提出的反通知，可选择"撤诉"或者"申请淘宝介入"。若撤诉，投诉处理完毕；若申请淘宝介入同样可通过"我的投诉单"查询最后投诉结果。

（7）对于合格的投诉，淘宝将会在投诉进入处理流程后 3 ～ 10 个工作日内处理完毕。

3. 网络使用者侵权

网络使用者就是互联网终端用户。网络使用者侵权目前从技术角度看，只能是自然人使用并侵权，但从法律角度看，承担侵权责任的被告还有可能是法人、非法人组织。每时每刻都有大量的网络用户在使用互联网，网络用户的一些个人行为，如故意规避或破坏著作权人在其作品上采取的技术防范措施、出于营利目的将网上有版权的资源下载并进行商业用，都属于网络使用者侵权。

二、商标权

案件直击 4-3

完美诉窝窝团案

2014 年 5 月，完美（中国）公司诉北京窝窝团信息技术公司（以下简称窝窝团）未经许可在网络上销售完美芦荟胶，侵犯其商标权。完美（中国）公司诉称，2013 年，窝窝团发布多条商品信息，以每支 8.8 元或 8.9 元的低价，组织消费者团购每支价值 38 元的完美芦荟胶，该商品使用了与完美（中国）公司注册商标相同的标识，于是公司通过窝窝团网站购买了该商品。经鉴别，窝窝团网站所售商品包装粗糙、防伪标签与完美（中国）公司生产的产品完全不一致，属于侵权商品。完美（中国）公司认为，窝窝团未经许可，利用网络销售涉案商品的行为，已严重侵犯其注册商标专用权，对公司声誉造成负面影响及经济损失，故要求窝窝团赔偿经济损失及维权费用共计55万元。

案例讨论：被告是否构成对原告注册商标专用权的侵犯？

（一）商标权的概念

商标权是商标专用权的简称，是指商标主管机关依法授予商标所有人对其注册商标受国家法律保护的专有权。商标注册人拥有依法支配其注册商标并禁止他人侵害的权利，包括商标注册人对其注册商标的排他使用权、收益权、处分权、续展权和禁止他人侵害的权利。

课堂讨论 4-3

贵阳南明老干妈风味食品有限责任公司在1994年推出了以"老干妈"为商品名称的风味食品，其中"老干妈"风味豆豉最受欢迎。该公司使用自己设计的包装瓶瓶贴，用在风味豆豉的外包装上，随后又申请了外观设计专利。1997年，湖南华越食品公司开发生产的"川南干妈"风味豆豉，使用的瓶贴与贵阳"老干妈"的瓶贴色彩、图案、产品名称及"老干妈"字体都相同，且不久也申请了与贵阳"老干妈"相似的外观设计专利。贵阳老干妈将商标评审委员会诉至法院，称商评委核准的"川南干妈"商标与"老干妈"商标在构成要素、含义、整体外观等方面均无显著差别，且指定使用在"调味品、辣椒油"等相同类似商品上，构成指定使用在类似商品上的近似商标。法院判决：贵阳"老干妈"胜诉，湖南"川南干妈"停止在风味豆豉产品上使用"老干妈"商品名称，并停止使用与贵阳"老干妈"风味豆豉瓶贴近似的瓶贴，赔偿贵阳"老干妈"经济损失40万元。

讨论：贵阳"老干妈"为什么能获胜？

（二）电子商务活动中商标使用侵权的形式

1. 通过电子商务方式销售假冒商品

此种形式的商标侵权行为与传统经济下销售假冒商品并无不同。电子商务环境下全新的问题是主体如何确定，实践中常用的解决方式有：通过网络实名认证信息；通过相关网站的经营者、域名所有人、ICP备案信息等间接信息；通过购买样品获得卖方信息；向网络服务提供商索取信息。

2. 通过电子商务形式销售平行进口商品

通过电子商务形式销售的平行进口商品，通常是所谓的"正品"，但原本应在其他国家的市场上进行销售。对于平行进口和违约销售的商品是否侵犯商标权，多数法院或执法机关持较为保守的态度，即不轻易认定侵权。上海市第二中级人民法院在维多利亚的秘密商店品牌管理公司诉上海锦天服饰有限公司侵害商标权及不正当竞争纠纷案（2013 年 4 月 23 日）中认定，国外某品牌拥有者在国内就该品牌注册了商标，但又在国外将该品牌商品授权他人处分，国内经销商通过正规渠道从该被授权人处进口该品牌正牌商品并在国内转售的，根据商标权利用尽原则，该进口并转售的正牌商品不会造成相关公众对所售商品来源的混淆、误认，不构成商标侵权。

但是对于某些商品和案件，法院也有可能考虑更多的因素。例如，在长沙中级人民法院审理的米其林集团诉谈国强和欧灿商标侵权案（2009 年 4 月 24 日）中，法院做了如下阐述："从安全性角度来看，轮胎的质量直接关乎驾驶员和乘客的人身财产安全，因此轮胎的生产商针对各种不同的速度要求、地理和气候特性及销售国的强制性认证标准生产和销售轮胎，这些依法应当进行 3C 认证而未履行认证的汽车轮胎产品，可能存在安全隐患，违反我国的强制性规定。无论这些产品由谁生产，销售该类产品的行为均属于违法行为，依法应予制止。"因此，本案的关键不在于这些产品由谁生产，而在于这种未经许可的销售行为，是否可能损害商标注册人的利益。

知识拓展 4-4

跨境电商商标平行进口风险规避

（1）确保从合法渠道进口商品，严格遵守报关流程。

（2）评估并避免平行进口商品的"实质性差异"，保持进口商品的原始状态，谨慎加贴中文标签。

（3）为降低或避免消费者对商品来源的混淆，在必要时，可在网页、宣传页、产品包装等地方向消费者展示商品来源并加以说明。

（4）合理使用商标权人的商标，在未得到商标权人授权的情况下，应注意产品销售过程中商标使用行为是否会给国内商标权人带来不利影响。

3. 通过电子商务形式销售违约商品（违反商标许可协议或其他协议）

通过电子商务形式销售违约商品，典型表现为将协议规定只能直销的商品在电子商务平台上进行销售；或将协议规定本应在某特定地域销售的商品在电子商务平台上进行销售；或将应该置于商标权人严格挑选和限定的销售环境中进行销售的商品（如奢侈品）置于电子商务平台进行销售。这类行为的合法性目前在我国《商标法》中没有涉及。由于缺少法律依据，目前网络服务提供商对这类商品一般不进行处理。

4. 与交易信息相关的商标使用侵权

（1）使用他人商标作为搜索关键词或网页关键词。使用他人商标作为自己网页的关键词，或通过搜索引擎提供的竞价排名实现他人商标与自己网站的关联，对于这类行为，目前在多数案件中被认定为侵权行为，权利人可以进行维权。

（2）使用他人商标作为网店的名称、招牌、装饰或用作宣传。侵权人在某一电子商务平台开设网店，使用他人的注册商标作为网店的名称、网店招牌、网店装饰并以该商标作为宣传；在网店内陈设的商品链接标题中使用他人的注册商标；在商品介绍中使用他人的注册商标。

对于如何处理此类问题，在实践中，一方面是收集证据向该电子商务平台提出投诉，电子商务平台会依据不同情况采取删除链接、关闭店铺的措施；另一方面，对于侵权十分严重的情况，权利人可以向法院提出民事侵权诉讼或者向公安机关报案。

5. 在商品介绍中使用他人商标

典型表现如某些企业在宣传中使用"卡地亚款"等带有他人注册商标的商品介绍，虽然企业仍使用自己的商标，不会造成混淆，但由于涉及商标淡化问题或不正当竞争，仍然有可能被认定为侵权。在 2013 年卡地亚国际有限公司与上海益实多电子商务有限公司、北京梦克拉公司等侵害商标权、不正当竞争纠纷一案中，法院做出了支持商标权人的判决。判决认为，在网络销售环境中，被告在自己商品的款式名称中使用原告的商标文字，因双方商品品类相同，且原告商标具有较高显著性、知名度，故被告行为易使相关公众产生原告品牌已成为相关商品的款式、设计风格的通用名称等方面的错误认识，减弱了原告商标的标识作用，构成商标侵权；提供网络销售平台服务的网络经营者，尽到合理注意义务的，不构成共同侵权。

（三）电子商务商标权保护

商标注册是对自我品牌、商品、服务的一种法律保护手段，建立在商标权利基础上的品牌，能有效防止品牌被他人恶意盗用、侵权等行为。

我国《商标法》第四条规定："自然人、法人或者其他组织在生产经营活动中，对其商品或者服务需要取得商标专用权的，应当向商标局申请商标注册。"未注册商标处于无法定权利保障的状态，随时可能因他人相同或近似商标的核准注册而存在被禁止使用的风险。商标通常只有核准注册后才能享有独占使用权，获得法律保护。企业只有具备商标意识，及早制定品牌战略，增强商标注册意识，构建自己的商标体系，实行商标全面注册，才能从容应对商标抢注。

德法课堂 4-2

恶意抢注商标 违背诚实信用原则

福建蜡笔小新儿童用品有限公司（下称蜡笔小新公司）于 2010 年 7 月 26 日向商标局申请注册第 8511309 号 FIVEGUY 商标（下称诉争商标）。该商标于 2011 年 8 月 28 日被核准注册，核定使用商品为第 30 类咖啡、茶、谷类制品、调味品、豆浆、冰激凌。商标专用权期限至 2021 年 8 月 27 日。

2014 年 1 月 8 日，五兄弟控股有限公司（下称五兄弟公司）提出对诉争商标的无效宣告申请，主要理由为：诉争商标的注册侵犯了其商号权，属于抢先注册他人在先使用并有一定影响商标的行为，违反了《商标法》的规定；同时，蜡笔小新公司违背了诚实信用原则，造成不良社会影响，违反了《商标法》第十条第（八）项规定。2015 年 8 月 28 日，商标评审委员会作出被诉裁定，对诉争商标予以无效宣告。

蜡笔小新公司不服被诉裁定，诉至北京知识产权法院。法院经审理认为，蜡笔小新公司注册的诉争商标与五兄弟公司具有较高知名度的商号、商标完全相同，且其法定代表人张秋龙作为商标从业人员注册诉争商标难言善意。特别是除诉争商标外，原告还申请注册了包括与他人在先使用的知名商标相同或相似的起亚、联通、外交官、人人网、去哪儿等在内的 270 件商标，并通过好标网对多件商标进行高价转让。因此，蜡笔小新公司缺乏真实使用意图，具有囤积商标、复制抄袭他人知名商标的主观恶意。该行为不仅会导致相关公众对商品来源产生混淆误认，更会妨碍正常的商标注册管理秩序，损害公平竞争的市场秩序，已构成《商标法》第三十二条所指以"以不正当手段抢先注册他人已经使用并有一定影响的商标"的情形。

案例分析：恶意抢注商标的行为是否违法？

要点提示

凡是具有超出正常经营范围大量囤积注册商标的行为、非以使用为目的的商标注册行为、大量注册知名度较高或独创性较强商标的行为以及对多件商标进行高价转让获取高额利润的行为，均属于《商标法》所禁止的"以不正当手段抢先注册"并扰乱商标注册秩序、损害公共利益、不正当占用公共资源的情形。

三、专利权

（一）专利的概念

"专利"一词通常有三种含义：①专利是专利权的简称，指依照《专利法》的规定以某项发明创造向国家专利机关申请专利，经审查批准授予该项发明在一定期限内的独占。这是专利最基本的含义之一。②专利是指《专利法》保护的创造发明，一般包括发明、实用新型和外观设计三种专利。③专利是指专利文献，其重要部分为记载发明创造内容的专利说明书。

专利权是指一项发明创造，由申请人向国家专利审批机关提出专利申请，经国家审批机关依法审查核准后，向专利申请人授予的、在规定时间内对该项发明创造享有专有权。

1. 专利权主体

专利权的主体即专利权人，是指依法享有专利权并承担相应义务的人。

（1）发明人或设计人。发明人或设计人是指对发明创造的实质性特点做出创造性贡献的人。在完成发明创造的过程中，只负责组织工作的人、为物质技术条件的利用提供方便的人或者从事其他辅助工作的人，不是发明人或设计人。

（2）申请人。申请人即提出专利申请的人。通常情况下，专利发明人和专利申请人是同一人。但是以下情况会使发明人和申请人不为同一人：发明人以外的人依合同转让或依法继承而取得专利申请权。发明人完成发明后是否申请专利由其自己决定，若不申请专利，则可以将专利申请的权利依合同转让给他人，当事人应当订立书面合同，并向国务院专利行政部门登记，转让合同登记之日起生效。

（3）专利权人。专利权人是指依法享有专利权的个人或单位。专利申请人并不必然为专利权人，只有在专利被批准后才能成为专利权人。

职务发明创造是指执行本单位的任务或者主要利用本单位的物质技术条件所完成的发明创造，职务发明创造申请专利的权利属于单位。申请被批准后，该单位为专利权人。职务发明若合同有约定的从其约定，约定优先，在无合同约定的情况下，单位是专利的申请人。

执行本单位的任务所完成的发明创造主要指：在本职工作中做出的；履行本单位交付的本职工作之外的任务所做出的；退职、退休或调动工作一年内做出的，与其在原单位承担的本职工作或分配的任务有关的发明创造。本单位的物质条件是指本单位的资金、设备、零部件、原材料或不对外公开的技术资料。

（4）外国人。外国人包括具有外国国籍的自然人和法人。在中国有经常居所或营业场所的外国人，享有与中国公民或单位同等的专利申请权和专利权。在中国没有经常居所或营业场所的外国人、外国企业或外国其他组织在中国申请专利的，依照其所属国同中国签订的协议或共同参加的国际条约，或者依照互惠原则，可以申请专利，但应当委托依法设立的专利代理机构办理。

2. 专利权客体

专利权客体，即专利权的保护对象。《专利法》第二条规定："本法所称的发明创造是指发明、实用新型和外观设计。"

（1）发明。发明是指对产品、方法或者其改进所提出的新的技术方案。发明分为物品发明和方法发明。对发明所授予的专利权为发明专利权。

（2）实用新型。实用新型是指对产品的形状、构造或者其结合所提出的适于实用的新的技术方案。其独创性较发明小，要求也比发明低，所以俗称"小发明"。对实用新型所授予的专利权为实用新型专利权。

（3）外观设计。外观设计是指对产品的形状、图案、色彩，以及色彩与形状、图案的结合所做出的富有美感并适于工业应用的设计。对外观设计所授予的专利权为外观设计专利权。

3. 专利权的取得

发明人或者设计人要取得专利权，必须按照《专利法》的规定向国家专利机关提出申请。除发明人本人或者设计人本人可以提出申请外，发明人或者设计人的合法受让人、继承人也可以提出。

专利局受理专利申请后，依照法定程序和内容对专利申请进行审查，做出是否批准授予专利权的决定。我国《专利法》对发明专利申请和实用新型、外观设计专利申请采取两种不同的审批制度。对发明专利申请实行早期公开、迟延审查制度；对实用新型和外观设计专利申请实行登记制度。

专利局收到发明专利申请后，经初步审查认为符合要求的，自申请之日起满18个月，即行公布。专利局可以根据申请人的请求早日公布申请。发明专利申请自申请之日起3年内，专利局可以根据申请人随时提出的请求，对其申请进行实质审查；申请人无正当理由逾期不请求实质审查的，该申请即被视为撤回。专利局认为必要的时候，可以自行对发明专利申请进行实质审查。发明专利申请经实质审查没有发现驳回理由的，由专利局做出授予发明专利权的决定，发给发明专利证书，同时予以登记和公告。发明专利自公告之日起生效。

实用新型和外观设计专利申请经初步审查没有发现驳回理由的，由专利局做出授予实用新型或外观设计专利权的决定，发给相应的专利证书，同时予以登记和公告。实用和外观设计专利权自公告之日起生效。

4. 专利权的内容

（1）独占实施权。发明和实用新型专利权被授予后，除《专利法》另有规定外，任何单位或个人未经专利权人许可，都不得实施其专利权，即不得为生产经营目的制造、使用、许诺销售、销售、进口其专利产品，或使用其专利方法，以及使用、许诺销售、销售进口依照该专利方法直接获得的产品。外观设计专利权被授予后，任何单位或个人未经专利权人许可，都不得实施其专利，即不得为生产经营目的制造、销售、进口其外观设计专利产品。

（2）实施许可权。实施许可权是指专利权人可以许可他人实施其专利技术并收取专利使用费。任何单位或者个人实施他人专利的，应当与专利权人订立实施许可合同，向专利人支付专利使用费。被许可人无权允许合同规定以外的任何单位或者个人实施该专利。

（3）转让权。专利权可以进行转让。转让时，双方须订立书面合同，并向国务院专利行政部门登记，由国务院专利行政部门予以公告，专利权的转让自登记之日起生效。中国单位或者个人向外国人、外国企业或者外国组织转让专利申请权或者专利权的，应当依照有关法律、行政法规的规定办理手续。

（4）指示权。发明人或者设计人有权在专利文件中写明自己是发明人或者设计人，专利权人有权在其专利产品或者该产品的包装上标明专利标识。

（5）投资权。专利权人有将其专利权作为知识产权进行投资并取得收益的权利。

5. 专利权的期限

根据我国《专利法》的规定，发明专利权的期限为20年，实用新型和外观设计专利权的期限为10年，均自申请之日起计算。

专利权期限届满时，专利权自行失效，专利权人不再享有专利的独占权，该发明创造成为社会公共财富，任何单位和个人都可以自由地、无偿地使用。

（二）专利侵权行为

在电子商务领域，侵犯专利权的行为主要表现为：

（1）通过电子商务方式销售、许诺销售侵犯他人专利权的商品。侵权人未经专利权人许可，直接在电子商务交易平台销售、许诺销售专利产品，是电子商务领域中主要的专利侵权行为。

（2）假冒专利行为。在电子商务领域，假冒专利行为通常表现为：侵权人未经许可，在网站页面上将他人的专利号标注在其销售的产品、产品的包装上；未经许可在网站页面发布的广告或者其他宣传材料中使用他人的专利号、使用伪造或者变造的他人专利证书、专利文件或者专利申请文件，使人将所涉及的技术误认为是他人的专利技术。

（3）以非专利产品冒充专利产品、以非专利方法冒充专利方法。侵权人在电子商务交易平台上销售标有专利标记的非专利产品的；在专利权被撤销或者被宣告无效后、专利权届满或者终止后，继续在电子商务交易平台上销售标有该专利标记产品的，构成冒充专利行为。冒充专利行为虽然并未侵犯他人专利权，但是侵犯了消费者的知情权，也是一种违法行为。

（4）电子商务平台经营者共同的专利侵权。电子商务平台通常对网络商户的侵权行为不具有预见和避免的能力，因此，"避风港原则"和"红旗原则"同样适用于电子商务平台经营者对于电子商务平台内经营者有关专利侵权投诉的处置。电子商务平台经营者在接到权利人的有效通知后采取删除、屏蔽、断开侵权链接等措施的，可以受到"避风港原则"的保护。但如果有证据证明电商交易平台"知道或应当知道"其所提供的网络服务存在专利侵权事实，而仍然为侵权行为人提供网络服务或者没有采取必要的措施，则应当与网络商户承担共同侵权责任。

（三）电子商务专利权保护

《电子商务法》第五十九条规定："电子商务经营者应当建立便捷、有效的投诉、举报机制，公开投诉、举报方式等信息，及时受理并处理投诉、举报。"目前，我国主要的电子商务交易平台均制定发布了平台市场管理与违规处理规范。例如淘宝网的《淘宝网市场管理与违规处理规范》第三十五条将不当使用他人商标权、著作权、专利权等权利认定为不当使用他人权利行为，淘宝网视情节严重程度可采取下架商品、删除商品、删除店铺相关信息、限制发布商品、监管账户、查封账户等措施。

随着电子商务的快速发展，电子商务平台内的专利侵权现象时有发生。相比传统的专利侵权模式，平台内的专利侵权更隐蔽，举证更困难。电子商务争议可以通过协商和解，请求消费者组织、行业协会或者其他依法成立的调解组织调解，向有关部门投诉，提请仲裁或者提起诉讼等方式解决。

知识拓展 4-5

中国电子商务领域专利执法维权协作调度（浙江）中心

浙江省作为我国电子商务发达的地区，高度重视电子商务领域的专利保护力度，率先出台了《浙江省电子商务领域专利保护专项行动实施方案》。浙江省知识产权局与阿里巴巴签订了《知识产权保护合作备忘录》，共同推进电商领域专利保护实践工作。此外，国家知识产权局在浙江成立了中国电子商务领域专利执法维权协作调度（浙江）中心，建立了全国各省知识产权执法主体与浙江省内电子商务平台之间的协作机制。

该中心可将接收的浙江省内电子商务平台上的专利侵权举报投诉案件，分送全国知识产权维权援助中心协助办理，相应知识产权维权援助中心配合尽快给出咨询意见书；各地方知识产权局对于电子商务领域的案件，应在接到协助执行书后快速提供协助，对具有重大社会影响或群体性的专利侵权案件，由国家知识产权局协调处理；对于线上查实的专利侵权假冒案件，可由该中心通过电子商务平台确认被请求人的详细信息，及时将案件线索移送有管辖权的地方知识产权局进行线下办理，从源头打击专利侵权假冒行为。

思维导图实训 4-2

使用与保护著作权、商标权、专利权

请同学们结合"使用与保护著作权、商标权、专利权"相关知识点，参考以下思维导图，分组训练。

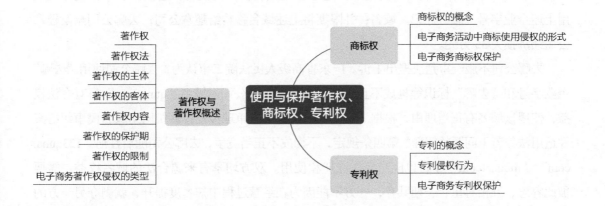

任务三　管理与保护互联网域名

项目四

任务描述

"去哪儿（qunar.com）"和"去哪网（quna.com）"域名之争

2005年5月9日，庄某注册了"qunar.com"域名并创建了"去哪儿"网。北京趣拿信息技术有限公司（以下简称"趣拿公司"）于2006年3月17日成立后，"qunar.com"域名由庄某转让给该公司。经过多年使用，"去哪儿""去哪儿网""qunar.com"等服务标识成为知名服务特有名称。

广州市去哪信息技术有限公司（以下简称"去哪公司"）的前身成立于2003年12月10日，后于2009年5月26日变更为现名，经营范围与趣拿公司相近。2003年6月6日，"quna.com"域名登记注册，后于2009年5月转让给去哪公司。去哪公司随后注册了"123quna.com""mquna.com"域名，并使用"去哪""去哪儿""去哪网""quna.com"名义对外宣传和经营。

趣拿公司以去哪公司上述行为构成不正当竞争为由，请求判令去哪公司停止不正当竞争行为并赔偿损失300万元等。

广州市中级人民法院一审认为，去哪公司使用"去哪""去哪儿""去哪网""quna.com"服务标记的行为构成对趣拿公司知名服务特有名称的侵害，去哪公司在其企业字号中使用"去哪"字样的行为构成不正当竞争，去哪公司使用"quna.com""123quna.

com""mquna.com"域名的行为构成对趣拿公司域名权益的侵害。遂判决去哪公司停止使用上述企业字号、服务标记、域名，并限期将上述域名移转给趣拿公司；去哪公司赔偿趣拿公司经济损失35万元。

去哪公司不服一审判决提出上诉。广东省高级人民法院二审认为，去哪公司使用"去哪"企业字号和"去哪"标识等构成不正当竞争行为。去哪公司对域名"quna.com"享有合法权益，使用该域名有正当理由，根据《最高人民法院关于审理涉及计算机网络域名民事纠纷案件适用法律若干问题的解释》第四条规定，不构成不正当竞争，去哪公司随后注册"123quna.com""mquna.com"域名也应当允许注册和使用。双方均享有来源合法的域名权益，需要彼此容忍、互相尊重、长期共存，一方不能因为在经营过程中知名度提升，就剥夺另一方的生存空间；另一方也不能恶意攀附知名度较高方的商誉，以谋取不正当的商业利益。据此，去哪公司虽然有权继续使用"quna.com"等域名，但是也有义务在与域名相关的搜索链接及网站上加注区别性标识，以使消费者将上述域名与趣拿公司"去哪儿""去哪儿网""qunar.com"等知名服务特有名称相区分。二审法院维持了一审判决关于去哪公司停止使用"去哪"企业字号及"去哪"等标识的判项；撤销了去哪公司停止使用"quna.com"等域名并限期将上述域名移转给趣拿公司的判项，并将赔偿数额相应调整为25万元。

本案区分了域名近似与商标近似判断标准的不同，以及权利冲突处理原则。去哪公司使用了先注册的域名"quna.com"，趣拿公司经营的"去哪网"属于知名服务的特有名称，并注册了域名"qunar.com"。两个域名仅相差一个字母"r"，构成相近似的域名，但法院认为可以长期共存，依据：一是域名具有全球唯一性，由于域名有长度限制，全球域名注册的最大容量不超过43亿，如果规定近似域名不得注册，从经济学角度看是没有效益的；二是域名由计算机系统识别，计算机对非常相似的域名也可以精确地区分开来，绝不会出现混淆情况。电子技术手段和感觉感官在精确性上的巨大差异是造成域名近似与商标近似判断标准不同的主要原因。

请思考：

1. 什么是域名？
2. 电子商务中的域名侵权行为有哪些？

任务分解

1. 了解域名的定义与特征。
2. 了解域名的侵权形式和法律保护。

一、互联网域名及其管理

（一）互联网域名的定义

域名，又称网域，是由一串用点分隔的名字组成的互联网上某一台计算机或计算机组的名称，用于在数据传输时对计算机的定位标识。由于 IP（互联网协议）地址具有不方便记忆并且不能显示地址组织的名称和性质等缺点，人们设计出了域名，并通过网域名称系统来将域名和 IP 地址相互映射，使人们更方便地访问互联网，而不用去记住能够被机器直接读取的 IP 地址数串。

知识拓展 4-6

域 名 注 册

域名的注册依管理机构不同而有所差异。一般来说，".com"注册用户为公司或企业，".org"为社团法人，".edu"为教育单位，".gov"为政府机构。

申请者申请注册域名时，可以通过域名注册查询联机注册、电子邮件等方式向域名注册服务机构递交域名注册申请表，提出域名注册申请，并且与域名注册服务机构签订域名注册协议。

域名的注册遵循先申请先注册原则，管理机构对申请人提出的域名是否违反了第三方的权利不进行任何实质审查。同时，每一个域名注册查询都是独一无二、不可重复的。因此域名是一种相对有限的资源。

（二）域名的法律特征

（1）标识性。域名产生的基础是为了在互联网上区分各个不同组织与机构，即计算机用户。正如自然人以自己的姓名来相互识别一样，在互联网上不同的组织机构是以各自的域名来标识自身而相互区别的。

（2）唯一性。为了保证域名标识作用的发挥，域名必须在全球范围内具有唯一性。

（3）排他性。由于互联网是覆盖全球的，使用范围的广泛性决定了域名必须具有绝对的排他性。在互联网上使用域名必须先申请注册，申请注册遵循"先申请先注册"的原则，即只有欲申请注册的域名不与已注册的所有域名相同，才能获得有效注册，一旦获得注册，它就必须排除此后欲申请注册的与此相同的域名。可见，域名的排他性是其唯一性的进一步延展和必要保证。域名的唯一性是全球范围的，因此其排他性也必须是全球性的、绝对的。

（三）域名管理

1. 管理机构

中国互联网络信息中心负责管理维护中国互联网地址系统，其主要职责包括以下几部分：①运行、维护和管理我国国家顶级域名 CN 和中文域名系统，维护域名数据库，保证域名系统安全可靠地运行；②运行、维护和管理 CN 域名和中文域名根服务器；③按照《中国互联网络域名管理办法》制定 CN 和中文域名注册管理实施细则；④制定具体的域名运行管理费用收费办法；⑤根据域名管理工作的进展提出域名管理政策建议；⑥按照非歧视原则选择域名注册服务机构，并对域名注册服务机构的域名注册服务进行监督管理；⑦指定中立的第三方域名争议解决机构解决域名争议。

2. 管理制度

2018 年 8 月 25 日，国务院颁布了《国务院办公厅关于加强政府网站域名管理的通知》，该通知从健全政府网站域名管理体制，进一步规范政府网站域名结构、优化政府网站域名注册注销等流程，加强域名安全防护及监测处置工作四个方面对加强政府网站域名管理提出了要求。

3. 法律法规及司法解释

与域名有关的权利面临与商标权、地理标志、姓名权、厂商名称权等众多既有权利的冲突，这类纠纷可以使用《商标法》《著作权法》《反不正当竞争法》加以调整，其中以与商标权的冲突最为突出。

《最高人民法院关于审理涉及计算机网络域名民事纠纷案件适用法律若干问题的解释》第四条对域名侵权的构成做出了规定，对于同时满足四个要件的域名注册使用行为应认定为侵权或不正当竞争。

2014 年 9 月 1 日，为了解决互联网域名争议，中国互联网信息中心发布了《中国互联网络信息中心域名争议解决办法》，明确了域名争议的受理时效和恶意注册的概念，区分了商标使用权与域名使用权。

（四）电子商务中的域名侵权与保护

1. 电子商务中的域名侵权行为

（1）将与他人驰名商标相同或近似文字注册为域名。

案件直击 4-4

驰名商标域名抢注不正当竞争案

2002 年，宝洁公司起诉上海晨铉智能科技发展有限公司（以下简称晨铉公司）恶意抢注

"safeguard.com.cn"域名，宝洁公司认为自己是"safeguard""舒肤佳"等商标的注册人，且这些商标享有很高知名度。晨铉公司却将"safeguard"商标注册在其域名中，明显是恶意注册和"搭便车"的不正当竞争行为。晨铉公司辩称"safeguard"商标并非驰名商标，且自己公司的经营范围中包括"安防系统的设计安装维修"，"安防"的英文表述为"safeguard"，所以，其注册"safeguard.com.cn"域名属善意在先注册，并非恶意抢注行为。

法院判定宝洁公司"safeguard"注册商标应当被认定为在市场上享有较高声誉并为相关公众所熟知的注册商标。晨铉公司在申请注册"safeguard"为其三级域名前，对"safeguard"本身并不享有任何合法的权利和利益，且应当知道"safeguard"商标在市场上享有的优良信誉和广泛知名度。晨铉公司的注册行为，阻止了原告将其"safeguard"商标在com.cn中注册为三级域名的可能，应当认定晨铉公司行为属恶意注册，构成不正当竞争，故判决晨铉公司注册的"safeguard.com.cn"域名无效，应立即停止使用。

请问：将商标注册为域名使用是否受法律保护？

（2）将与他人注册商标相同或者近似文字注册为域名。

将与他人注册商标相同或者近似文字注册为域名，并且通过该域名进行相关商品交易的电子商务，容易使相关公众产生误认的，属于《商标法》第五十七条第七项规定的给他人注册商标专用权造成其他损害的行为。

在先商标起诉在后域名侵权为商标与域名冲突的常见形式，其解决原则通常为保护在先权利，同时考察在后权利是否主观上是恶意的、是否会造成相关公众误认。如果不符合上述原则，则不构成侵犯他人商标权。

課堂討論 4-4

孔网时代科技有限公司（以下简称孔网公司）持有"kongfz"域名，而北京老派农计算机技术有限公司（以下简称老派农公司）持有"kongfz"商标，为此，老派农公司将孔网公司诉至法院，要求其停止使用被诉侵权域名，停止将"kongfz"作为网站名称，并赔偿其经济损失及合理费用 500 余万元。

北京市海淀区人民法院审理认为，我国域名管理实行"先申请先注册"原则，孔网公司分别于 2002 年和 2003 年注册了以"kongfz"为主体的域名，且相关域名已获得一定知名度，而原告的"kongfz"商标于 2011 年被核准注册，在此情况下，不能认定孔网公司对相关域名的注册使用存在侵权恶意，也不会造成相关公众的误认。据此，法院判决驳回老派农公司的诉讼请求。

讨论：域名与他人注册商标相同构成侵权吗？商标权与域名权有何区别？应如何保护域名权？

域名与商标的区别

域名与商标都具有标识性和排他性，并且都具有广告宣传的功能，这是它们的共同之处。域名与商标有以下几点区别：

1. 两者适用的对象不同

商标是用来标识商品或服务的，只能用在商品或服务上；域名是用来标识计算机用户的，计算机用户不是商品。

2. 两者标识性的基础不同

商标的标识性源于其显著性，当不同法律主体生产或经营的商品或服务根本不同时，两个或两个以上完全相同的商标可以同时获得注册。域名的标识性是由它的唯一性来保障的。不论法律主体从事的业务属何种类，也不论是否分别处于不同的国家或地区，都不能注册相同的域名。

3. 两者排他性的基础不同

已注册商标在不同种类的商品或服务上，或在申请注册的地域范围之外，或是超出注册的有效期，其排他性灭失，商品种类、地域性、时效性是商标排他性的依据，并且这种排他性是相对的。已注册域名只要按时缴纳维护费就可以在全球范围内，无限期地与所有已注册或将注册的域名相排斥，既无地域性也无时效性，且是绝对的。唯一性和"先申请先注册"原则是域名排他性的基础。

4. 两者取得的原则不同

商标取得的原则因国家而异，有的国家采取注册在先原则，有的国家采取使用在先原则，有的国家则采取混合原则。域名采取注册在先原则，不先注就不得在互联网上使用。

（3）域名之间的模仿行为。域名模仿是指针对一些知名网站的域名稍加改动再行注册，引起公众混淆的不正当行为。

2. 电子商务中域名的保护

（1）申请仲裁。《中国互联网络信息中心域名争议解决办法》规定，域名争议由中国互联网络信息中心认可的争议解决机构受理解决。争议解决机构实行专家组负责争议解决的制度。专家组由一名或三名掌握互联网络及相关法律知识，具备较高职业道德，能够独立并中立地对域名争议作出裁决的专家组成。域名争议解决机构通过在线方式公布可供投诉人和被投诉人选择的专家名册。任何人认为他人已注册的域名与其合法权益发生冲突的，均可以向争议解决机构提出投诉。争议解决机构受理投诉后，应当按照程序规则的规定组成专家组，并由专

微课4-3
网络域名的法律
保护

家组根据本办法及程序规则，遵循"独立、中立、便捷"的原则，在专家组成立之日起14日内对争议做出裁决。

（2）提起诉讼。根据《最高人民法院关于审理涉及计算机网络域名民事纠纷案件适用法律若干问题的解释》规定，涉及域名的侵权纠纷案件，由侵权行为地或者被告住所地的中级人民法院管辖。对难以确定侵权行为地和被告住所地的，原告发现该域名的计算机终端等设备所在地可以视为侵权行为地。

涉外域名纠纷案件包括当事人一方或者双方是外国人、无国籍人、外国企业或组织、国际组织，或者域名注册地在外国的域名纠纷案件。在中华人民共和国领域内发生的涉外域名纠纷案件，依照民事诉讼法的规定确定管辖。

德法课堂4-3

域 名 抢 注

在实务中有两种意义上的域名抢注：一种是域名的注册者预见到该域名潜在的价值，抢先把该域名注册下来，主要是对知名品牌、知名团体或个人的名称、商标等进行抢注。知名企业CN域名遭抢注的事件屡屡发生，涉及恒源祥、白猫、海狮、南极人、红双喜、三枪等品牌。

另一种是对一个曾经被注册过的域名进行抢注。一般来说，一个被注册过的域名，如果未能够在有效期结束前及时续费，则会在一段时间后被删除。抢注者往往在域名被删除后的第一时间内抢先注册该域名。例如，北京吉普CN域名"jeep.cn"因未续费而遭他人抢注。

案例分析：域名抢注后是否受到法律保护？

要点提示

域名抢注不受法律保护。根据案例分析，培养诚实守信的品质和维护市场秩序的意识。

思维导图实训4-3

管理与保护互联网域名

请同学们结合"管理与保护互联网域名"相关知识点，参考以下思维导图，分组训练。

项目四

✨ 项目同步练习

一、单选题

1. 网络著作财产权的保护期为作者终生及其死亡后（　　　）。

    A. 50 年　　　　　　　　B. 20 年　　　　　　　　C. 30 年　　　　　　　　D. 40 年

2. 根据《中国互联网络域名管理办法》的规定，（　　　）负责域名的管理工作。

    A. 工业和信息化部　　　　　　　　　　　　B. 国家新闻出版广电总局

    C. ICANN　　　　　　　　　　　　　　　D. 中国互联网络信息中心

3. 注册商标的有限期为 10 年，自（　　　）起计算。

    A. 使用之日　　　　　　　　　　　　　　B. 申请之日

    C. 审查之日　　　　　　　　　　　　　　D. 核准注册之日

4. 以下属于网络作品著作财产权的是（　　　）。

    A. 发表权　　　　　　　　　　　　　　　B. 署名权

    C. 信息网络传播权　　　　　　　　　　　D. 维修权

5. 以下使用作品的行为，可以不经著作权人许可且不必支付报酬的是（　　　）。

    A. 将少数民族文字作品翻译成汉字出版发行

    B. 将他人已出版的教材复制后卖给学生

    C. 为介绍某一作品而适当引用

    D. 为希望工程捐款的义演表演已发表作品

二、多选题

1. 《商标法》规定禁止作为商标使用的标志有（　　　）。

    A. 与"红新月"相同文字　　　　　　　　B. 同外国军旗近似的图形

    C. 本商品的通用名称　　　　　　　　　　D. 夸张的图形

2. 著作权法所保护的作品有很多种，其中包括（　　　）。

    A. 文字作品　　　　　　　　　　　　　　B. 产品设计图

    C. 地图　　　　　　　　　　　　　　　　D. 通用数表和公式

3. 专利权客体即专利权的保护对象包括（　　　）。

    A. 发明　　　　　　B. 实用新型　　　　　　C. 外观设计　　　　　　D. 作品

4. 下列属于著作权中的人身权的有（　　　）。

    A. 发表权　　　　　　B. 署名权　　　　　　C. 修改权　　　　　　D. 复制权

5. 根据《专利法》的规定，下列各项中，能被授予专利权的有（　　　）。

    A. 新的昆虫品种　　　　　　　　　　　　B. 调味品

    C. 诊断肝炎的方法　　　　　　　　　　　D. 杂交水稻新品种

三、判断题

1. "真皮"可以作为皮鞋的注册商标。 （　　）

2. 甲发明的治疗糖尿病的特有方法不能被授予专利。 （　　）

3. 我国实用新型专利保护期限是 20 年。 （　　）

4. 时事新闻不享有著作权。 （　　）

5. 作者的署名权、修改权、保护作品的完整权的保护期没有限制。 （　　）

四、综合案例分析

公诉机关指控：自 2013 年 11 月底至 2014 年 6 月期间，被告人郭某升为谋取非法利益，伙同被告人郭某锋、孙某标在未经三星（中国）投资有限公司许可的情况下，从他人处批发假冒三星手机裸机及配件进行组装，利用其在淘宝网上开设的"三星数码专柜"网店进行"正品行货"宣传，并以明显低于市场的价格公开对外销售，共计销售假冒的三星手机 20 000 余部，销售金额 2 000 余万元，非法获利 200 余万元，应当以假冒注册商标罪追究其刑事责任。被告人郭某升在共同犯罪中起主要作用，系主犯，应从重处罚。被告人郭某锋、孙某标在共同犯罪中起辅助作用，系从犯，应当从轻处罚。

被告人郭某升、郭某锋、孙某标及其辩护人对其未经"SAMSUNG"商标注册人授权许可，组装假冒的三星手机，并通过淘宝网店进行销售的犯罪事实无异议，但对非法经营额、非法获利提出异议，辩解称其淘宝网店存在请人刷信誉的行为，真实交易量只有 10 000 多部。

法院经审理查明："SAMSUNG"是三星电子株式会社在中国注册的商标，该商标有效期至 2021 年 7 月 27 日；三星（中国）投资有限公司是三星电子株式会社在中国投资设立，并经三星电子株式会社特别授权负责三星电子株式会社名下商标、专利、著作权等知识产权管理和法律事务的公司。2013 年 11 月，被告人郭某升通过网络中介购买店主为"汪 X"，账号为"play201X-198x"的淘宝店铺，并改名为"三星数码专柜"，在未经三星（中国）投资有限公司授权许可的情况下，从深圳市华强北远望数码城、深圳福田区通天地手机市场批发假冒的三星 I8552 手机裸机及配件进行组装，并通过"三星数码专柜"在淘宝网上以"正品行货"进行宣传、销售。被告人郭某锋负责该网店的客服工作及客服人员的管理，被告人孙某标负责假冒的三星 I8552 手机裸机及配件的进货、包装及联系快递公司发货。

请问：

1. 以上三人是否构成对三星商标的侵权？

2. 如果构成侵权应当承担哪些责任？

电子商务市场规制法律实务

知识目标　✓

1. 了解电子商务消费者权益保护的相关法律
2. 理解电子商务消费者权益与经营者义务
3. 理解电子商务平台垄断行为及其法律责任
4. 熟悉侵害电子商务消费者权益的主要表现形式
5. 熟悉电子商务领域不正当竞争行为及法律责任

能力目标　✓

1. 具备独立分析电子商务消费市场法律风险的能力
2. 具备运用法律知识解决电子商务消费者纠纷的能力
3. 具备辨识电子商务领域不正当竞争行为的能力

素养目标　✓

1. 培养在从事电子商务市场行为时能遵守市场规则的意识
2. 培养自觉维护社会公共利益的责任感，提升维护自身权利的尊严感、成就感

学习参考法律法规　✓

《中华人民共和国消费者权益保护法》

《中华人民共和国产品质量法》

《中华人民共和国广告法》

《中华人民共和国网络安全法》

《中华人民共和国反垄断法》

《中华人民共和国反不正当竞争法》

项目背景

　　随着网络的快速发展，掌握海量数据和流量的电子商务平台拥有很强的议价能力，消费者处于相对弱势地位。从平台搭售商品必须有显著提示的规定，到保证押金顺利退还的要

求；从进一步强化用户个人信息保护，到防止"大数据杀熟"的相应条款，这些法律规范既是对消费者权益的保护，也是在营造并维护更公平、更健康的电子商务市场环境。

本项目以电子商务市场规制为基础进行任务分解：一是了解电子商务消费市场法律法规及维护消费者权益与解决争议的途径；二是了解电子商务领域中不正当竞争与垄断的表现形式及法律责任；三是能够在电子商务活动中自觉抵制扰乱市场秩序的行为，并能自觉维护社会公共利益。

导入案例

齐某诉罗某网络信息购物合同纠纷案

罗某在某网络购物平台开设有网络店铺，从事某品牌电动摩托车锂电池的销售经营活动。罗某在其网络店铺销售商品时对外宣称，商品"签收 15 天内支持免费退换货，半年内质量问题换新，两年保修"。齐某在罗某的网络店铺购买了前述品牌的电动摩托车锂电池，使用三个月后发现存在充电不满等质量问题，便要求罗某按销售承诺为其更换新电池。罗某经检查确认交付的锂电池确实存在质量问题后，同意为齐某更换新的电池。更换电池后，齐某仍发现存在同样的质量问题，通过平台与罗某协商，罗某明确此前并未给齐某换新电池，仅更换了电芯，并以销售承诺中的"换新"仅指"换新电芯"为由，拒绝为齐某更换全新的电池。齐某因此诉至法院，请求判令解除与罗某的信息网络购物合同，并由罗某退还已支付的商品价款。

案例思考：

1. 本案中，罗某的行为是否侵害了齐某的利益？
2. 本案中，法院判定罗某违约和承担相应责任的依据是什么？

项目五

任务一　保护电子商务消费者权益

任务描述

李某在 M 书店经营的网络店铺付款 22 172 元购买书籍，因该电商平台关联的银行账户额度所限，经与店铺客服沟通后，李某通过平台付款 10 172 元，向店铺客服赵某微信转账 12 000 元。2019 年 8 月 25 日李某告知赵某书单有变化，待确定后再发货，赵某表示同意。

后双方对购买商品品种和数量做了变更，交易价格变更为 1 223 元。M 书店将通过平台支付的 10 172 元退还给李某，但通过微信支付给赵某的款项扣除交易价款后尚有 10 777 元未退回。多次要求退款无果后，李某将 M 书店诉至法院，请求退还购书款。

请思考：在本案中，李某将 M 书店诉至法院，请求退还购书款的要求是否合法？

任务分解

1. 分析电子商务消费者的权利。
2. 辨析侵害电子商务消费者权益的形式。
3. 保护电子商务消费者权益。

知识精讲

一、电子商务消费者

消费者权益保护法的立法宗旨在于维护社会经济秩序，保护消费者的合法权益。在市场交易活动中，消费者往往处于相对弱势的地位，需要法律为其消费活动提供制度保障。

（一）电子商务消费者的定义

《中华人民共和国消费者权益保护法》（以下简称《消费者权益保护法》）第二条规定："消费者为生活消费需要购买、使用商品或者接受服务，其权益受本法保护。"这里的消费者仅指生活消费者，即为了满足生活需要而直接购买、使用商品或接受服务的公民个人，主要包括：①购买者，即购买商品为己所用的消费者；②商品的使用者，即不是直接购买商品为己所用的消费者；③接受服务者；④第三人，即在别人购买、使用商品或接受服务的过程中受到人身或财产损害的其他消费者。生产消费者不包括在内。

电子商务的出现，改变了传统的消费方式和环境，但并没有改变法律对消费者的权益保护。我国《电子商务法》虽然没有直接规定电子商务消费者，但通常电子商务消费者是指为生活消费需要，通过互联网等信息网络购买、使用商品或者接受服务的公民个人。

（二）电子商务消费者的权利

在电子商务中，消费者权益保护具有十分重要的地位。电子商务消费是基于互联网这样一个虚拟环境，其完成的交易是在线交易。电子商务消费者权利是电子商务消费者利益在法律上的体现，主要表现为公平交易权、依法求偿权、获取有关知识权、人格尊严权、监督权等。

1. 公平交易权

消费者享有自愿、平等、公平地在网上购买商品或接受服务的权利。消费者在电子商务消费中，一是有权获得公平交易条件，如有权获得质量保障、价格合理等交易条件；二是有权拒绝经营者的强制交易行为，如强迫消费者购物或接受服务、强迫搭售等。

2. 依法求偿权

消费者在网上购买、使用商品或接受服务时，面临着生命健康、人格方面的姓名权、名誉权、荣誉权等权利侵害，也面临着财物被毁损等直接财产侵害或因侵害住院导致的劳动收入减少等间接财产权侵害。对于这些侵害所造成的损失，有依法请求补偿或赔偿的权利。

3. 获取有关知识权

消费者享有获取有关消费和消费者权益保护方面的知识的权利。这种权利有利于提高消费者的自我保护能力，可以使消费者合法权益受到侵害时，有效地寻求解决消费纠纷的途径，及时获得赔偿。

4. 人格尊严权

在市场交易过程中，人格尊严权是消费者应享有的最起码的权利，包括姓名权、名誉权、荣誉权、肖像权等。

5. 监督权

消费者享有对商品和服务以及保护消费者权益工作进行监督的权利，具体表现为有权检举、控告侵害消费者权益的行为；有权检举、控告消费者权益的保护者的违法失职行为；有权对保护消费者权益的工作提出批评、建议。

案件直击 5-1

二手物品交易纠纷案

王某为求学所需，在某二手交易平台上从陈某处下单购买某品牌笔记本电脑一台，收货后发现该电脑外观磨损严重，无法正常充电使用，后送至官方售后检测发现电脑内部电池鼓胀、有非官方拆改和非原厂部件，与陈某所称的"95成新"明显不符，王某联系陈某退货退款遭拒。王某认为陈某构成欺诈，诉至法院请求陈某退款并按照价款三倍赔偿。陈某辩称，其在二手平台处理自用二手物品，不属于消费者权益保护法规定的经营者。

案例讨论：法院是否会支持王某行为？依据是什么？

二、电子商务经营者

（一）电子商务经营者范围

《电子商务法》明确规定，电子商务经营者是指通过互联网等信息网络从事销售商品或者提供服务的经营活动的自然人、法人和非法人组织，包括：①电子商务平台经营者；②平台内经营者；③自建网站、其他网络服务销售商品经营者。非法人组织主要包括个体工商户、农民专业合作社、企业法人分支机构、个人独资企业、合伙企业、营利性社团组织等。

移动互联网应用程序（App）可以视为架设在移动互联网上的自建网站，其后台同样是独立域名、服务器的管理机制，同样需要进行ICP许可备案。因此，App开发者利用App开展电商活动的，是自建网站经营者。在特定的平台环境（社交平台、搜索平台等）中，由经营者利用平台提供的开发工具自行建设维护的，依附于特定平台环境的应用程序，例如微信公众号、微信小程序、百度百家号、百度小程序等，可视为依附于特定平台环境的自建网站，公众号、小程序的开发者利用其开展电商活动的，是依附于特定平台环境的自建网站经营者。

通过其他网络服务从事电商活动，是指依托其他网络服务环境（不以开展经营活动或二手交易活动为主要目的，例如社交、娱乐），利用信息系统自带的信息发布、信息检索、支付结算等功能，持续地销售商品或者提供服务，例如用户在微信、微博、朋友圈中销售商品、网红在短视频平台上发布商品推广链接（广告发布服务）或直接销售商品等。

（二）电子商务经营者义务

在消费领域中，经营者是与消费者相对应的主体，消费者享有的权利一般就是经营者应承担的义务。与《消费者权益保护法》一样，《电子商务法》对电子商务经营者的义务进行了详细规定，主要包括以下内容：

（1）自觉履行消费者权益保护义务。经营者应当履行消费者权益保护、网络安全和个人信息保护等方面的义务，销售的商品或者提供的服务应当符合保障人身、财产安全的要求。

（2）消费者知情权保障义务。针对刷销量、刷好评、删差评等"刷单""炒信"问题，《电子商务法》规定："电子商务经营者应当全面、真实、准确、及时地披露商品或者服务信息，保障消费者的知情权和选择权。电子商务经营者不得以虚构交易、编造用户评价等方式进行虚假或者引人误解的商业宣传，欺骗、误导消费者。"对违反规定情形的经营者给予严格的行政处罚。

（3）向消费者提供搜索结果和发送广告义务。经营者根据消费者的兴趣爱好、消费习惯等特征向其提供商品或者服务的搜索结果的，应当同时向该消费者提供不针对其个人特征的选项，尊重和平等地保护消费者合法权益。经营者向消费者发送广告的，应当遵守《广告法》的有关规定。

（4）搭售提示义务。经营者搭售商品或者服务，应当以显著方式提请消费者注意，不得将搭售商品或者服务作为默认同意选项。

（5）依承诺或约定交付义务。经营者应当按照承诺或者与消费者约定的方式、时限向消费者交付商品或者服务。

（6）合理退还押金义务。经营者按照约定向消费者收取押金的，应当明示押金退还的方式、程序，不得对押金退还设置不合理条件。消费者申请退还押金，符合押金退还条件的，应当及时退还。

（7）明示用户自身信息处置方式义务。经营者应当明示用户信息查询、更正、删除以及用户注销的方式、程序，不得设置不合理条件。

（8）公平订立合同义务。经营者发布的商品或者服务信息符合要约条件的，用户选择该商品或者服务并提交订单成功的，合同成立。不得以格式条款方式约定消费者支付价款后合同不成立。

（9）承担先行赔偿责任。消费者要求经营者承担先行赔偿责任以及经营者赔偿后向平台内经营者的追偿，适用《消费者权益保护法》的有关规定。

（10）建立便捷投诉、举报机制。经营者应当建立便捷、有效的投诉、举报机制，公开投诉、举报方式等信息，及时受理并处理投诉、举报。经营者可以建立争议在线解决机制，制定并公示争议解决规则，根据自愿原则，公平公正地解决当事人的争议。

消费者在电子商务平台购买商品或者接受服务，与平台内经营者发生争议时，电子商务平台经营者应当积极协助消费者维护合法权益。

知识拓展 5-1

国际消费者权益日

国际消费者权益日（World Consumer Rights Day）：国际消费者联盟组织于1983年确定每年的3月15日为国际消费者权益日，目的在于扩大消费者权益保护的宣传，使消费者权益在世界范围内得到重视，并促进各国和地区消费者组织之间的合作与交往，在国际范围内更好地保护消费者权益。

（三）电子商务平台经营者义务

电子商务平台经营者，是指在电子商务中为交易双方或者多方提供网络经营场所、交易撮合、信息发布等服务，供交易双方或者多方独立开展交易活动的法人或者非法人组织。其主要义务如下：

（1）主体审核和信息报送义务。经营者应当要求申请进入平台销售商品或者提供服务的经营者提交其身份、地址、联系方式、行政许可等真实信息，进行核验、登记，建立登记档案，定期核验更新，并向市场监管部门和税务部门报送相关信息。这种信息报送，是平台经营者配合主管部门履行监督和管理职责的表现。

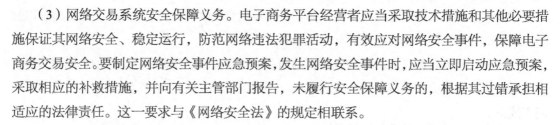

微课5-1
自动续费侵害
消费者权益

（2）协作监管义务。经营者发现平台内经营者从事依法应当取得相关行政许可的经营活动而未取得行政许可的，或者销售、提供法律、行政法规禁止交易的商品或服务的，应当依法采取必要的处置措施，并向有关主管部门报告。

（3）网络交易系统安全保障义务。电子商务平台经营者应当采取技术措施和其他必要措施保证其网络安全、稳定运行，防范网络违法犯罪活动，有效应对网络安全事件，保障电子商务交易安全。要制定网络安全事件应急预案，发生网络安全事件时，应当立即启动应急预案，采取相应的补救措施，并向有关主管部门报告，未履行安全保障义务的，根据其过错承担相适应的法律责任。这一要求与《网络安全法》的规定相联系。

（4）交易信息记录保存义务。经营者应当记录、保存平台上发布的商品和服务信息、交易信息，并确保信息的完整性、保密性、可用性。商品和服务信息、交易信息保存时间自交易完成之日起不少于三年。

（5）信息持续公示义务。电子商务平台经营者应当在其首页显著位置持续公示平台服务协议和交易规则信息或者上述信息的链接标识，并保证经营者和消费者能够便利、完整地阅览和下载。电子商务平台经营者修改平台服务协议和交易规则，应当在其首页显著位置公开征求意见，采取合理措施确保有关各方能够及时充分表达意见。修改内容应当至少在实施前七日予以公示。

（6）自营与他营业务显著区分义务。电子商务平台经营者在其平台上开展自营业务的，应当以显著方式区分标记自营业务和平台内经营者开展的业务，不得误导消费者。电子商务平台经营者对其标记为自营的业务依法承担商品销售者或者服务提供者的民事责任。

（7）民事侵权连带责任。电子商务平台经营者知道或者应当知道平台内经营者销售的商品或者提供的服务不符合保障人身、财产安全的要求，或者有其他侵害消费者合法权益行为，未采取必要措施的，依法与该平台内经营者承担连带责任。

对关系消费者生命健康的商品或者服务，电子商务平台经营者对平台内经营者的资质资格未尽到审核义务，或者对消费者未尽到安全保障义务，造成消费者损害的，依法承担相应的责任。

（8）建立信用评价机制义务。经营者应当建立健全信用评价制度，公示信用评价规则，为消费者提供对平台内销售的商品或者提供的服务进行评价的途径。经营者不得删除消费者对其平台内销售的商品或者提供的服务的评价。除了制定服务协议与交易规则，平台经营者还应对平台内经营者开展信用评价，进行信用管理。

（9）搜索结果显示和竞价排名标示义务。经营者应当根据商品或者服务的价格、销量、信用等以多种方式向消费者显示商品或者服务的搜索结果；对于竞价排名的商品或者服务，应当显著标明"广告"。同时，经营者必须依据商品的销量、价格、信用等多种方式，向消费者展示搜索结果，这在一定程度上约束了经营者利用其提供的搜索服务来垄断和控制信息展示渠道的影响力。

（10）保护知识产权责任和义务。经营者应当建立知识产权保护规则，与知识产权权利人加强合作，依法保护知识产权。对于知道或者应当知道平台内经营者侵犯知识产权的，应当采取删除、屏蔽、断开链接、终止交易和服务等必要措施；未采取必要措施的，与侵权人承担连带责任。

德法课堂 5-1

网络消费格式条款中与消费者有重大利害关系内容应提示

邬某通过 A 公司经营的旅游 App 预订境外客房，支付方式为"到店支付"，订单下单后即被从银行卡中扣除房款，后原告未入住。原告认为应当到店后付款，A 公司先行违约，要求取消订单。A 公司认为其已经在服务条款中就"到店支付"补充说明"部分酒店住宿可能会对您的银行卡预先收取全额预订费用"，不构成违约，拒绝退款。邬某将 A 公司起诉至法院，请求判令退还预扣的房款。

案例分析：某旅游 App 经营公司的行为是否侵犯了邬某的权利？本案应如何处理？

要点提示

依据相关法条进行案例分析，培养诚信意识，增强维护自身权利的尊严感、成就感。

三、侵害电子商务消费者权益的主要表现形式

《电子商务法》第十七条规定："电子商务经营者应当全面、真实、准确、及时地披露商品或者服务信息，保障消费者的知情权和选择权。电子商务经营者不得以虚构交易、编造用户评价等方式进行虚假或者引人误解的商业宣传，欺骗、误导消费者。"

（一）侵害消费者的安全权

安全权是消费者的最基本权利，对消费者安全权的侵害是电子商务中面临的最大问题，包括以下方面：

（1）财产安全权的侵害。电子商务中，消费者往往要通过电子支付方式完成交易，这就要求消费者必须拥有电子账户，从而将个人财产的安全权交给了网络，以至于黑客侵入系统，修改账户，划走消费者资金。

（2）隐私权的侵害。消费者在进行电子商务交易时，往往被要求提供详细的个人资料、通信方式、个人消费习惯和偏好，甚至包括信用卡号及密码。几乎所有的电子商务网站在程序设计上都设定了如果不输入这些信息，就无法进行下一步的交易。但这些信息都属于个人隐私，消费者在向经营者提供这些信息时就等于将自己的隐私告知了对方。实际中，经营者往往未经消费者同意就利用这些信息进行商业活动。更有甚者，一些无法继续经营的网站就是靠出卖客户信息来维系网站生存的，这严重侵害了消费者的隐私权。

（3）商品内容即电子商务客体对消费者的侵害。电子商务的开放性使任何人只要进行注册就可以进行浏览和交易，从而使针对特殊人群的商品信息也为一般消费者所获得。特别体现在色情、暴力等内容对未成年人的危害。

（4）垃圾邮件对消费者的骚扰。电子邮件已成为电子商务经营者的一种成本低廉的促销方式。通过这种方式，经营者向消费者的邮箱发送大量的广告邮件，而且许多垃圾邮件带有病毒，会直接破坏消费者的计算机系统，甚至会导致重要资料的破坏和丢失，影响了消费者正常的生活和工作秩序。

（二）侵害消费者的知情权

电子商务中对消费者知情权的侵害表现在以下方面：

（1）虚假信息。许多经营者有意向消费者提供虚假的商品信息，欺骗消费者。如夸大产品性能和功效、以次充好、虚报价格、虚假服务承诺、漫无边际地夸大产品用途等。

（2）商品信息不全。许多经营者在网上商店展示商品时，会有意或无意地向消费者提供不完整的信息。比较常见的遗漏信息有产品产地、生产日期、保质期、有效期、产品检验合格证明等。

（3）虚假广告。网络广告由于不受时间和地域限制、传输速度快、所受管制约束少等优势，日益受到商家的青睐，成为推介、宣传的必用工具。网络广告也成为消费者网上购物的主要依据，一些经营者通过发布虚假广告，误导消费者。

（4）网络欺诈和非法传销。电子商务为交易提供信息沟通的同时，也为一些经营者发布欺诈性的服务信息和欺诈犯罪活动提供了空间和渠道。

课堂讨论 5-1

2020 年，张某在某电商平台旗舰店定制了三个索菲品牌窗户，总价 12 000 元，并支付了 6 000 元定金。窗户安装好后，张某在查看窗户框架商标时发现安装的窗户并不是原先要求定制的索菲窗户，而是标注"新盾"商标的框架窗户。张某顿觉受到欺骗，多次找旗舰店协商未果后，投诉至消费者协会。

讨论：索菲品牌窗户旗舰店侵犯了消费者的什么权利？

（三）侵害消费者的公平交易权

电子商务中对消费者公平交易权的侵害表现在以下方面：

（1）商品质量、数量、价格与订购时要求不符。在电子商务中，消费者面对的是网络中商品的图像和经营者提供的有关商品信息，而不是商品实物，这就使消费者在网络上实施订购后，还要等待实际交货时才能确认是否与订购的商品一致，从而带来了实际交货商品的质量、数量、价格与所订购的商品不一致的侵权现象。

（2）售后服务难以保证。由于电子商务事实上将经营者虚拟化，经营者作出的售后服务承诺常常难以兑现。而且由于很多售后服务是由生产商提供的，经营者与生产商之间的纠纷往往导致消费者难以享受售后服务。

（3）强制要求接受商品。电子商务交易完成后，如果发现实际商品与订购的商品不一致或者不满意要求退换货时，经营者可能会采用各种方法予以拒绝，甚至对消费者的退换货要求完全不作反应。由于地域原因，消费者退换货的成本高，致使许多消费者选择了"自认倒霉"。消费者对这种权利的放弃，反过来又助长了更多的经营者从事欺诈行为。

（4）物流配送缓慢。电子商务最终都要经过物流配送环节，如配送环节出现问题，就可能导致经营者向消费者承诺的交货时间难以兑现，需要经过较长的等待期。

（四）侵害消费者的选择权

电子商务中对消费者选择权的侵害表现在以下方面：

（1）强制要求接受有关条款。在进行电子商务交易时，往往要签订电子协议，许多经营者就设定一些强制性的条款，消费者即使不同意也必须接受，否则，交易不能进行。比如，强制要求消费者同意网站制定的格式协议；强制要求消费者接受经营者的不合法声明，如"……与本网站无关""本协议的最终解释权归本网站"等，这都使消费者与网站之间存在着严重的信息不对称现象。

（2）强制链接、浏览。经营者为了开展业务，往往与多个网站建立友好链接，这本来是为消费者提供的方便，但是一些经营者却将这种友好链接设定为强制链接，消费者只要登录一个网站，就必须进入其他相关网站浏览。个别网站还强行修改消费者的浏览器设置，将其网站设为主页，使消费者每次上网都必须先浏览其产品。

（3）强制接受付款方式。在传统交易模式下，消费者可以任意选择付款方式，但在电子商务中，一些经营者会强制要求消费者采用网银支付或银行汇款的支付方式，从而侵害了消费者的自主选择权。而通过银行汇款容易出现的问题就是：如果商家收到款不发货，消费者更是投诉无门。

（五）侵害消费者的求偿权

电子商务中对消费者求偿权的侵害表现在以下方面：

（1）找不到侵权方。经营者为了交易方便或其他原因，有时会提供多个网站和网络名称，而且这些网站往往没有进行注册登记，这就导致经营者在实施侵权行为后，消费者和监管部门难以找到现实中的经营者，使消费者的求偿权难实现。

（2）侵权证据难掌握。由于电子数据易于修改，经营者在发现侵权行为被追查时，往往利用技术手段修改或毁灭侵权证据，使消费者和监管部门难以确定数据的真实可靠性，甚至根本就无从取证。

（3）侵权责任难认定。电子商务涉及多个环节，消费者权益被侵害，往往不是某一个环节造成的，各个环节之间的扯皮使侵权责任认定难度增加，影响了消费者求偿权的实现。

（4）侵权赔偿难落实。电子商务打破了地域时空限制，消费者可以与任何国家的任一网站进行电子交易。在实际交易活动中，有时一笔电子商务可能涉及几个国家和地区，此时，消费者的求偿权就可能受到立法差异、管辖权限等方面的阻碍，而这种跨国纠纷的解决是要花费很高成本的，这就使消费者的求偿权更难以实现。

四、消费者的权益保护

（一）争议解决途径

国家保护电子商务消费者的合法权益不受侵害。《电子商务法》第六十条规定："电子商务争议可以通过协商和解，请求消费者组织、行业协会或者其他依法成立的调解组织调解，向有关部门投诉，提请仲裁，或者提起诉讼等方式解决。"

（二）责任主体的确定

消费者通过电子商务平台购买商品或者接受服务，其合法权益受到损害的，可以向电子商务平台内销售者或者服务者要求赔偿。电子商务平台经营者不能提供销售者或者服务者的真实名称、地址和有效联系方式的，消费者也可以向电子商务平台经营者要求赔偿；电子商务平台经营者作出更有利于消费者的承诺的，应当履行承诺。电子商务平台经营者赔偿后，有权向销售者或者服务者追偿。

消费者在电子商务平台购买商品或者接受服务，与平台内经营者发生争议时，电子商务平台经营者应当积极协助消费者维护合法权益。电子商务平台经营者明知或者应知销售者或者服务者利用其平台销售的商品或者提供的服务不符合保障人身、财产安全的要求，或者有其他侵害消费者合法权益行为时，而未采取必要措施的，依法与该销售者或者服务者承担连带责任。

在电子商务争议处理中，电子商务经营者应当提供原始合同和交易记录。因电子商务经营者丢失、伪造、篡改、销毁、隐匿或者拒绝提供前述资料，致使人民法院、仲裁机构或者有关机关无法查明事实的，电子商务经营者应当承担相应的法律责任。

同时，电子商务平台经营者可以建立争议在线解决机制，制定并公示争议解决规则，根据自愿原则，公平、公正地解决当事人的争议。

（三）法律责任

电子商务经营者提供的商品或者服务不符合保障人身、财产安全的要求，依照我国《民法典》《电子商务法》《消费者权益保护法》《产品质量法》《广告法》《网络安全法》《刑法》等相关规定，承担相应的法律责任。

电子商务经营者销售商品或者提供服务，不履行合同义务或者履行合同义务不符合约定，或者造成他人损害的，依法承担民事责任。

对经营者违反《电子商务法》的行为，除承担相应的民事责任外，一些侵害消费者权益的行为，还应承担相应的行政责任，即由市场监督管理部门或有关主管部门给予责令限期改正、没收违法所得，处以罚款；情节严重的，还可以责令停业整顿。

电子商务经营者提供商品或者服务，侵害消费者合法权益，构成犯罪的，依法追究刑事责任。

课堂讨论 5-2

2019 年，郑某与其配偶在某公司开设的照相馆拍摄了一组亲密照。订立合同时，郑某并未同意拍摄作品可由照相馆作商业宣传使用。2019 年 11 月 1 日，某公司在其经营所用的两个微信的朋友圈，使用郑某与其配偶的亲密照宣传业务。郑某认为某公司侵害了其肖像权、隐私权，向人民法院起诉要求某公司赔礼道歉、赔偿损失 72 000 元。

讨论：照相馆的行为是否涉嫌侵权，侵犯了郑某与其配偶什么权利？

保护电子商务消费者权益

请同学们结合"保护电子商务消费者权益"的相关知识点,参考以下思维导图,分组训练。

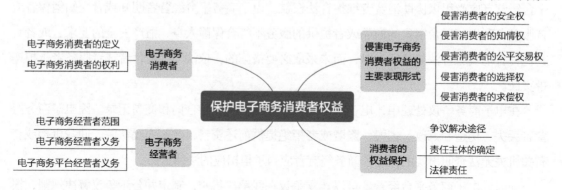

任务二　规范电子商务市场竞争行为

任务描述

2022 年 3 月,吴某清在遵义市播州区组建"工作室",通过某平台向经营者发布"我们可以为商家提供刷销量、好评业务"等信息,以此来招揽业务,并将所招揽的刷单任务发布在"老 K"软件平台。"老 K"平台内的"刷手"接单后模拟正常购物流程在某平台购买需要虚假销量和好评的商品,随后平台商家向"刷手"邮寄纸巾、洗衣粉等廉价小礼品或空包单完成物流过程,物流信息显示签收后,再由"刷手"对该商品进行好评,吴某清对"刷手"的佣金进行抽成,每刷一单获利 2 元。

请思考:

1. 在互联网电商平台中,用户评价是否具有参考意义?
2. 在本案中,吴某清的行为是否侵害了消费者的知情权?

任务分解

1. 理解不正当竞争行为的特征。
2. 能够认定电子商务中的不正当竞争行为。
3. 能够鉴别电商平台的垄断行为。

一、反不正当竞争

不正当竞争是指企业或个人在市场竞争中采取违反法律法规、商业道德和公平竞争原则的手段，以获取不当利益的行为。竞争秩序要求竞争必须是公平的、正当的，如果经营者在市场竞争中采用不正当竞争行为，将会导致竞争机制不能正常发挥，使竞争中的优胜劣汰机制失灵。

1993年9月2日第八届全国人民代表大会常务委员会第三次会议通过了新中国第一部反不正当竞争法律即《中华人民共和国反不正当竞争法》（简称《反不正当竞争法》），自1993年12月1日起施行，2017年11月4日、2019年4月23日全国人民代表大会常务委员会进行了两次修正，2022年11月，我国市场监督管理总局就《中华人民共和国反不正当竞争法（修订草案征求意见稿）》公开征求意见。

反不正当竞争在维护公平竞争中具有基础性关键作用，反不正当竞争对完善社会主义市场经济体制、构建新发展格局、推动高质量发展有重要意义，要充分发挥反不正当竞争在维护公平竞争中的重要作用。

（一）不正当竞争行为特征

1. 违法性

不正当竞争行为的违法性，主要表现为违反了《反不正当竞争法》的规定，既包括违反了第二章关于禁止各种不正当竞争行为的具体规定，也包括违反了第二条规定的"经营者在生产经营活动中，应当遵循自愿、平等、公平、诚信的原则，遵守法律和商业道德"。

虽然某些经营者表面上难以确认是否存在不正当竞争行为，但是只要违反了自愿、平等、公平、诚实信用原则或违反了公认的商业道德，损害了其他经营者的合法权益，扰乱了社会经济秩序，也应认定为不正当竞争行为。

2. 侵权性

侵权性是指不正当竞争行为损害了或者可能损害经营者的合法权益。不正当竞争行为采用不正当的手段破坏市场竞争秩序、损害其他经营者的合法权益，使守法的经营者蒙受物质上与精神上的双重损害。

3. 多样性

不正当竞争行为的表现形式日益多样化，不正当竞争行为的范围也在不断扩大。除了常见的混淆行为、商业贿赂、虚假宣传、侵犯商业秘密、倾销、不正当有奖销售和诋毁商誉等反不正当竞争行为，在互联网领域也发生了新形式的不正当竞争行为，例如流量劫持、客户端干扰、商业抄袭、软件拦截等。

不正当竞争行为严重危害公平竞争的市场秩序，阻碍了技术进步和社会生产力的发展，损害了其他经营者的正常经营和合法权益，使守法经营者蒙受物质上和精神上的双重损害。另外，不正当竞争行为还有可能给我国的对外开放政策带来消极影响，严重损害国家利益。党的二十大报告将坚持以人民为中心的发展思想作为全面建设社会主义现代化国家的重大原则，将加强反垄断和反不正当竞争、破除地方保护和行政性垄断作为构建高水平社会主义市场经济体制的重要举措。

德法课堂 5-2

网络平台"陪伴式"直播需谨慎

里约奥运会期间，央视公司发现新传在线公司、盛力世家公司未经许可，将"正在视频直播奥运会"等作为百度推广的关键词，吸引用户访问其网站并下载"直播 TV 浏览器"来观看央视公司直播的奥运赛事。此外，两公司还在网站设置"奥运主播招募"栏目，鼓励用户充值打赏支持主播直播奥运会，吸引用户下载"直播 TV 浏览器"，引导用户进入专门直播间后，以"嵌套"的方式呈现央视公司转播奥运会节目的内容，向用户提供主播陪伴式奥运赛事"直播"，并借此牟利。本案中，经国际奥委会和中央电视台授权，央视公司在中国境内享有通过信息网络提供中央电视台制作、播出的第 31 届里约奥运会电视节目实时转播、延时转播、点播服务的专有权利。

案例分析：新型网络直播行业是否也适用反不正当竞争相关规定？

要点提示

依据相关法律法规分析被告侵权事实，培养诚信守法的人生观、价值观，增强在新兴领域自觉维护社会经济秩序的意识。

（二）电子商务领域不正当竞争行为

知识拓展 5-2

《反不正当竞争法》第十二条规定，经营者利用网络从事生产经营活动，应当遵守本法的各项规定。

经营者不得利用技术手段，通过影响用户选择或者其他方式，实施下列妨碍、破坏其他经营者合法提供的网络产品或者服务正常运行的行为：

（1）未经其他经营者同意，在其合法提供的网络产品或者服务中，插入链接、强制进行目标跳转。

（2）误导、欺骗、强迫用户修改、关闭、卸载其他经营者合法提供的网络产品或者服务。

（3）恶意对其他经营者合法提供的网络产品或者服务实施不兼容。

（4）其他妨碍、破坏其他经营者合法提供的网络产品或者服务正常运行的行为。

1. 侵犯商业秘密行为

商业秘密是不为公众所知悉，能为经营者带来经济利益，具有实用性并被采取保密措施的技术信息和经营信息。商业秘密具有现实或潜在的实用价值，保护商业秘密的实质是保护企业竞争优势。有些电子商务经营者为了竞争，通过窃取、利诱、商业贿赂等不正当手段获取、泄露或使用他人商业秘密。在电子商务环境下，商业秘密大多以电子数据的形式存储在计算机或者网络服务器上，一方面面临着黑客、计算机病毒的威胁，另一方面企业间的信息共享使商业秘密被窃取的风险大大增加。如很多软件公司开发的软件前期为了吸引用户，会设置试用期，试用期结束则为付费软件，但很多人研究破解的注册码并公开供他人使用。某些电商平台利用自己的管理优势，获取商家更多注册信息，但在管理信息时存在疏漏造成企业商业秘密泄露。也有某些电商平台经营者在利用电子邮件传递信息时，不注意对商业秘密的保护，有意或无意地泄露了商业秘密。

2. 虚假商业宣传

电子商务交易模式中，消费者倾向于将网评的好坏、销量、关注量等作为选择店铺消费的重要依据。为了商品的高销量、高利润从而牟取更大利益，某些电商企业会对商品的效果、质量、功能等方面进行夸大宣传，从而吸引更多的消费者。对比以前传统实体行业的虚假宣传手段，电子商务虚假商业宣传出现了一些新形式，如在软件上发布文章、虚构用户进行宣传、进行虚假刷单提升流量和销量、在直播中宣传、刷好评等，其行为严重扰乱了市场竞争秩序。电子商务中的虚假宣传行为相对传统商务中的虚假宣传行为更具复杂性和专业技术性。

课堂讨论 5-3

2021年10月18日，高邮市市场监管局接到举报，对高邮洑洱健康管理有限公司的帮耳通门店开展执法检查。经查，当事人在无依据的情况下，宣传"帮耳通"在全国连锁500余家，将一种内部总结的耳部按摩保健和理疗手法宣传为"三维一体复聪法"，并将公司培训人员虚构为研发人。在没有合作关系的情况下，当事人展示北京邦尔通健康管理有限公司相关证书与荣誉，并宣称其为当事人的总部。此外，当事人为了体现服务的效果，让员工找人赠送锦旗，每找一名锦旗赠送人，就以顾客满意度考核的名义给予员工20元奖励。

讨论：高邮洑洱健康管理有限公司是否构成虚假宣传？

3. 诋毁对方企业商业信誉

诋毁商誉行为是有竞争关系的经营者编造、传播虚假信息或者有误导性信息故意损害竞争对手商誉的行为。实体企业一般通过恶意诬陷、散布谣言、碰瓷等方法进行。电子商务领域的诋毁商誉行为从早期雇用"水军"到现在的"代骂"产业，或假借"打假""维权"恶意投诉举报，已呈现出职业化、专业化、规模化的趋势。

商业诋毁的言论隐蔽性极强，诋毁行为认定困难，不实言论的传播成本极低，能在极短的时间内快速引爆舆论热点，对企业的声誉造成巨大不良影响。

4. 混淆行为

混淆行为主要包括经营者在市场活动中采取不实手段对商品或服务进行虚假的表示、说明或承诺。此外，也包括不当使用他人的智力劳动成果来推销自己的商品或服务，这可能导致消费者误解，扰乱市场秩序，并损害同业竞争者及消费者的利益。在电子商务领域，这种不正当的竞争行为表现出多样性和复杂性，常利用技术手段和网络平台，通过仿冒、模仿或流量劫持等方式误导消费者。经营者通常会在其网页、产品或服务中使用与其他知名品牌相同或相似的标识、名称、包装或装潢，从而引起消费者的混淆。这种行为不仅侵犯了消费者权益，还破坏了市场秩序，侵害了诚信经营者的合法权益。

案件直击 5-2

"App 唤醒策略"不正当竞争纠纷案

支付宝公司系"支付宝"App 支付功能的运营主体。经许可，支付宝公司在经营活动中使用"alipay"注册商标，并以 www.alipay.com 作为其官方网站的网址。斑马公司系"家政加"App 的运营主体。支付宝公司认为，斑马公司无正当理由，在其开发、运营的"家政加"App 中设置与"支付宝"App 一致的链接，导致用户选择通过"支付宝"App 进行付款结算时将被跳转至"家政加"App，该不正当竞争行为损害了支付宝公司的经济利益及商业信誉。支付宝公司遂诉至法院，请求判令斑马公司消除影响并赔偿经济损失及合理费用。

案例讨论：网络不正当竞争行为认定的构成要件是什么？

（三）法律责任

经营者违反法律规定，给被侵害的经营者造成损失的，应当承担损害赔偿责任。经营者的合法权益受到不正当竞争行为损害的，可以通过人民法院提起诉讼，以维护自身权益。

根据《反不正当竞争法》规定，因不正当竞争行为受到损害的经营者的赔偿数额，按照其因被侵权所受到的实际损失确定；实际损失难以计算的，按照侵权人因侵权所获得的利益确定。赔偿数额还应当包括经营者为制止侵权行为所支付的合理开支。经营者实施混淆行为或侵犯商业秘密行为，导致权利人因被侵权所受到的实际损失、侵权人因侵权所获得的利益难以确定的，由人民法院根据侵权行为的情节判决给予权利人 300 万元以下的赔偿。

对于经营者违反法律规定的不正当竞争行为，监督检查部门可以根据情节处以责令经营者停止违法行为、没收违法所得罚款、吊销营业执照等行政处罚。

经营者违反法律规定的不正当竞争行为，构成犯罪的依法追究刑事责任。经营者违反《反不正当竞争法》规定应当承担民事责任、行政责任、刑事责任，其财产不足以支付的优先用于承担民事责任。

二、反垄断

垄断是指一个企业或几个企业通过不正当行为控制了某个市场，具有物价和物品质量的支配地位，造成其他竞争者面临商务上的不平等。反垄断法被视为维护公正市场竞争秩序的重要法律，它通过限制垄断，促进公平竞争，保护消费者，完善社会主义市场经济体制，推动高质量发展。

（一）反垄断立法目的

《全国人民代表大会常务委员会关于修改〈中华人民共和国反垄断法〉的决定》已由十三届全国人大常委会第三十五次会议于 2022 年 6 月 24 日通过，自 2022 年 8 月 1 日起施行。新修改的反垄断法积极回应高质量发展的时代要求，围绕强化竞争政策基础地位、完善反垄断制度规则、强化法律责任、保障法律实施等做出修改完善，对建设高标准市场体系、构建新发展格局、推动高质量发展、推进国家治理体系和治理能力现代化具有重要意义。

《反垄断法》第一条规定，制定《反垄断法》的目的是"为了预防和制止垄断行为，保护市场公平竞争，鼓励创新，提高经济运行效率，维护消费者利益和社会公共利益，促进社会主义市场经济健康发展"。

（1）维护消费者利益。《反垄断法》通过保护竞争机制，遏制垄断行为，使市场始终保持"有竞争"的状态，在竞争的作用下，迫使经营者以最低的成本生产最高质量的商品，并使消费者能以最低的价格购买这些商品。因此，提高消费者福利，维护消费者整体利益，也是《反垄断法》的重要目标。

（2）维护社会公共利益。《反垄断法》从中国实际出发，将维护社会公共利益作为立法目标之一，在具体规定上体现了对社会公共利益的保护。

（二）电子商务平台垄断行为

根据我国《反垄断法》，垄断行为包括三种行为：一是经营者达成垄断协议的行为，二是经营者滥用市场支配地位的行为，三是具有或者可能具有排除、限制竞争效果的经营者集中行为。

1. 垄断协议

垄断协议是指两个以上经营者相互间达成的排除、限制竞争的协议、决定或者其他协同行为，包括横向垄断协议和纵向垄断协议。

横向垄断协议通常发生在具有竞争关系的经营者之间，电商平台的横向垄断协议是通过利用数据、算法、平台规则和技术手段等方式实施的，主要包括以下各种方式：①利用平台收集并且交换价格、销量、成本、客户等敏感信息；②利用技术手段进行意思联络；③利用数据、算法、平台规则等实现协调一致行为；④有助于实现协同的其他方式。

纵向垄断协议则常发生在经营者与交易相对人之间，电商平台可能通过以下方法实施固定转售价格、限定最低转售价格等纵向垄断协议：①将实际转售价格作为交易相对人的考核指标，变相限制转售价格；②通过取消优惠、搜索降权、流量限制甚至解除协议等惩戒措施惩罚违反转售价格限制的交易相对人；③通过提供返利、折扣、补贴、流量资源支持等激励方式诱导交易相对人遵守转售价格限制。

2. 滥用市场支配地位

经营者滥用市场支配地位是指具有市场支配地位的经营者，采取各种手段，在相关市场内对其他竞争对手进行排除、限制竞争的行为。近年来，电商平台滥用市场支配地位的垄断行为的表现形式主要为"二选一"条款、低价补贴、大数据"杀熟"。

（1）"二选一"条款。所谓"二选一"，即电商平台要求商家必须在该平台上独家销售商品，而不能同时在其他电商平台上出售，这种行为在一定程度上限制了商家的自由选择和市场竞争，还损害了消费者和其他电商平台的利益。

我国《反垄断法》第二十二条第4款规定"没有正当理由，限定交易相对人只能与其进行交易或者只能与其指定的经营者进行交易"属于滥用市场支配地位的限定交易行为。

（2）低价补贴。许多电商平台企业在刚刚进入某一个领域时，往往会运用低价补贴的方式，快速占有市场，在巩固了用户黏性后，企业便有可能因其在市场上的优势地位而实施垄断行为。低价补贴只是一种商业引流的手段，补贴背后的目的是将消费者吸引为用户，使用户产生黏性与依赖性，此时，也就达到了占有市场的目的，由此商家具有了行业支配地位，可以将传统经营者排挤出去。

课堂讨论 5-4

近年来，滴滴、美团、携程、高德等一批互联网企业进入交通运输行业，推动了"互联网＋"交通运输发展，促进了新老业态融合发展，为用户提供了多样化的选择，为了在新领域占有一席，各大网约车企各显神通：曹操出行推出签到领打车券；久未现身的美团打车重新上线，并推出优惠套餐；高德打车免佣联盟创新推出"新司机100单免佣卡"……有用户称，在各种抵扣券的加持下，同样路程打车花费还不到过去的一半。

讨论：网约车市场"烧钱大战"是不是有利于市场发展?

（3）大数据"杀熟"。电商平台为了最大限度实现利润最大化，会对收集的用户基本信息、消费偏好、交易频次等数据加以分析，针对不同用户显示不同的商品价格，而显示的价格一般是用户所能承受的极限。对支付意愿高、消费承受能力强的显示高价格，对支付意愿低、消费承受能力弱的则显示低价格。

3. 经营者集中

《反垄断法》意义上的经营者集中，主要是指一个经营者通过特定的行为取得对另一个经营者的全部或者部分控制权。其主要方式包括经营者合并、经营者通过取得股权或者资产的方式获得对其他经营者的控制权、经营者通过合同等方式取得对其他经营者的控制权或者能够对其他经营者施加决定性影响。

电商平台领域的经营者集中的一个突出表现是大型平台企业对中小型初创企业或者科技创新性企业的收购。

<table>
<tr><td>知识拓展 5-3</td></tr>
</table>

国务院反垄断委员会关于平台经济领域的反垄断指南

2021 年 2 月 7 日，国务院反垄断委员会印发《国务院反垄断委员会关于平台经济领域的反垄断指南》，该指南是为了预防和制止平台经济领域垄断行为，保护市场公平竞争，促进平台经济规范有序创新健康发展，维护消费者利益和社会公共利益。反垄断监管在保护平台经济领域公平竞争，充分发挥平台经济推动资源配置优化、技术进步、效率提升的同时，着力维护平台内经营者、消费者和从业人员等各方主体的合法权益，加强反垄断执法与行业监管统筹协调，使全社会共享平台技术进步和经济发展成果，实现平台经济整体生态和谐共生和健康发展。

（三）行政垄断

滥用行政权力排除、限制竞争行为，是指行政机关和法律、法规授权的具有管理公共事务职能的组织滥用行政权力，通过限定或者变相限定交易、妨碍商品自由流通、限制外地经营者在本地正当经营、强制经营者实施垄断行为、制定含有排除或限制竞争内容的规定等手段，实施的排除、限制竞争行为。行政垄断主要行为包括：

（1）强制交易。行政机关和法律、法规授权的具有管理公共事务职能的组织以明确要求、暗示或者拒绝、拖延行政许可以及重复检查等方式限定或者变相限定单位或者个人经营、购买、使用其指定的经营者提供的商品或者限定他人正常的经营活动。

（2）地区封锁。对外地商品设定歧视性收费项目、实行歧视性收费标准，或者规定歧视性价格，或者对外地商品执行与本地同类商品不同的技术要求、检验标准等行为。

（3）排斥或限制外地经营者参加本地招标投标。以设定歧视性资质要求、评审标准或者不依法发布信息等方式，排斥或者限制外地经营者参加本地的招标投标活动。

（4）排斥或限制外地经营者在本地投资或者设立分支机构。采取与本地经营者不平等待遇等方式，排斥或者限制外地经营者在本地投资或者设立分支机构。

（5）强制经营者从事垄断行为。行政机关和法律、法规授权的具有管理公共事务职能的组织，强制经营者达成、实施排除、限制竞争的垄断协议，或者强制具有市场支配地位的经营者从事滥用市场支配地位的行为，或者强制经营者实施违法经营者集中等。

（6）抽象行政性垄断行为。行政机关滥用行政权力，制定含有排除、限制竞争内容的规定的行为，其具体形式包括决定、公告、通告、通知、意见、会议纪要等。

行政垄断的危害显而易见，一方面妨害了市场的竞争机制和资源的有效配置，让优良的产品不能胜出；另一方面，被保护的企业也会养成依赖政府的习惯，弱化其开拓创新、适应挑战的能力。党的二十大报告强调，"加强反垄断和反不正当竞争，破除地方保护和行政性垄断，依法规范和引导资本健康发展"。

（四）法律责任

经营者违反法律规定达成并实施垄断协议、滥用市场支配地位的，由反垄断执法机构责令停止违法行为，没收违法所得，并处上一年度销售额 1% 以上 10% 以下的罚款；尚未实施所达成的垄断协议的，可以处 300 万元以下的罚款。

经营者违反法律规定实施集中，且具有或者可能具有排除、限制竞争效果的，由国务院反垄断执法机构责令停止实施集中、限期处分股份或者资产、限期转让营业以及采取其他必要措施恢复到集中前的状态，处上一年度销售额 10% 以下的罚款；不具有排除、限制竞争效果的，处 500 万元以下的罚款。

经营者实施垄断行为，给他人造成损失的，依法承担民事责任。

思维导图实训 5-2

规范电子商务市场竞争行为

请同学们结合"规范电子商务市场竞争行为"相关知识点，参考以下思维导图，分组训练。

✿ 项目同步练习

一、单选题

1. 根据《消费者权益保护法》，下列做法违法的是（　　）。
    A. 某市消费者协会根据问卷调查结果评选出"让消费者信任的商场"
    B. 王某被某电商平台拉入"黑名单"，消费者协会为其推荐精干人员帮助维权
    C. 某律师协会大力创新，组织工作人员成立内部诉讼代理部为消费者维权，费用收取得比律师低
    D. 某电商平台中店铺售卖假货，平台因消费者提供证据不足不给予消费者赔偿，消费者协会在媒体上对其披露

2. 下列选项中，不属于消费者权益争议解决方式的是（　　）。
    A. 请求消费者协会调解　　　　　　　B. 向人民法院起诉
    C. 和经营者和解商议赔偿　　　　　　D. 向行政机关申请行政复议

3. 某电商平台在五一期间推出了"凡在平台消费满 500 元者平台送一份大礼"的特惠活动，结果礼物仅为一只气球，对此消费者向工商行政管理局提出控告。依照《反不正当竞争法》的规定，该电商平台这一行为的性质（　　）。
    A. 是引人误解的虚假宣传，构成不正当竞争
    B. 是违反商业道德的宣传，不违法
    C. 只是对消费者构成消费欺诈，不构成不正当竞争
    D. 只是一般的欺诈行为，不构成不正当竞争

4. 下列属于正常竞争行为的是（　　）。
    A. 季节性降价　　　　　　　　　　　B. 擅自使用他人的企业名称
    C. 对商品质量做引人误解的虚假表示　D. 在商品上伪造认证标志

5. 下面有关消费者合法权益的认识中正确的是（　　）。
    A. 消费者依法享有，但不能滥用
    B. 消费者有权选择商品或服务并确定价格
    C. 消费者有权监督企业经营管理者的决策过程
    D. 消费者有权要求生产经营者提供产品的生产技术秘密

二、多选题

1. 根据《反垄断法》的规定，下列各项中，属于经营者集中的有（　　）。
    A. 经营者合并
    B. 经营者通过取得股权或资产的方式取得对其他经营者的控制权

C. 经营者通过合同取得对其他经营者的控制权

D. 经营者通过合同外的方式取得能够对其他经营者施加决定性影响的地位

2. 下列属于不正当竞争行为中混淆行为的有（　　　　）。

A. 擅自使用与他人有一定影响的商品名称、包装、装潢等相同或者近似的标识

B. 擅自使用他人有一定影响的企业名称、社会组织名称、姓名，损害他人利益

C. 擅自使用他人有一定影响的域名主体部分、网站名称、网页等

D. 以盗窃、利诱、胁迫或者其他不正当手段获取权利人的商业秘密

3. 根据《反不正当竞争法》的规定，下列各项不属于经营者的有（　　　　）。

A. 商场　　　　　　　B. 学校　　　　　　　C. 美容院　　　　　　　D. 医院

4. 经营者侵害消费者的人格尊严或者侵犯消费者人身自由的，应当负下列何种责任？（　　　　）。

A. 停止侵害　　　　　B. 恢复名誉　　　　　C. 消除影响　　　　　D. 赔礼道歉

5. 消费者在购买利用商品和接受服务时享有（　　　）不受损害的权利。

A. 人身　　　　　　　B. 财产安全　　　　　C. 名誉　　　　　　　D. 生命健康

三、判断题

1. 假借"打假""维权"恶意投诉举报的行为属于虚假宣传。　　　　　（　　　）

2. 以设定歧视性资质要求、评审标准或者不依法发布信息等方式属于行政垄断。

　　　　　　　　　　　　　　　　　　　　　　　　　　　　　　　（　　　）

3. 我国《反不正当竞争法》第二次修订工作正在进行中。　　　　　　（　　　）

4. 电子商务消费者有权检举、控告消费者权益的保护者的违法失职行为。（　　　）

5. 商品和服务信息、交易信息保存时间自交易完成之日起不少于五年。（　　　）

四、综合案例分析

2022 年 12 月，原告张某在某网络交易平台向吴某购买了某品牌二手女款包，价款 14 000 元，卖家保证为正品，承诺货到付款，如假包退。后张某委托检测机构进行检测，发现该包并非正品，遂将该包寄回给吴某，张某要求退款未果，遂诉至法院要求全额退款。被告吴某陈述，其专业从事奢侈品经营交易，与原告曾进行过多次交易，并辩称交易是货到付款，买家付款表明已认可商品质量，且平台《用户行为规范》明确"交易成功后，不支持售后维权"，故不同意退货退款。

请问：张某是否可以获得赔偿？依据是什么？

项目六　电子商务中的税收法律实务

项目六

知识目标

1. 掌握电子商务税收的概念、种类
2. 掌握电子商务涉税税种的相关规定
3. 掌握电子商务涉税税费的计算
4. 熟悉电子商务涉税税费的缴纳
5. 熟悉电子商务税收的法律责任

能力目标

1. 具备正确分辨电子商务涉税税种的能力
2. 具备正确计算与缴纳电子商务涉税税费的能力
3. 具备合理运用税收知识分析和解决新兴职业涉税问题的能力

素养目标

1. 培养诚实守信的品质和社会主义法治精神，增强全民法治观念
2. 培养自主创业应具备的创新思维和创客素养

学习参考法律法规

《中华人民共和国电子商务法》
《中华人民共和国个人所得税法》
《中华人民共和国企业所得税法》
《中华人民共和国增值税暂行条例》
《中华人民共和国消费税暂行条例》
《中华人民共和国进出口关税条例》
《中华人民共和国税收征收管理法》
《中华人民共和国刑法》

项目背景

随着数字经济的快速发展，电子商务行业（例如开网店、网络直播带货）开始蓬勃发展，

与之而来的高收入也带来了电子商务涉税问题，一系列偷逃税案件引发众人关注。随着《电子商务法》以及相关规范意见的出台，政府对电子商务税收的征收管理力度空前加大。电子商务交易只是改变了交易场所，并未改变交易的本质，因此，相较于传统的商务活动，电子商务并不开设新税种，依然沿用现有的税收分类及规定，电子商务经营者应当依法履行纳税义务，并依法享受税收优惠。本项目以电子商务税收法律实务为基础进行任务分解：一是了解电子商务涉税税种，能够区分哪些情况下会产生纳税义务，避免触犯法律法规；二是了解电子商务涉税税费的计算与缴纳，一旦发生纳税义务，能够正确计算与缴纳，合理合规进行税务筹划；三是正确认识电子商务税收的法律责任，并树立依法纳税、诚信经营的人生观、价值观。

导入案例

淘宝天猫提供关键证据！多家电商企业偷税漏税被查

电商行业发展至今已经渗透到社会生活的方方面面，但各种不合规现象，诸如不做税务登记、虚假申报、不记账内收入等企业乱象仍时有发生。

2022年以来，多地税务局依法查处多起电商企业偷税漏税的案件。

1. 苏州某电商公司隐匿收入 740 多万元被罚

苏州市税务局对常州某电商公司出具的一份处罚判决书显示，该电子商务公司在今年办理了留抵退税，但税务机关全面检查后发现，在 2020 年 1 月至 2022 年 3 月之间，该公司有 746.33 万元的网络销售额未申报，少计增值税销项税额 97 万元。经还原计算，产生少缴增值税 59.17 万元，多退留抵税额 37.83 万元。

核实后，税务部门对该公司少缴增值税税款处以 0.5 倍罚金，计 29.58 万元；处以多退增值税税款 1 倍的罚款，计 37.83 万元；再加上城建税、印花税等，该公司最终需缴纳约 70 万元的罚款。

2. 杭州某电子商务公司连补带罚 467 万元

杭州某销售电子产品的公司被税务稽查，2019 年在淘宝取得的含税销售收入是 2 145.08 万元（不含税销售额 1 898.17 万元），其中已申报含税销售收入 11 599 元，另有 2 143.92 万元没有按规定申报纳税。

杭州税务机关查出违法事实的依据有两个，一个是该公司对应淘宝账户的支付宝收入，另一个是经管理局盖章的账务报表。

最终税务机关给出的处罚是：追缴增值税、城市维护建设税、教育费附加、地方教育费附加、企业所得税，共计约 280 万元；处以追缴的增值税、城市维护建设税、企业所得税税款各 70% 的罚款，共计约 187 万元。

3. 广州某服饰公司隐匿电商平台收入被罚

广州市税务局向广州市某服饰公司出具的税务行政处罚事项告知书显示，该企业于2019年1月至12月期间，通过淘宝天猫电商平台取得销售收入合计1 141.01万元（含税），换算成不含税收入1 003.03万元，2019年已申报销售收入为64.58万元，剩余销售收入938.46万元未按规定申报缴纳增值税及附加税费。

证据证明如下：①该企业网络销售平台淘宝、天猫联合出具的《情况说明》及2019年的交易流水数据；②企业开户银行中国银行提供的资金流水查询结果；③金税三期税收管理系统显示该企业的纳税申报数据。

最终该企业被定性为偷税，少报收入，虚假申报，少缴应纳税款，并以少缴增值税、城市维护建设税的50%税额共计罚款69.28万元。

案例思考：

1. 以上案例中这些电商企业是如何偷税漏税的？

2. 这些电商企业本应该缴纳哪些税种？具体如何计算？

3. 纳税人偷税漏税会产生哪些后果？

任务一　认识电子商务涉税种类

任务描述

国家税务总局网站2022年6月16日消息，江西省抚州市税务局通过税收大数据分析，发现网络主播徐某某涉嫌偷逃税款，在相关税务机关配合下，依法对其开展了税务检查。经查，徐某某在2019年至2020年期间，取得直播打赏收入，未依法办理纳税申报，少缴个人所得税1 755.57万元，通过虚构业务转换收入性质等方式虚假申报偷逃个人所得税1 914.19万元，少缴其他税费218.96万元。江西省抚州市税务局稽查局依据《中华人民共和国个人所得税法》《中华人民共和国税收征收管理法》《中华人民共和国行政处罚法》等相关法律法规，按照《江西省税务行政处罚裁量权执行标准》，对徐某某追缴税款、加收滞纳金并处罚款共计1.08亿元。其中，对其未依法办理纳税申报少缴的个人所得税1 755.57万元，处1倍罚款计1 755.57万元；对其虚构业务转换收入性质虚假申报偷逃的个人所得税1 914.19万元，处2倍罚款计3 828.38万元。目前，江西省抚州市税务局稽查局已依法向徐某某送达税务行政处理处罚决定书。

接连曝光的一系列涉税违法案件显示出，税务部门将进一步依法加强对网络直播行业从业人员的税费服务和税收监管，依托税收大数据分析，对存在涉税风险的，按照"提示提醒、督促整改、约谈警示、立案稽查、公开曝光"的"五步工作法"进行处置，不断提升网络直播行业从业人员税法遵从度，促进行业长期规范健康发展。业界专家认为，守法合规才能行稳致远，新业态从业人员在享受新经济红利的同时，一定要提高依法纳税的意识，越是公众人物，越应依法履行纳税义务，做遵纪守法的好榜样。

请思考：

1. 本案中，网络主播直播带货为何成为偷逃税"重灾区"？

2. 针对类似案件，税务部门可采取哪些方法防范税收流失？

任务分解

1. 认识电子商务税收。

2. 区分电子商务涉税种类。

知识精讲

一、电子商务税收的概述

（一）电子商务税收的概念与特征

1. 电子商务税收的概念

税收是国家为了实现其公共职能，凭借政治权力，运用法律手段，强制地、无偿地、固定地参与国民收入分配，组织财政收入的一种方式。其特殊性在于税收是凭借国家政治权力，而不是凭借财产权利实现的分配。现代社会的税收已成为政府对经济进行宏观调控的重要手段。

电子商务税收是指国家为了实现其公共职能，凭借其政治权力，根据法律规定，强制地、无偿地、固定地对电子商务活动征税，参与国民收入分配的一种方式。

2. 电子商务税收的特征

传统税收的特征包括以下几个方面：①强制性。税收的强制性是指国家凭借政治权力，依法强制征收，不以纳税人的纳税意愿为征税要件。其通过国家制定以强制性法律规范为主的税法，赋予征税机关征收权而实现。②无偿性。税收的无偿性是指国家税收对具体纳税人既不需要直接偿还，也不需要付出任何形式的直接报酬或代价。无偿性是税收的核心特征。③固定性。税收的固定性是指国家税收必须通过法律形式，确定其征税对象及每一单位征税对象的征收比例或数额，并保持相对稳定和连续、多次适用的特征。其包括三个层次，即征税对象上的非惩罚性、征税时间上的连续性和征税比例上的限度性。

电子商务税收除具有强制性、无偿性及固定性这三个税收固有特征外，还具有以下特征：①税收电子化。电子商务是通过互联网进行的电子化交易，其交易数据均以电子数据形式保存。电子商务税收在征收对象、计税依据、征管方式等方面呈现电子化的特点。②跨区域征收。电子商务通过互联网进行，不受地域和时空限制，因而电子商务税收征管有异于传统税收征管，需要税务机关跨区域协作联合征收。③多部门协作。由于电子商务交易电子化、无形性及隐蔽性等特点，依靠传统税务机关征税面临较大困难，需要联合财政、金融、市场监管、海关、外汇、银行、外贸、公安等多个部门协作完成。

（二）电子商务的征纳主体和征税客体

1. 征税主体

电子商务税收涉及流转税（增值税、消费税、关税等）、所得税（企业所得税、个人所得税）及相关附加税，其中跨境电子商务涉及进口环节的增值税、消费税与关税。因此，征税主体是税务机关与海关。

2. 纳税主体

电子商务纳税主体主要包括两方面：电子商务经营者与电子商务消费者，其中电子商务经营者是本书的讲解重点。《电子商务法》第九条规定："本法所称电子商务经营者，是指通过互联网等信息网络从事销售商品或者提供服务的经营活动的自然人、法人和非法人组织，包括电子商务平台经营者、平台内经营者以及通过自建网站、其他网络服务销售商品或者提供服务的电子商务经营者。本法所称电子商务平台经营者，是指在电子商务中为交易双方或者多方提供网络经营场所、交易撮合、信息发布等服务，供交易双方或者多方独立开展交易活动的法人或者非法人组织。本法所称平台内经营者，是指通过电子商务平台销售商品或者提供服务的电子商务经营者。"

知识拓展 6-1

电子商务消费者

电子商务消费者是指通过互联网等信息网络，为生活消费需要购买、使用商品或者接受服务的个人。电子商务消费者在购买跨境电子商务零售进口商品时，按照货物征收关税和进口环节增值税、消费税。跨境电子商务零售进口商品购买人（订购人）的身份信息应进行认证。未进行认证的，购买人（订购人）身份信息应与付款人一致。电子商务企业、电子商务交易平台企业或物流企业可作为代收代缴义务人。

《电子商务法》的出台，规定了电子商务经营者的税收责任和义务。《电子商务法》第十条规定："电子商务经营者应当依法办理市场主体登记。但是，个人销售自产农副产品、家庭手工业产品，个人利用自己的技能从事依法无须取得许可的便民劳务活动和零星小额交易活动，以及依照法律、行政法规不需要进行登记的除外。"《电子商务法》第十一条规定："电子商务经营者应当依法履行纳税义务，并依法享受税收优惠。依照前条规定不需要办理市场主体登记的电子商务经营者在首次纳税义务发生后，应当依照税收征收管理法律、行政法规的规定申请办理税务登记，并如实申报纳税。"上述条文是关于电子商务经营者纳税义务的确认，该规定体现了税收问题的线上线下平等原则。在网络空间中进行的经营活动，同样也产生纳税的义务。电子商务经营者在依法纳税的同时，当然也依法有权享受国家规定的税收优惠政策。

《电子商务法》第二十八条规定："电子商务平台经营者应当按照规定向市场监督管理部门报送平台内经营者的身份信息，提示未办理市场主体登记的经营者依法办理登记，并配合市场监督管理部门，针对电子商务的特点，为应当办理市场主体登记的经营者办理登记提供便利。电子商务平台经营者应当依照税收征收管理法律、行政法规的规定，向税务部门报送平台内经营者的身份信息和与纳税有关的信息，并应当提示依照本法第十条规定不需要办理市场主体登记的电子商务经营者依照本法第十一条第二款的规定办理税务登记。"上述条文的规定体现了电子商务平台经营者负有提示申报和报送信息的义务。这是因为电子商务平台经营者最先也最便于获取经营者信息变动以及经营情况，除有义务提供平台内经营者身份、地址、联系方式、行政许可等真实信息外，电子商务平台经营者还应当将平台内经营者的纳税身份及相关信息依法报送税务部门。《电子商务法》第八十条规定："电子商务平台经营者不按照本法第二十八条规定向市场监督管理部门、税务部门报送有关信息的，由有关主管部门责令限期改正；逾期不改正的，处 2 万元以上 10 万元以下的罚款；情节严重的，责令停业整顿，并处 10 万元以上 50 万元以下的罚款。"

3. 征税客体

征税客体是税法的最基本要素，也是确定纳税主体的前提。在电子商务模式下，由于交易过程全部实现了网络化，物流、资金流与信息流合为一体，在网络中同步完成，交易的商品具有数字化的性质，出现了新的课税对象，故电子商务税收的征税客体是以互联网作为交易媒介在线销售的传统实体商品，以及通过互联网提供的数字化商品。

（三）电子商务税收的税款征收

在电子商务中，销售的地点、数量、金额、环节，纳税者的身份，销售者的收入，销售的性质，销售实现的具体时间等诸多信息，税务征管机关难以辨认。税收信息的掌握做不到及时、准确、有效，必然会造成税收征管的漏洞。电子商务的迅猛发展，将使传统的税收征管模式受到严峻的挑战。面对电子商务和网络交易的广泛普及与深入发展，税款的征收和保障方式需要充分结合大数据、人工智能等新技术，不断与时俱进，及时补充修订、更新和完善。

当前，部分平台内经营者利用第三方支付门槛低、用户注册账号快捷等便利，用不同的个人身份信息注册数个支付宝账号、微信账号，在线收取并隐匿大量销售收入以逃避纳税。电子商务纳税人应当在其网站首页或者从事经营活动的主页面的醒目位置公开税务登记的登载信息或者电子链接标识。税务机关到电子商务平台提供机构检查网络交易情况，到网络交易支付服务机构检查网络交易支付情况，以此掌握电子商务纳税人交易情况，进而确定其纳税义务。

税务机关应进一步建立完善企业线上收入账户备案机制，要求企业除向税务机关报备银行对公账户外，电商平台中与其网店、微店等经营收入有关的所有企业账户和相关个人账户均须登记和备案。这样，在日常征管中，税务机关可结合电商平台经营者传递的平台内经营者涉税数据、市场监管等部门提供的第三方信息、平台内经营者申报数据和平台内经营者备案账户信息等，对平台内经营者的申报收入实施综合分析，以确认其申报的真实性，从而进一步提高平台内经营者线上收入的监管效率，防止税收流失。

二、电子商务税收的种类及相关规定

（一）电子商务税收的种类

电子商务交易只是改变了交易场所，并未改变交易的本质，因此，电子商务平台内经营者应当依法履行纳税义务，并依法享受税收优惠。从法律规定看，并未对电商平台内经营者单独设立税种，但明确了作为经营者，无论线上还是线下，只要生产经营满足征税要件就应当缴纳税款。因此，相较于传统的商务活动，电子商务并不开设新税种，依然沿用现有的税收分类。

微课6-1
电商诚信纳税

目前按照征收对象分，电子商务主要涉及两大税种：流转税和所得税。

1. 流转税

流转税，又称流转课税、流通税，指以纳税人商品生产、流通环节的流转额或者数量以及非商品交易的营业额为征税对象的一类税收。流转税是商品生产和商品交换的产物，包括增值税、消费税、关税。

2. 所得税

所得税，又称所得课税、收益税，指国家对法人、自然人和其他经济组织在一定时期内的各种所得征收的一类税收。所得税以所得的多少作为负担能力的标准，比较符合公平、普遍的原则，并具有经济调节功能。所得税主要包括个人所得税和企业所得税。

（二）电子商务税收的相关规定

1. 增值税

增值税是以商品和劳务在流转过程中产生的增值额作为征税对象而征收的一种流转税。

我国增值税的征税范围包括销售货物、服务、无形资产、不动产以及进口货物等，绝大多数电子商务活动销售的商品或提供的服务都在这一范围内。因此，对于线上经营者增值税的征收范围也应与线下的规定相统一，对于通过电子商务方式销售货物、服务、无形资产、不动产以及进口货物的行为都应当征收增值税。电子商务增值税的特殊性在于商品流转过程中采取的是电子商务方式而非传统实物交易，但交易方式的变化并不能影响增值税对商品增值额征税的本质属性，因此，电子商务增值税体系沿用现有增值税体系，但对现有增值税体系提出挑战。

按照纳税人经营规模和会计核算健全程度的不同，可将增值税纳税主体分为一般纳税人与小规模纳税人。一般纳税人是指年应税销售额超过财政部、国家税务总局规定标准，并能按会计制度和税务机关的要求进行会计核算的企业和企业性单位。小规模纳税人是指年应税销售额在规定标准以下，并且会计核算不健全，不能按规定报送有关税务资料的增值税纳税人。增值税小规模纳税人销售额的标准为年应征增值税销售额 500 万元及以下。年应税销售额未超过规定标准的纳税人会计核算健全，能够提供准确税务资料的，可以向主管税务机关申请一般纳税人资格认定，成为一般纳税人。年应税销售额超过规定标准但不经常发生应税行为的单位和个体工商户可选择按照小规模纳税人纳税。

关于增值税的税率、计算公式、电商行业相关的税收优惠政策将在本项目任务二进行详细讲解。

2. 消费税

消费税是对特定的消费品和消费行为征收的一种税。在我国境内生产、委托加工和进口应税消费品的单位和个人为消费税的纳税主体。征税范围包括：烟、酒、高档化妆品、贵重首饰及珠宝玉石、鞭炮和焰火、成品油、小汽车、摩托车、高尔夫球及球具、高档手表、游艇、木制一次性筷子、实木地板、涂料、电池。电子商务交易对象如果属于消费税的税目，就应该征收消费税。

消费税是价内税，有从价定率、从量定额、复合计税三种征收方法。绝大多数应税消费品适用比例税率，黄酒、啤酒、成品油适用定额税率，特殊应税消费品如卷烟（包括"批发"环节）、白酒则执行复合计税。应税消费品因品种、规格不同而税率不同，例如烟类中消费税最高的甲类卷烟，税率为 56% 加 0.003 元 / 支（生产或进口环节），气缸容量（排气量）在1.0L（含）以下的乘用小汽车税率为 1%，黄酒为 240 元 /T，汽油成品油为 1.52 元 /L。

消费税应纳税额的计算公式如下：①从价定率的计算公式为应纳税额 = 销售额 × 税率，其中销售额为纳税人销售应税消费品向购买方收取的全部价款和价外费用，不包括向购买方收取的增值税税款；②从量定额的计算公式为应纳税额 = 应税消费品的销售数量 × 单位税额；③复合计税的计算公式为应纳税额 = 销售额 × 比例税率 + 销售数量 × 定额税率。

消费税是国家调节产品结构、引导消费方向的重要手段。通过对消费税税目和税率的了解，可以明白，消费税主要是针对一些过度消费会对人类、社会等方面造成危害的特殊消费品、非生活必需品、高能耗消费品等应税消费品征税。消费税的征收体现出国家希望培养人民节约环保的消费价值观，倡导合理消费，促进人与自然和谐共处，为生态文明建设做出贡献。

3. 关税

跨境电子商务涉及关税征收，因此，应按照关税一般法律规定征收。关税的纳税人是进口货物的收货人、出口货物的发货人、进境物品的所有人。

关税税率的规定如下：进出口货物按照《中华人民共和国进出口税则》规定的归类规则归入合适的税号，适用合适的税率纳税。进境物品按照《中华人民共和国进境物品进口税税率表》规定的适用税率纳税。《中华人民共和国进出口关税条例》第九条规定："进口关税设置最惠国税率、协定税率、特惠税率、普通税率、关税配额税率等税率。对进口货物在一定期限内可以实行暂定税率。出口关税设置出口税率。对出口货物在一定期限内可以实行暂定税率。"第十一条规定："适用最惠国税率的进口货物有暂定税率的，应当适用暂定税率；适用协定税率、特惠税率的进口货物有暂定税率的，应当从低适用税率；适用普通税率的进口货物，不适用暂定税率。适用出口税率的出口货物有暂定税率的，应当适用暂定税率。"第十二条规定："按照国家规定实行关税配额管理的进口货物，关税配额内的，适用关税配额税率；关税配额外的，其税率的适用按照本条例第十条、第十一条的规定执行。"

完税价格即关税的计税依据，是由海关确定或估定的纳税人用以缴纳关税税款的进出口货物的价格。进口货物的完税价格由海关以成交价格以及该货物运抵中华人民共和国境内入境地点起卸前的运输及其相关费用、保险费为基础审查确定。出口货物的完税价格由海关以该货物的成交价格以及该货物运至中华人民共和国境内输出地点装载前的运输及其相关费用、保险费为基础审查确定。

进出口货物关税，以从价计征、从量计征或者国家规定的其他方式征收。关税的应纳税额的计算公式如下：①从价税的计算公式为应纳关税 = 进出口货物完税价格 × 适用税率；②从量税的计算公式为应纳关税 = 进出口货物数量 × 适用税额标准；③复合税的计算公式为应纳关税 = 进出口货物数量 × 单位关税完税价格 × 适用税率 + 进出口货物数量 × 适用税额标准。

案件直击 6-1

离岛免税"套代购"走私——唐某等人走私普通货物、物品案

2020—2021 年，唐某通过多个社交媒体发布海南离岛免税商品的信息招揽客户，整理客户购物清单后招募"水客头"组织"水客"前往海南带货，利用他人离岛免税额度购买免税商品后转售牟利。经统计，被告人唐某累计套购免税商品 375 万余元，涉嫌偷逃税款 85 万余元。

湛江市中级人民法院生效判决认为，被告人唐某为牟取非法利益，利用海南离岛免税政策，组织"水客"套购海南免税商品后转售，偷逃应缴税款数额巨大，构成走私普通货物、物品罪，依法判处被告人唐某有期徒刑三年，并判处罚金。

离岛免税"套代购"是一种新型走私违法犯罪行为。根据财政部、海关总署、税务总局发布的《关于海南岛旅客免税购物政策的公告》规定，已经购买的离岛免税商品属于消费者个人使用的最终商品，不得进入国内市场二次销售。不法分子利用国家对海南离岛免税政策组织"水客"套购免税商品后进行二次销售，严重扰乱海关监管秩序和国家对外开放政策的实施，应以走私普通货物、物品罪予以惩处。

案例讨论：什么是离岛免税政策？免税税种有哪些？个人应如何避免落入"套代购"走私陷阱？

---

4. 个人所得税

个人所得税是以自然人取得的各类应税所得为征税对象而征收的一种所得税。它是政府利用税收对个人收入进行调节的一种手段。党的二十大报告指出："完善个人所得税制度，规范收入分配秩序，规范财富积累机制，保护合法收入，调节过高收入，取缔非法收入。"个人所得税的征税对象不仅包括个人，还包括具有自然人性质的企业。电子商务平台内经营者如果是自然人，其通过电子商务交易取得的纯所得，须缴纳个人所得税。

个人所得税的纳税人依据住所和居住时间两个标准，区分为居民个人和非居民个人，分别承担不同的纳税义务。①居民纳税人。居民纳税人是在中国境内有住所，或者无住所而一个纳税年度内在中国境内居住累计满183天的个人（纳税年度，自公历1月1日起至12月31日止）。该类纳税人负有无限纳税义务，就其从中国境内和境外取得的所得，依法缴纳个人所得税。②非居民纳税人。非居民纳税人是在中国境内无住所又不居住，或者无住所而一个纳税年度内在中国境内居住累计不满183天的个人。该类纳税人负有有限纳税义务，仅就其从中国境内取得的所得，依法缴纳个人所得税。个人所得税以所得人为纳税人，以支付所得的单位或者个人为扣缴义务人。扣缴义务人向个人支付应税款项时，应当依照个人所得税法规定预扣或者代扣税款，按时缴库，并专项记载备查。

个人所得税的征税范围分为境内所得与境外所得，共九项所得项目：工资、薪金所得；劳务报酬所得；稿酬所得；特许权使用费所得；经营所得；利息、股息、红利所得；财产租赁所得；财产转让所得；偶然所得。居民个人取得第一项至第四项所得（以下简称综合所得），按纳税年度合并计算个人所得税；纳税人取得第五项至第九项所得，依照税法规定分别计算个人所得税。

我国个人所得税税率按照所得税项目不同，分为超额累进税率与比例税率两种形式。综合所得与经营所得，适用超额累进税率，其他所得适用比例税率。关于个人所得税的具体税率表、计算公式、电商行业相关的税收优惠政策将在本项目任务二进行详细讲解。

从相关法律和实践来看，判定主播收入性质主要看经济性质。如果平台或机构与主播是雇佣关系，那么主播收入属于工资薪金所得；如果是合作关系，即独立劳务，那么主播收入就属于劳务报酬所得；如果主播成立了个人工作室，且工作室在实际运营，以工作室的身份与平台或机构产生交易，那么这部分就属于个人经营所得。现实中，一些主播的个人工作室并没有实际运营，没有经济实质，只是为了走账而存在的空壳，这是法律不允许的。过往多起网络直播带货主播偷逃税案件涉及转换收入性质的行为就是这类情况。

讨论：转换收入性质具体是怎样操作的？怎样判断主播个人工作室是否构成实质性经营？

5. 企业所得税

企业所得税是指对一国境内的所有企业在一定时期内的生产经营所得和其他所得等收入，进行法定生产成本、费用和损失等扣除后的余额所征收的一种税。电子商务经营者如果是法人，就其所得征收企业所得税。

除个人独资企业、合伙企业外，凡在我国境内，企业和其他取得收入的组织（以下统称企业）为企业所得税的纳税人，包括企业、事业单位、社会团体以及其他取得收入的组织。我国将企业所得税纳税人分为居民企业和非居民企业。①居民企业。居民企业包括以下两种类型：依照中国法律在中国境内成立的企业；依照外国（地区）法律成立的实际管理机构在中国境内的企业实际管理机构。②非居民企业。非居民企业包括以下两种类型：在中国设立机构、场所，且其机构、场所不能构成实际管理机构的企业；在中国境内没有设立机构、场所，但其有来源于中国境内所得的企业。

综上所述，对于个体工商户、个人独资企业与合伙企业，需要缴纳的税种为个人所得税，适用超额累进税率，而注册成为其他企业的平台内经营者，需要缴纳的税种是企业所得税，适用比例税率。前者是自然人，对债务承担的是无限责任，即如果资不抵债，个人的所有财产可能都要用来偿还债务，后者具有法人资格，对债务承担的是有限责任，即股东的责任仅限于他们认缴的出资额。

企业所得税的征税范围为企业以货币形式和非货币形式取得的生产、经营所得和其他所得。生产、经营所得包括销售货物所得和提供劳务所得，是纳税人的主营业务所得。其他所得是指纳税人取得的股息红利等权益性投资所得、利息所得、租金所得、转让财产所得、特许权使用费所得、接受捐赠所得和其他所得，是纳税人主营业务以外的所得。

关于企业所得税的税率、计算公式、电商行业相关的税收优惠政策将在本项目任务二进行详细讲解。

一天，小王想要开通一家网店卖货赚钱，他打开国家税务总局湖南省税务局的官网，线上留言："在网络平台开网店销售是否需要缴税？需要带哪些材料？办什么手续？如何收取？税率怎么计算的？起征点是多少？是否需要报税？是否需要台账？希望咨询的问题尽快在平台上回复！谢谢！"

讨论：假设你是税务局的工作人员，请你帮忙回答他的问题。

税收护航电商发展 助力乡村振兴

"人民选我当代表，我当代表为人民，希望能与税务部门继续保持深度交流合作，当好宣传员和联络员，共同努力带动电商行业走上规范化发展之路，真正由点及面，为乡村振兴和县域经济做出贡献。"2023 年 1 月 29 日，全国人大代表梁倩娟与上门走访的徽县税务局党委书记、局长曹星一行深入交流时说。

减税降费等一系列利好政策的大规模实施和"便民办税春风行动"的连年开展，为陇南电商行业蓬勃发展提供了厚实的土壤和良好的环境，从辅导网店经营者办理税务登记、享受优惠政策，到"一厅通办""一网通办"极大压缩办税流程与时间，再到"非接触式"办税服务和"陇税雷锋"全员帮办等特色服务机制大力推广，税务部门为所有电商带来了实实在在的红利和真真切切的便利。

"对货源主要依赖本地农产品的陇南电商而言，销量好则产业旺，产业旺则乡村兴，我们不仅要不断充实完善'集中收购、精心加工、亮点宣传、多渠道展销'的经营模式，更要坚定规范可持续发展的经营理念，这需要税务部门更深度、更全面的涉税费宣传辅导和政策解读，也需要彼此间的信任与合作。"当问及对税务部门的意见建议时，梁倩娟表示。

在梁倩娟看来，陇南电商行业的下游便是周边父老乡亲，每一家电商网店都意味着新增的农产品销售渠道和灵活就业岗位，电商发展的好坏直接影响着周边群众的生产和生活。税务部门积极扶持引导电商行业规范经营，能更好地促进特色农业产业实现转型升级，助力群众持续稳定增收，助力乡村振兴和县域经济高质量发展。

案例分析：税务部门对乡村电商行业的涉税帮扶起到了什么样的作用？假设我们是电商行业从业者，应该拥有什么样的经营理念？

要点提示

通过案例的阅读与思考，培养依法纳税、诚实守信的品质，厚植乡土情怀、坚定文化自信，增强服务农业农村现代化、服务乡村全面振兴的使命感和责任感。

认识电子商务涉税种类

请同学们结合"认识电子商务涉税种类"相关知识点，参考以下思维导图，分组训练。

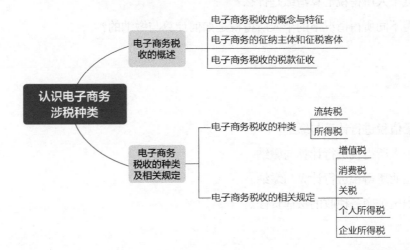

 任务二 计算与缴纳电子商务涉税税费

任务描述

2023 年 9 月 16 日，国家税务总局官网消息，新疆维吾尔自治区税务部门在对个人所得税综合所得汇算清缴办理情况开展事后抽查时，发现网络主播单某某取得综合所得且未据实办理 2021 年度个人所得税汇算清缴，遂依法对其进行立案检查。

经查，纳税人单某某未在法定期限内如实办理 2021 年度个人所得税综合所得汇算清缴，少缴个人所得税。经税务部门多次提醒督促，单某某仍不如实办理汇算申报。税务部门对其立案检查。依据《中华人民共和国个人所得税法》《中华人民共和国税收征收管理法》《中华人民共和国行政处罚法》等相关法律法规规定，昌吉回族自治州税务局稽查局对单某某追缴税款、加收滞纳金并处罚款共计 32.75 万元。税务部门已依法送达《税务处理决定书》和《税务行政处罚决定书》，单某某已按规定缴清税款、滞纳金和罚款。

税务机关发现存在涉税问题的，会在提示提醒、督促整改和约谈警示基础上，通过电子、书面等方式向其发送税务文书，提醒督促纳税人整改。对于拒不整改或整改不彻底的纳

项目六

税人，税务机关将依法追缴税款、滞纳金，并纳入税收监管重点人员名单，对其以后 3 个纳税年度申报情况加强审核；情节严重的，将依法进行立案检查。

请思考：

1. 年度个人所得税汇算清缴是什么？
2. 获得不同所得情况下的个人所得税是如何计算与缴纳的？

任务分解

1. 对增值税进行计算与缴纳。
2. 对个人所得税进行计算与缴纳。
3. 对企业所得税进行计算与缴纳。
4. 认识电子商务税收的法律责任。

知识精讲

一、增值税的计算与缴纳

（一）增值税的税率

增值税一般纳税人适用的税率有以下几档：13%、9%、6%、零税率，具体如表 6-1 所示。

表 6-1　增值税一般纳税人适用的税率表

种类		适用范围
基本税率	13%	销售货物、提供加工修理或修配劳务、进口货物、有形动产租赁服务
低税率	9%	销售或者进口下列货物适用：①粮食、食用植物油；②自来水、暖气、冷气、热水、煤气、石油液化气、天然气、沼气、居民用煤炭制品；③图书、报纸、杂志；④饲料、化肥、农药、农机、农膜；⑤国务院规定的其他货物
		提供交通运输、邮政、基础电信、建筑业、不动产租赁服务、销售不动产、转让土地使用权
	6%	提供电信增值服务、金融服务、转让土地使用权以外的其他无形资产
零税率		出口货物、境内单位或个人发生跨境应税行为（如转让无形资产）符合条件的

增值税小规模纳税人执行简易征收办法，征收率为 3%。但是，自 2023 年 1 月 1 日至 2027 年 12 月 31 日，增值税小规模纳税人适用 3% 征收率的应税销售收入，减按 1% 征收率征收增值税；适用 3% 预征率的预缴增值税项目，减按 1% 预征率预缴增值税。

（二）增值税应纳税额的计算

1. 一般纳税人应纳税额计算

$$应纳税额 = 当期销项税额 - 当期进项税额$$

其中
$$当期销项税额 = 不含税销售额 \times 税率$$

销项税额是指纳税人销售货物或提供应税劳务从购买方收取的全部价款和价外费用，进项税额是指纳税人所支付或所承担的增值税税额，可以凭票抵扣和按规定抵扣。

可以扣税的进项税额有以下两种情况：①凭票抵扣。从销售方取得的增值税专用发票（含税控机动车销售统一发票）上注明的增值税额；从海关取得的海关进口增值税专用缴款书上注明的增值税额；纳税人从境外单位或者个人购进劳务、服务、无形资产或者境内的不动产，从税务机关或者扣缴义务人取得的代扣代缴税款的完税凭证上注明的增值税额。②计算抵扣。除取得增值税专用发票或者海关进口增值税专用缴款书外，收购农产品按照农产品收购发票或者销售发票上注明的农产品买价的 9% 或者 10%（视情况不同确定）的扣除率计算进项税额；除取得增值税专用发票、增值税电子普通发票按发票上注明的税额抵扣外，购进国内旅客运输服务获得符合规定的国内旅客运输发票（注明旅客身份信息的航空运输电子客票行程单、铁路车票、公路水路等其他客票），分情况有不同的抵扣率计算抵扣。

2. 小规模纳税人应纳税额计算

$$应纳税额 = 不含税销售额 \times 征收率$$

其中
$$不含税销售额 = 含税销售额 \div (1 + 征收率)$$

（三）增值税的税收优惠政策

1. 增值税起征点政策

增值税起征点的适用范围限于个人，个人包括个体工商户和其他个人。纳税人未达到增值税起征点的，免征增值税。增值税起征点的幅度规定如下：销售货物的，为月销售额 5 000 ～ 20 000 元；销售应税劳务的，为月销售额 5 000 ～ 20 000 元；按次纳税的，为每次（日）销售额 300 ～ 500 元。省、自治区、直辖市财政厅（局）和国家税务局应在规定的幅度内，根据实际情况确定本地区适用的起征点。

2. 增值税小规模纳税人月销售额 10 万元以下免征增值税政策

自 2023 年 1 月 1 日至 2027 年 12 月 31 日，按期纳税的增值税小规模纳税人以 1 个月为 1 个纳税期的，月销售额未超过 10 万元（含本数）；小规模纳税人以 1 个季度为 1 个纳税期的，季度销售额未超过 30 万元（含本数），可以享受免征增值税政策。

党的二十大报告指出："优化民营企业发展环境，依法保护民营企业产权和企业家权益，促进民营经济发展壮大。""支持中小微企业发展。"上述关于增值税小规模纳税人的税收优惠政策对于电子商务领域有着重要意义。除少部分规模较大的平台商、销售商和零售商外，电子商务领域还存在着大量规模较小的个体经营者。由于其经营规模较小、会计核算制度不健全，可以参照线下的小规模纳税人标准，将他们规定为小规模纳税人，可以对这些纳税主体采取查账征收、核定征收等特别征收方式。

知识拓展 6-2

增值税小规模纳税人、小型微利企业和个体工商户减半征收"六税两费"政策

自 2023 年 1 月 1 日至 2027 年 12 月 31 日，对增值税小规模纳税人、小型微利企业和个体工商户减半征收资源税（不含水资源税）、城市维护建设税、房产税、城镇土地使用税、印花税（不含证券交易印花税）、耕地占用税和教育费附加、地方教育附加。

其中，小型微利企业是指从事国家非限制和禁止行业，且同时符合年度应纳税所得额不超过 300 万元、从业人数不超过 300 人、资产总额不超过 5 000 万元三个条件的企业。

（四）增值税的缴纳

纳税期限是指纳税人发生纳税义务后向国家缴纳税款的时间限度。规定纳税期限既有利于国家税收收入的均衡稳定，也有利于纳税人的资金调度和经费核算。

增值税的纳税期限分别为 1 日、3 日、5 日、10 日、15 日、1 个月或者 1 个季度。纳税人的具体纳税期限由主管税务机关根据纳税人应纳税额的大小分别核定；不能按照固定期限纳税的，可以按次纳税。

纳税人以 1 个月或者 1 个季度为 1 个纳税期的，自期满之日起 15 日内申报纳税；以 1 日、3 日、5 日、10 日或者 15 日为 1 个纳税期的，自期满之日起 5 日内预缴税款，于次月 1 日起 15 日内申报纳税并结清上月应纳税款。

扣缴义务人解缴税款的期限，依照上述规定执行。

纳税人进口货物，应当自海关填发海关进口增值税专用缴款书之日起 15 日内缴纳税款。

二、个人所得税的计算与缴纳

（一）综合所得应纳税额的计算

居民纳税人的综合所得（包括工资、薪金所得；劳务报酬所得；稿酬所得；特许权使用费所得四项）按年计征，分月或分次预缴，年终汇算清缴，多退少补。

微课6-2
个人开网店的
纳税计算

1. 居民个人综合所得分月或分次预扣预缴个人所得税计算

（1）工资、薪金所得。执行累计预扣预缴制，适用七级超额累进预扣率。表 6-2 适用于居民个人工资薪金所得按月预缴个人所得税的计算。

表 6-2　个人所得税预扣率表一（居民个人工资、薪金所得预扣预缴适用）

级数	累计应纳税所得额 含税级距	预扣率（%）	速算扣除数
1	不超过 36 000 元的	3	0
2	超过 36 000 元至 144 000 元的部分	10	2 520
3	超过 144 000 元至 300 000 元的部分	20	16 920
4	超过 300 000 元至 420 000 元的部分	25	31 920
5	超过 420 000 元至 660 000 元的部分	30	52 920
6	超过 660 000 元至 960 000 元的部分	35	85 920
7	超过 960 000 元的部分	45	181 920

本期应预扣预缴税额 =（累计预扣预缴应纳税所得额 × 预扣率 - 速算扣除数）-

累计减免税额 - 累计已预扣预缴税额

其中　　　累计预扣预缴应纳税所得额 = 累计收入 - 累计免税收入 - 累计减除费用 -

累计专项扣除 - 累计专项附加扣除 - 累计依法确定的其他扣除

1）累计减除费用按照 5 000 元 / 月乘以纳税人当年截至本月在本单位的任职受雇月份数计算。

2）专项扣除包括居民个人按照国家规定的范围和标准缴纳的基本养老保险、基本医疗保险、失业保险等社会保险费和住房公积金等。

3）专项附加扣除是指个人所得税法规定的专项附加扣除，包括子女教育、继续教育、大病医疗、住房贷款利息、住房租金、赡养老人、婴幼儿照护等七项支出。

4）依法确定的其他扣除包括个人缴付符合国家规定的企业年金、职业年金，个人购买符合国家规定的商业健康保险、税收递延型商业养老保险的支出，以及国务院规定可以扣除的其他项目。

知识拓展 6-3

专项附加扣除项目的扣除标准

3 岁以下婴幼儿照护、子女教育专项附加扣除标准为每个子女每月 2 000 元。赡养老人专项附加扣除标准为每月 3 000 元。继续教育专项附加扣除分为两类：参加职业资格继续教育的，在取得相关证书的当年，可扣除 3 600 元；参加学历（学位）继续教育的，在读期间每月扣除 400 元。

大病医疗专项附加扣除标准，是在医保目录范围内，个人自付累计超过 15 000 元的部分，在 80 000 元限额内据实扣除。住房贷款利息专项附加扣除标准为每月 1 000 元。住房租金专项附加扣除标准，根据城市规模不同分为每月 1 500 元、1 100 元及 800 元三档。

项目六

甲电商公司职员赵某，2023 年前 10 个月每月取得工资、薪金收入 14 000 元，专项扣除 2 800 元 / 月，专项附加扣除 3 000 元 / 月，无其他扣除。已知：减除费用为 5 000 元 / 月，2022 年前 9 个月赵某预缴的个人所得税为 864 元。

要求：计算赵某 10 月应预缴的个人所得税税额。

（2）劳务报酬所得、稿酬所得、特许权使用费所得。

劳务报酬所得是指个人从事劳务取得的所得，包括从事设计、装潢、安装、制图、化验、测试、医疗、法律、会计、咨询、讲学、翻译、审稿、书画、雕刻、影视、录音、录像、演出、表演、广告、展览、技术服务、介绍服务、经纪服务、代办服务以及其他劳务取得的所得。

在实务中，工资、薪金所得与劳务报酬所得易于混淆。两者的主要区别在于：工资、薪金所得是属于非独立个人劳务活动，即在机关、团体、学校、部队、企业、事业单位及其他组织中任职、受雇而得到的报酬；劳务报酬所得则是个人独立从事各种技艺、提供各项劳务取得的报酬。

正在接受全日制学历教育的学生因实习取得劳务报酬所得的，是否需要缴纳个人所得税？

劳务报酬所得适用三级超额累进预扣率。表 6-3 只适用于居民个人劳务报酬所得按月或按次预缴个人所得税的计算。稿酬所得、特许权使用费所得则均适用 20% 的比例税率，不适用表 6-3。

表 6-3　个人所得税预扣率表二（居民个人劳务报酬所得预扣预缴适用）

级数	全月（或次）应纳税所得额	预扣率（%）	速算扣除数
1	不超过 20 000 元的	20	0
2	超过 20 000 元至 50 000 元的部分	30	2 000
3	超过 50 000 元的部分	40	7 000

对于劳务报酬所得、稿酬所得、特许权使用费所得的应纳税所得额按以下计算方法执行：如果每次收入额 ≤ 4 000 元，应纳税所得额 = 每次收入额 − 800；如果每次收入额 > 4 000 元，应纳税所得额 = 每次收入额 × （1 − 20%），但要注意稿酬所得减按 70% 计算。

劳务报酬所得预缴税额 = 应纳税所得额 × 适用税率 − 速算扣除数

稿酬所得、特许权使用费所得预缴税额＝应纳税所得额×20%

2. 居民个人综合所得年终汇算清缴应纳税额计算

居民个人综合所得的年终汇算清缴适用 3% ～ 45% 的七级超额累进税率，表 6-4 适用于综合所得汇算清缴的计算。年终汇算清缴应纳税额计算出来以后，应该与本年度已预扣预缴的个人所得税税额进行比较，实行多退少补。

表 6-4　综合所得个人所得税税率（居民个人使用）

级数	全年应纳税所得额	税率（%）	速算扣除数
	含税级距		
1	不超过 36 000 元的	3	0
2	超过 36 000 元至 144 000 元的部分	10	2 520
3	超过 144 000 元至 300 000 元的部分	20	16 920
4	超过 300 000 元至 420 000 元的部分	25	31 920
5	超过 420 000 元至 660 000 元的部分	30	52 920
6	超过 660 000 元至 960 000 元的部分	35	85 920
7	超过 960 000 元的部分	45	181 920

应纳税额＝应纳税所得额×适用税率－速算扣除数

其中　　应纳税所得额＝综合所得汇算清缴年收入额－累计减除费用 60 000 元－

专项扣除－专项附加扣除－其他扣除

综合所得汇算清缴年收入额＝工资、薪金所得＋劳务报酬×（1-20%）＋

特许权使用费×（1-20%）＋稿酬×（1-20%）×70%

课堂实践 6-2

赵某是我国公民，独生子、单身、父母均已年满 60 岁，在某家电商企业工作。2023 年取得工资收入 80 000 元，在某大学授课取得收入 40 000 元，出版著作一部，取得稿酬 60 000 元，转让商标使用权，取得特许权使用费收入 20 000 元。已知：赵某个人缴纳三险一金 20 000 元，赡养老人支出税法规定的扣除金额为 36 000 元。

要求：

1. 假设无其他扣除项目，计算赵某本年应缴纳的个人所得税。

2. 假设赵某 2023 年度已预扣预缴个人所得税税额 2 500 元，请计算赵某 2023 年度综合所得汇算清缴应退（补）的个人所得税税额。

（二）经营所得应纳税额的计算

经营所得是指：①个体工商户从事生产、经营活动取得的所得，个人独资企业投资人、合伙企业的个人合伙人来源于境内注册的个人独资企业、合伙企业生产、经营的所得；②个人依法从事办学、医疗、咨询以及其他有偿服务活动取得的所得；③个人对企业、事业单位承包经营、承租经营以及转包、转租取得的所得；④个人从事其他生产、经营活动取得的所得。

纳税人取得经营所得，按年计算个人所得税，以每一纳税年度的收入总额减除成本、费用以及损失后的余额，为应纳税所得额。从事生产、经营活动，未提供完整、准确的纳税资料，不能正确计算应纳税所得额的，由主管税务机关核定应纳税所得额或者应纳税额。

经营所得适用五级超额累进税率，如表 6-5 所示。

表 6-5　经营所得个人所得税税率

级数	全年应纳税所得额	税率（%）	速算扣除数
1	不超过 30 000 元的	5	0
2	超过 30 000 元至 90 000 元的部分	10	1 500
3	超过 90 000 元至 300 000 元的部分	20	10 500
4	超过 300 000 元至 500 000 元的部分	30	40 500
5	超过 500 000 元的部分	35	65 500

经营所得应纳税额的计算公式为

应纳税额 = 全年应纳税所得额 × 适用税率 − 速算扣除数

= （全年收入总额 − 成本、费用以及损失）× 适用税率 − 速算扣除数

（三）个人所得税的税收优惠政策

2023 年 1 月 1 日至 2027 年 12 月 31 日，对个体工商户年应纳税所得额不超过 200 万元的部分，减半征收个人所得税。

（四）个人所得税的缴纳

个人所得税的纳税办法，全国通用实行的有自行申报纳税和全员全额扣缴申报纳税两种。

自行申报纳税，是由纳税人自行在税法规定的纳税期限内，向税务机关申报取得的应税所得项目和数额，如实填写个人所得税年度自行纳税申报表，并按照税法规定计算应纳税额，据此缴纳个人所得税的一种方法。

个人所得税以所得人为纳税人，以支付所得的单位或者个人为扣缴义务人。扣缴义务人向个人支付应税款项时（包括现金支付、汇拨支付、转账支付和以有价证券、实物以及其他形式的支付），应当依照《中华人民共和国个人所得税法》规定预扣或者代扣税款，按时缴

库，并专项记载备查，同时应当按照国家规定办理全员全额扣缴申报，并向纳税人提供其个人所得和已扣缴税款等信息。

全员全额扣缴申报是指扣缴义务人在代扣税款的次月 15 日内，向主管税务机关报送其支付所得的所有个人的有关信息、支付所得数额、扣除事项和数额、扣缴税款的具体数额和总额以及其他相关涉税信息资料。

三、企业所得税的计算与缴纳

（一）企业所得税的税率

一般情况下，居民企业的企业所得税税率为 25%。针对非居民企业在中国境内未设立机构、场所的，或者虽设立机构、场所但取得的所得与其所设机构、场所没有实际联系的，就其来源于中国境内的所得缴纳企业所得税，规定其预提所得税税率为 20%。但实际征税时，减按 10% 的所得税税率征收企业所得税。

（二）企业所得税应纳税额的计算

《中华人民共和国企业所得税法》第五条规定："企业每一纳税年度的收入总额，减除不征税收入、免税收入、各项扣除以及允许弥补的以前年度亏损后的余额，为应纳税所得额。"

$$应纳税额 = 应纳税所得额 \times 适用税率 - 减免税额 - 抵免税额$$

其中
$$企业应纳税所得额 = 收入总额 - 不征税收入 - 免税收入 -$$
$$各项扣除 - 允许弥补的以前年度亏损$$

居民企业一般采用查账征收的方法计算应纳税额，部分中小企业由于其会计核算资料的不完整和业务的分散，使得其采用一般计算方法计算征收所得税不符合成本效益原则，因此为了加强企业所得税的征收管理，对其采用核定征收的方式计算应纳税额。核定征收方式包括核定应纳所得税额征收与核定应税所得率征收两种。

（三）企业所得税的税收优惠政策

对小型微利企业减按 25% 计算应纳税所得额，按 20% 的税率缴纳企业所得税政策，延续执行至 2027 年 12 月 31 日。

正如党的二十大报告提出的："强化企业科技创新主体地位，发挥科技型骨干企业引领支撑作用，营造有利于科技型中小微企业成长的良好环境，推动创新链产业链资金链人才链深度融合。"国家需要重点扶持的高新技术企业，减按 15% 的税率征收企业所得税。

（四）企业所得税的缴纳

企业所得税按年计征，分月或者分季预缴，年终汇算清缴，多退少补。

企业所得税的纳税年度，自公历每年 1 月 1 日起至 12 月 31 日止。企业在一个纳税年度的中间开业，或者由于合并、关闭等原因终止经营活动，使该纳税年度的实际经营期不足 12 个月的，应当以其实际经营期为一个纳税年度。企业清算时，应当以清算期间作为一个纳税年度。

企业应当自月份或者季度终了之日起 15 日内，向税务机关报送预缴企业所得税纳税申报表，预缴税款。自年度终了之日起 5 个月内，向税务机关报送年度企业所得税纳税申报表，并汇算清缴，结清应缴应退税款。

企业在报送企业所得税纳税申报表时，应当按照规定附送财务会计报告和其他有关资料。企业在年度中间终止经营活动的，应当自实际经营终止之日起 60 日内，向税务机关办理当期企业所得税汇算清缴。

四、电子商务税收的法律责任

税收法律责任是税收法律关系的主体因违反税法所应当承担的法律后果。税法规定的法律责任形式主要有三种：一是经济责任，包括补缴税款、加收滞纳金等；二是行政责任，行政机关作出责令停产停业、吊销许可证件的处罚；三是刑事责任，对违反税法情节严重构成犯罪的行为，要依法承担刑事责任。

关于偷税的规定，偷税是指纳税人伪造、变造、隐匿、擅自销毁账簿、记账凭证，或者在账簿上多列支出或者不列、少列收入，或者经税务机关通知申报而拒不申报或者进行虚假的纳税申报，不缴或者少缴应纳税款的行为。《中华人民共和国税收征收管理法》（以下简称《税收征收管理法》）第六十三条规定："对纳税人偷税的，由税务机关追缴其不缴或者少缴的税款、滞纳金，并处不缴或者少缴的税款百分之五十以上五倍以下的罚款；构成犯罪的，依法追究刑事责任。"

关于逃税的规定，《税收征收管理法》第六十五条规定："纳税人欠缴应纳税款，采取转移或者隐匿财产的手段，妨碍税务机关追缴欠缴的税款的，由税务机关追缴欠缴的税款、滞纳金，并处欠缴税款百分之五十以上五倍以下的罚款；构成犯罪的，依法追究刑事责任。"

关于骗税的规定，《税收征收管理法》第六十六条规定："以假报出口或者其他欺骗手段，骗取国家出口退税款的，由税务机关追缴其骗取的退税款，并处骗取税款一倍以上五倍以下的罚款；构成犯罪的，依法追究刑事责任。对骗取国家出口退税款的，税务机关可以在规定期间内停止为其办理出口退税。"

关于抗税的规定，抗税是指以暴力、威胁方法拒不缴纳税款。《税收征收管理法》第六十七条规定："除由税务机关追缴其拒缴的税款、滞纳金外，依法追究刑事责任。情节轻微，未构成犯罪的，由税务机关追缴其拒缴的税款、滞纳金，并处拒缴税款一倍以上五倍以下的罚款。"

北京市税务部门依法对吴某某偷逃税案件进行处理

北京市税务局第二稽查局根据有关方面线索和税收大数据分析，依法对加拿大籍吴某某2019年至2020年期间涉嫌偷逃税问题开展了税务检查。由于吴某某大量经营信息、资金往来涉及多家境内外关联企业，案情较为复杂，北京市税务部门会同相关税务机关进行了认真细致的调查，目前案情已经查清。

经查，吴某某2019年和2020年在中国境内停留时间均超过183天，涉案期间，其采取虚构业务转换收入性质虚假申报、通过境内外多个关联企业隐匿个人收入等方式偷逃税款0.95亿元，其他少缴税款0.84亿元。北京市税务局第二稽查局依据《中华人民共和国个人所得税法》《中华人民共和国税收征收管理法》《中华人民共和国行政处罚法》等相关法律法规规定，对吴某某追缴税款、加收滞纳金并处罚款，共计6.00亿元。其中，对其虚构业务转换收入性质虚假申报偷逃税款的部分处4倍罚款计3.45亿元；对其隐匿个人收入偷逃税款的部分处5倍罚款计0.42亿元。北京市税务局第二稽查局已依法向吴某某送达税务行政处理处罚决定书。

随着跨境交易和资金往来越来越频繁，少数不法分子企图借机利用跨境交易和国际避税地来逃避中国境内纳税义务。对此，税务部门将不断完善税收监管手段，提升税收监管能力，切实加强对新型偷逃税行为的查处曝光，坚决维护国家税收安全。

案例讨论：本案中吴某某为加拿大籍，为什么也需要在中国境内缴纳个人所得税？

中国税务报：2023，减税降费这一年

2023年，党中央、国务院高瞻远瞩、审时度势，部署实施了一系列延续、优化、完善的税费优惠政策，进一步稳定市场预期、提振市场信心、激发市场活力。延续、优化、完善税费优惠政策，是减轻各类平台内经营者负担、深入激发市场活力的重要举措。

量大面广的小微企业和个体工商户，由于规模小、抵御风险能力弱，更需要持续有效的税费优惠政策支持。财政部、国家税务总局联合发布的《支持小微企业和个体工商户发展税费优惠政策指引（2.0）》，梳理收录了2023年国家延续、优化、完善的支持小微企业和个体工商户发展的50项税费优惠政策，包括减轻税费负担、推动普惠金融发展、支持创新创业、重点群体创业税收优惠四个部分。在减轻税费负担方面，包含涉及增值税、企业所得税、个人所得税、"六税两费"等12项优惠政策。全方位、多层次的税惠红利精准直达，切实为小微企业减负。

项目六

国家税务总局数据显示，2023年前11个月，全国新增减税降费及退税缓费18 125.09亿元。其中，中小微企业受益最明显，新增减税降费及退税缓费11 203.37亿元，占比61.8%。

"小微企业发展对于增加就业创业、促进经济增长、推动社会和谐稳定等具有不可替代的重要作用。'真金白银'的税费优惠有效减轻了企业经营、融资等负担，对于稳经济、稳预期至关重要。"上海财经大学公共政策与治理研究院田副院长表示。北京国家会计学院李副院长表示："系列政策涉及促进研发投入、鼓励创业投资、支持研发设备更新和重点产业链发展等多方面，有效支持企业技术创新和产业转型升级，为助推经济社会高质量发展注入更多能量。"

案例分析：国家为什么要制定实施一系列针对小微企业和个体工商户的税费优惠政策？有什么意义？

要点提示

通过案例的阅读与思考，提高创新创业意识，培养家国情怀，增强新时代青年的担当感、责任感。

思维导图实训6-2

计算与缴纳电子商务涉税税费

请同学们结合"计算与缴纳电子商务涉税税费"相关知识点，参考以下思维导图，分组训练。

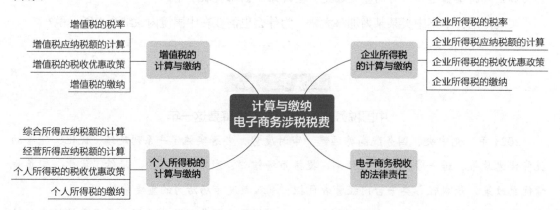

☆ 项目同步练习

一、单选题

1. 税法规定，征税的目的物为（　　），它是区分不同税种的重要标志。

    A. 纳税人   B. 征税对象   C. 税目   D. 税率

2. 下列各选项中，属于消费税征税范围的是（　　　）。

　　A. 调味料酒　　　　　　　　　　　　B. 电动汽车

　　C. 木制一次性筷子　　　　　　　　　D. 沙滩车

3. 根据增值税法的规定，一般纳税人年应征增值税销售额为（　　　）可以登记为一般纳税人。

　　A. 500 万元以上　　　　　　　　　　B. 500 万元及以下

　　C. 80 万元　　　　　　　　　　　　 D. 50 万元

4. 自 2023 年 1 月 1 日至 2027 年 12 月 31 日，按期纳税的增值税小规模纳税人以 1 个月为 1 个纳税期的，月销售额未超过（　　　）万元（含本数）可以享受免征增值税政策。

　　A. 10　　　　　　　B. 15　　　　　　　C. 20　　　　　　　D. 30

5. 扣缴义务人向居民个人支付工资、薪金所得时，应当按照累计预扣法计算预扣税款，并按（　　　）办理扣缴申报。

　　A. 次　　　　　　　B. 年　　　　　　　C. 季　　　　　　　D. 月

二、多选题

1. 税收的基本特性包括（　　　）。

　　A. 固定性　　　　　B. 强制性　　　　　C. 机动性　　　　　D. 无偿性

2. 根据个人所得税法的相关规定，居民个人取得下列各项所得中属于综合所得的有（　　　）。

　　A. 工资、薪金所得　　　　　　　　　B. 稿酬所得

　　C. 财产转让所得　　　　　　　　　　D. 经营所得。

3. 增值税一般纳税人适用的税率有以下几档：（　　　）。

　　A. 13%　　　　　　B. 9%　　　　　　 C. 6%　　　　　　 D. 零税率

4. 专项附加扣除是指个人所得税法规定的专项附加扣除，包括（　　　）等支出。

　　A. 子女教育　　　　　　　　　　　　B. 住房贷款利息

　　C. 赡养老人　　　　　　　　　　　　D. 婴幼儿照护

5. 根据《税收征收管理法》，属于偷税行为的有（　　　）。

　　A. 纳税人以暴力、威胁方法拒不缴纳税款

　　B. 纳税人在账簿上多列支出或者不列、少列收入，不缴或者少缴应纳税款

　　C. 纳税人伪造、变造、隐匿、擅自销毁账簿、记账凭证，不缴或少缴应纳税款

　　D. 纳税人经税务机关通知申报而拒不申报或者进行虚假的纳税申报，不缴或者少缴应纳税款

三、判断题

1. 电子商务经营者应当依法履行纳税义务，并依法享受税收优惠。　　　　　（　　）

2. 电子商务经营者如果是自然人，其通过电子商务交易取得的纯所得，须缴纳企业所得税。　　　　　　　　　　　　　　　　　　　　　　　　　　　　　　　（　　）

3. 2023年1月1日至2027年12月31日，对个体工商户年应纳税所得额不超过200万元的部分，减半征收个人所得税。　　　　　　　　　　　　　　　　　　　　　（　　）

4. 根据《电子商务法》，不需要办理市场主体登记的电子商务经营者无须申报纳税。　　　　　　　　　　　　　　　　　　　　　　　　　　　　　　　　　　　　　（　　）

5. 目前按照征收对象分，电子商务主要涉及两大税种：流转税和所得税。（　　）

四、综合案例分析

为落实中办、国办印发的《关于进一步深化税收征管改革的意见》要求，全面推进税收征管数字化升级和智能化改造，加大推广使用全面数字化的电子发票（以下简称数电票）力度，经国家税务总局同意，国家税务总局北京市税务局、安徽省税务局、山东省税务局、湖南省税务局、贵州省税务局、青海省税务局、宁夏回族自治区税务局决定自2023年11月1日起开展数电票试点工作。截至2023年11月，数电票开票试点已扩围至全国35个省、自治区、直辖市、计划单列市。

请问：数电票的法律效力与现有纸质发票是否相同？推行数电票具有哪些优点？

项目七 电子商务法律责任与纠纷解决

知识目标 ✓

1. 明确电子商务中的法律责任
2. 熟悉电子商务平台经营者的法律责任
3. 了解电子商务其他有关服务经营者的特别规定
4. 了解电子商务纠纷与解决的基本知识
5. 掌握电子商务在线争议解决方式

能力目标 ✓

1. 能够掌握电子商务平台经营者应当遵守的相关法律规范
2. 遇到电子商务纠纷时，能够根据所学知识选择合适、高效的争议解决方式来解决问题

素养目标 ✓

1. 培养实事求是、开拓创新、与时俱进的思想观念
2. 培养紧跟时代步伐、经世济民、密切关注电子商务发展现状的意识

学习参考法律法规 ✓

《中华人民共和国民法典》
《中华人民共和国电子商务法》
《中华人民共和国民事诉讼法》

项目背景

随着互联网的快速发展，电子商务已经成为现代商业活动的重要组成部分。然而，电子商务的快速发展也带来了一系列的法律问题和责任纠纷，电子商务平台作为电子商务活动的重要组成部分，承担着一定的法律责任。首先，平台有义务对商家进行认证和审核，确保其合法经营。其次，平台应当对商家的商品信息进行真实性和合法性的审核，确保消

费者的权益不受侵害。最后，平台应当建立完善的投诉处理机制，及时处理消费者的投诉，保障消费者的合法权益。

在电子商务平台上，知识产权的保护尤为重要。平台应当对商家发布的商品进行知识产权审核，禁止侵犯他人的知识产权。如果发生知识产权纠纷，平台应当及时采取措施，保护权利人的合法权益。

本项目以电子商务平台经营者应当遵守的相关法律规范为基础进行任务分解：一是明确电子商务中的法律责任、熟悉电子商务平台经营者的法律规范；二是了解电子商务纠纷与解决的基本知识、掌握电子商务在线争议解决方式；三是正确区分电子商务经营者的法律责任，并树立实事求是、开拓创新、与时俱进的思想观念。

导入案例

2021 年 7 月 20 日，上海市奉贤区人民法院对淘宝网诉平台售假店铺案进行一审宣判。法院认定，淘宝店主姚某的售假行为对淘宝网商誉造成损害，判处被告向淘宝网赔偿人民币 12 万元，这起案件是公开宣判的电商平台起诉售假网店的案件。

据了解，被告姚某自 2019 年开始在淘宝网上出售宠物食品。2020 年 5 月，淘宝与品牌商公司联合发现姚某销售的某品牌猫粮存在假货嫌疑，便在该店铺匿名购买了一袋价格99 元的猫粮。经过品牌方鉴定，该猫粮为假货，随后淘宝将线索移送警方。

2020 年 10 月 12 日，姚某被警方抓获。2021 年 3 月，淘宝以"违背不得售假约定、侵犯平台商誉"为由将姚某告上法庭。该案经上海市奉贤区人民法院公开审理做出判决：

（1）被告姚某于本判决生效之日起 10 日内赔偿原告浙江淘宝网络有限公司损失人民币10 万元。

（2）被告姚某于本判决生效之日起 10 日内赔偿原告浙江淘宝网络有限公司合理支出人民币 2 万元。

（3）驳回原告浙江淘宝网络有限公司的其余诉讼请求。

案例思考：

1. 本案中，被告姚某与原告浙江淘宝网络有限公司是电子商务经营者吗？二者之间的区别是什么？

2. 本案中，浙江淘宝网络有限公司起诉的依据是什么？

3. 本案中，浙江淘宝网络有限公司为什么会胜诉？

任务一　区分电子商务经营者的法律责任

任务描述

　　广州网民李先生大学学的是计算机专业，毕业后到广州创业，平时有自己的工作。2022年4月，他根据自己的特长在某平台网站上开了个网店，主要是利用业余时间在家上网，卖点计算机零配件之类的小商品，有4 000多元的营业额。2022年7月12日，李先生家来了三位广州市市场监督管理局的工作人员，他们认为李先生无照经营网络店铺，扣押了李先生用于网上经营的计算机、打印机、传真机等物品，并通知李先生要缴罚款500元。

　　请思考：

　　1. 在本案例中，李先生属于"无照经营"吗？要承担法律责任吗？

　　2. 平台网站应如何避免类似事件再次发生？

任务分解

　　1. 掌握电子商务平台经营者应当遵守的相关法律规范。

　　2. 理解电子商务经营者的法律责任。

知识精讲

一、电子商务平台经营者的法律规范

（一）电子商务平台的交易管理制度建设

　　交易规则是电子商务交易平台运行的基本规定。平台经营者应当建立交易规则、明确与平台内经营者共同遵循的守则，并建立交易安全保障、消费者权益保护、知识产权保护、不良信息处理、纠纷解决等管理制度。

　　商务部《第三方电子商务交易平台服务规范》第5.6条规定，平台经营者应提供规范化的网上交易服务，建立和完善各项规章制度，包括但不限于下列制度：

　　（1）用户注册制度。

　　（2）平台交易规则。

　　（3）信息披露与审核制度。

（4）隐私权与商业秘密保护制度。

（5）消费者权益保护制度。

（6）广告发布审核制度。

（7）交易安全保障与数据备份制度。

（8）争议解决机制。

（9）不良信息及垃圾邮件举报处理机制。

（10）法律、法规规定的其他制度。

（二）平台经营者对平台内经营者的身份的查验

实名登记是针对第三方电子商务平台内经营者鱼龙混杂情况严重，且相关行政监管部门难以取证执法而提出的。《电子商务法》第二十七条规定："电子商务平台经营者应当要求申请进入平台销售商品或者提供服务的经营者提交其身份、地址、联系方式、行政许可等真实信息，进行核验、登记，建立登记档案，并定期核验更新。"

平台经营者应当监督平台内经营者合法经营，对于违反法律、行政法规的经营行为，平台经营者有权要求商户改正或依法采取必要的处置措施，并向有关主管部门报告。管理部门发现平台内经营者有违反法律、法规行为，依法要求平台经营者采取措施制止的，平台经营者应当予以配合。

--- 知识拓展 7-1 ---

市场监管总局关于做好电子商务经营者登记工作的意见

2018 年 12 月，国家市场监督管理总局发布了《市场监管总局关于做好电子商务经营者登记工作的意见》。意见指出，电子商务经营者申请登记成为企业、个体工商户或农民专业合作社的，依照现行市场主体登记管理相关规定向各地市场监督管理部门申请办理市场主体登记。

电子商务经营者申请登记为个体工商户的，允许其将网络经营场所作为经营场所进行登记。对于在一个以上电子商务平台从事经营活动的，需要将其从事经营活动的多个网络经营场所向登记机关进行登记。允许将经常居住地登记为住所，个人住所所在地的县、自治县、不设区的市、市辖区市场监督管理部门为其登记机关。

以网络经营场所作为经营场所登记的个体工商户，仅可通过互联网开展经营活动，不得擅自改变其住宅房屋用途用于从事线下生产经营活动并应作出相关承诺。登记机关要在其营业执照"经营范围"后标注"仅限于通过互联网从事经营活动"。

（三）平台经营者对平台内经营者商品或服务的查验

我国《电子商务法》第三十八条规定："电子商务平台经营者知道或者应当知道平台内

经营者销售的商品或者提供的服务不符合保障人身、财产安全的要求，或者有其他侵害消费者合法权益行为，未采取必要措施的，依法与该平台内经营者承担连带责任。对关系消费者生命健康的商品或者服务，电子商务平台经营者对平台内经营者的资质资格未尽到审核义务，或者对消费者未尽到安全保障义务，造成消费者损害的，依法承担相应的责任。"

《电子商务法》第八十三条规定："电子商务平台经营者违反本法第三十八条规定，对平台内经营者侵害消费者合法权益行为未采取必要措施，或者对平台内经营者未尽到资质资格审核义务，或者对消费者未尽到安全保障义务的，由市场监督管理部门责令限期改正，可以处5万元以上50万元以下的罚款；情节严重的，责令停业整顿，并处50万元以上200万元以下的罚款。"

（四）平台经营规则修改与平台内经营者退出

《电子商务法》第三十四条规定："电子商务平台经营者修改平台服务协议和交易规则，应当在其首页显著位置公开征求意见，采取合理措施确保有关各方能够及时充分表达意见。修改内容应当至少在实施前7日予以公示。平台内经营者不接受修改内容，要求退出平台的，电子商务平台经营者不得阻止，并按照修改前的服务协议和交易规则承担相关责任。"

平台经营者与申请进入平台销售商品或者提供服务的平台内经营者订立的协议，应当按照原国家工商总局《网络交易管理办法》第二十四条的规定，明确双方在平台进入和退出、商品和服务质量安全保障、消费者权益保护等方面的权利、义务和责任。

案件直击 7-1

王某与某信息科技公司产品责任纠纷案

被告甲公司运营某外卖餐饮平台，提供外卖订餐服务，并向消费者郑重承诺：我平台已对入网餐饮服务提供者的食品经营许可证进行严格的实地审查，并保证入网餐饮服务提供者食品经营许可证载明的经营者名称、经营场所、主体业态、经营项目、有效期等许可信息合法、真实、准确、有效。原告王某在该平台上一家麻辣烫店铺购买了一份麻辣烫，后发现该麻辣烫店铺未取得食品经营许可证。王某诉至法院，要求甲公司与该麻辣烫店铺承担连带赔偿责任。

审理法院认为，甲公司经营的外卖餐饮平台属于网络交易第三方平台，依照《中华人民共和国食品安全法》第一百三十一条规定以及甲公司在外卖平台上作出的承诺，甲公司应对入网食品经营者进行实名登记，并审查其是否取得食品经营许可证。但甲公司未履行上述义务，使王某购买到了无食品经营资质商家制作的食品，合法权益受损，甲公司应与食品经营者承担连带赔偿责任。

案例讨论：甲公司是电子商务平台经营者吗？《电子商务法》中对于承担连带责任是如何表述的？

（五）平台经营者自营业务与其他经营业务的区分

《电子商务法》第三十七条规定："电子商务平台经营者在其平台上开展自营业务的，应当以显著方式区分标记自营业务和平台内经营者开展的业务，不得误导消费者。电子商务平台经营者对其标记为自营的业务依法承担商品销售者或者服务提供者的民事责任。"

在电子商务纠纷调解中，投诉案例来自自营平台中非自营业务所占比重较高，许多消费者常常混淆平台经营者自己销售的产品和平台内经营者销售的产品。因此，有必要明确，平台经营者在自有平台上开展商品或服务自营业务的，应当以显著方式对自营部分和平台内其他经营者经营部分进行区分和标识，避免购买者或用户产生误解。

（六）平台经营者的服务终止

传统商业机构的影响仅仅在一个城市或一个地区，而电子商务交易平台所波及的人数和社会面要大得多。因此，电子商务交易平台服务的终止也必须有较高的要求，以免引起社会的动荡。《电子商务法》第十六条规定："电子商务经营者自行终止从事电子商务的，应当提前 30 日在首页显著位置持续公示有关信息。平台经营者擅自关闭平台服务，造成用户权益受到侵害的，应当承担相应的民事赔偿责任。"

德法课堂 7-1

外卖骑手在平台接单是劳动关系还是劳务关系

王某是某供应链管理公司所管理的某外卖平台的"专卖骑手"。"专卖骑手"每天上班前需要在该外卖平台 App 上线打卡，随后即可接受 App 系统派单，请假需在 App 上请假。骑手每月在平台提出服务佣金结算申请，某供应链管理公司在每月 15 日结算，结算后将费用支付给第三方公司，第三方公司核算后将费用支付至骑手账户，骑手工资多少与接单量相关。

2022 年 5 月，王某在送餐途中，被张某驾驶的轿车撞伤。交警部门认定张某负事故全部责任，王某无责任。事故发生一小时后，王某步行至医院就诊，经诊断为左锁骨骨折。王某自事故发生后未再返岗送餐，随后以与某供应链管理公司之间存在劳动关系为由，向劳动仲裁部门申请仲裁。劳动仲裁部门的仲裁裁决书确认王某与某供应链管理公司之间自 2021 年 3 月至 2022 年 5 月存在劳动关系。

某供应链管理公司对仲裁裁决书不服，认为其与王某在平等、自愿的情形下签订网约送餐员配送服务协议，协议约定双方并非劳动关系，于是向许昌市建安区法院提起诉讼。

建安区法院经审理认为，网约配送员属于新就业形态，认定双方是否形成劳动关系，要根据用工事实和劳动管理程度，综合考虑从业者对工作时间和工作量的自主决定程度，劳动过程受管理控制程度，劳动者是否需要遵守有关工作规则、劳动纪律和奖惩办法，劳动工作的持续性，劳动者能否决定和改变交易价格等因素予以认定。

案例分析：建安区法院最终如何判定？依据是什么？

要点提示

依据有关法律法规进行案例分析，培养实事求是、紧跟时代步伐、经世济民的职业素养，密切关注电子商务发展的现状。

二、其他有关服务经营者的特别规定

为网络交易经营者提供宣传推广、支付结算、物流快递、网络接入、服务器托管、虚拟主机、云服务、网站网页设计制作等服务的经营者，应当及时协助市场监督管理部门依法查处网络交易违法行为，提供其掌握的有关数据信息。法律、行政法规另有规定的，依照其规定。

市场监督管理部门发现网络交易经营者有违法行为，依法要求网络交易平台经营者、其他服务提供者采取措施制止的，网络交易平台经营者、其他服务提供者应当予以配合。

知识拓展 7-2

京东成首个电子营业执照亮照平台，信息实时更新不可篡改

2019 年 6 月，市场监管总局正式上线了电子营业执照亮照系统。通过该系统，电子商务平台中领了电子营业执照的经营者能够更加便利地展示自己的电子执照内容，且亮照信息真实权威，实时更新，不可随意篡改。京东宣布成为该系统首家应用单位，为平台商家提供亮照服务。

《电子商务法》明确规定，电子商务经营者应当在其首页显著位置持续公示营业执照信息，并及时更新公示信息；电子商务平台经营者应当定期核验入驻平台经营者公示信息的真实性。

但电子商务的亮证亮照在实际操作中存在很多困难。对商家来说，纸质营业执照容易丢失，商家经营信息发生变化后需要重新上传。电商平台查验商家入驻时提交的纸质营业执照时也要投入很大的工作量，经营信息变化后如果不及时更新还会对平台的管理造成阻碍。市场监管总局 2018 年底出台了《电子营业执照管理办法（试行）》，推进电子营业执照的应用。根据该办法，电子营业执照相当于企业的"电子身份证"，与纸质执照具有同等法律效力，各类企业、个体工商户和农民专业合作社都可以通过手机领取、下载和使用电子营业执照。

京东与市场监管总局电子营业执照亮照系统对接后，商家可将从市场监管部门领取到的电子营业执照直接展示在京东平台上，且证照信息实时更新、不可篡改，从根本上解决了电商经营者信息变更必须再次公示、电商平台信息核验困难、消费者对于公示信息真实性存疑等诸多问题。

项目七

三、电子商务经营者的法律责任

（一）电子商务经营者的民事责任

《民法典》第一千一百六十五条规定："行为人因过错侵害他人民事权益造成损害的，应当承担侵权责任。依照法律规定推定行为人有过错，其不能证明自己没有过错的，应当承担侵权责任。"第一千一百六十六条规定："行为人造成他人民事权益损害，不论行为人有无过错，法律规定应当承担侵权责任的，依照其规定。"

1. 电子商务经营者民事侵权责任的归责原则

《民法典》确定的侵权责任归责原则包括过错责任原则、无过错责任原则和公平责任原则。过错责任原则还可以划分为一般过错责任原则和过错推定原则。《民法典》第一千一百九十四条规定："网络用户、网络服务提供者利用网络侵害他人民事权益的，应当承担侵权责任。法律另有规定的，依照其规定。"第一千一百九十七条规定："网络服务提供者知道或者应当知道网络用户利用其网络服务侵害他人民事权益，未采取必要措施的，与该网络用户承担连带责任。"第一千一百九十五条第2款规定："网络服务提供者接到通知后，应当及时将该通知转送相关网络用户，并根据构成侵权的初步证据和服务类型采取必要措施；未及时采取必要措施的，对损害的扩大部分与该网络用户承担连带责任。"第一千一百九十五条第3款规定："权利人因错误通知造成网络用户或者网络服务提供者损害的，应当承担侵权责任。法律另有规定的，依照其规定。"

2. 电子商务经营者承担侵权责任主要形式

根据行为人是否达到《民法典》规定的构成要件和违法行为与损害事实之间的因果关系及实际损失的大小，行为人承担民事侵权责任的形式大致有以下几种主要方式：

（1）停止伤害。电子商务中的行为人实施侵害他人财产和人身的行为仍在继续中，受害人可以依法请求法院责令侵害人停止其侵害行为。任何正在实施不法侵害的行为人都应立即停止其侵害行为。这种责任形式可以及时制止侵权行为，防止扩大侵害后果，避免再给受害人增加损失。

（2）排除妨碍。不法行为人实施的侵害行为使受害人无法行使或不能正常行使自己的财产权利、人身权利，受害人有权请求排除妨碍。适用这种责任形式时应注意：①妨碍行为必须是不正当的；②妨碍既可以是实际存在也可以是可能出现的；③妨碍是权利人行使权利的障碍，只要不法行为人妨碍他人行使物权、人身权和知识产权，受害人均可请求排除妨碍。

（3）消除危险。电子商务侵权行为人的行为对他人的人身和财产安全造成威胁，或存在侵害他人人身或财产的行为的，他人有权要求行为人采取有效措施消除危险。

（4）返还财产。《民法典》第一百二十二条规定："因他人没有法律根据，取得不当利益，受损失的人有权请求其返还不当利益。"返还财产责任因不法行为人非法占有财产而产生，非法占有指无法律和合同的根据而占有他人的财产。例如，由于银行计算机系统出了问题，客户在自动取款机上取钱时取出双倍的现金，银行有权要求储户返还自动取款机多"吐"出的现金。

（5）赔偿损失。赔偿损失是侵权责任中最基本的责任形式，也是因侵权行为而产生的债务关系，法律允许受害人作为请求权人向加害人提出赔偿请求，以有效保护受害人的利益。电子商务行为人因侵权行为给他人造成损失的，应以其财产赔偿受害人所受的损失。这对规范电子商务行为，消除违法行为的后果，维护电子商务秩序，促进电子商务的发展具有极为重要的意义。

（6）消除影响、恢复名誉。消除影响是指在电子商务活动中行为人因其违法行为使公民或法人的人格权受到侵犯所应承担的在影响所及的范围内消除不良后果；恢复名誉是指在电子商务活动中行为人因其行为侵害了公民或法人的名誉，应在影响所及的范围内使受害人的名誉恢复至未受侵害时的形态。消除影响、恢复名誉是侵犯公民、法人的人身权所承担的责任形式。

（7）赔礼道歉。赔礼道歉是指违反电子商务法的侵权行为人向受害人承认错误、表示歉意以求得受害人的原谅。采用这种责任形式既可以用口头方式，也可以用书面方式。这里的书面道歉可以在网上，也可以在报刊上，还可以张贴于有关场所或者以信件方式转交受害人。赔礼道歉作为违反电子商务法的一种承担民事责任的方式，与一般道义上的赔礼道歉不同，它是靠国家强制力保证实施的。

3.《电子商务法》中关于电子商务经营者承担民事责任的规定

《电子商务法》第七十四条规定："电子商务经营者销售商品或者提供服务，不履行合同义务或者履行合同义务不符合约定，或者造成他人损害的，依法承担民事责任。"

（二）电子商务经营者的刑事责任

刑事责任是行为人在实施违法犯罪的行为后应承担的责任。《电子商务法》第八十八条规定："违反本法规定，构成违反治安管理行为的，依法给予治安管理处罚；构成犯罪的，依法追究刑事责任。"电子商务活动中的犯罪具有以下特征：①犯罪目的性强；②非法获利性；③犯罪的高智能性；④犯罪的无现场性；⑤犯罪被举报的少；⑥犯罪的低风险性；⑦防控难度大。

（三）电子商务经营者的行政责任

电子商务中的行政责任是电子商务活动的参与方在电子商务活动中由于出现了行政违法行为所应承担的法律责任。它包括两方面内容：一是国家机关及其工作人员在管理电子商务活动中因违法或行为不当而应承担的行政责任；二是电子商务参与方在电子商务活动中违反相应的行政法规或不履行相应的行政义务所应承担的行政责任。

电子商务经营者的行政责任，主要集中在公民，法人、其他组织等行政相对人违反相应的行政法规或不履行相应的行政义务所应承相的法律责任方面。根据前文电子商务中存有的主要行政违法行为，电子商务中的行政责任表现在以下方面：

1. 电子商务中的税收行政责任

（1）对于违反税收管理程序的违法行为，根据《税收征收管理法》的规定，可由税务机关责令限期改正，可处以 20 元以下的罚款；情节严重的，处以 200 元以上 1 万元以下的罚款。

（2）对于电子商务中的偷税、抗税违法行为，依照《税收征收管理法》的相关规定，未构成犯罪的，由税务机关追缴其不缴或少缴、拒缴的税款滞纳金，对于偷税违法行为还要并处不缴或少缴的税款 50% 以上五倍以下的罚款，对于抗税违法行为则要并处拒缴税款一倍以上五倍以下的罚款；构成犯罪的，除依法追究其行政责任外，还会报送公安机关追究其刑事责任。

2. 电子商务中的知识产权行政责任

对于"恶意抢注"的违法行为，根据《商标法》和《反不正当竞争法》的相关规定，可以依据情节不同，给予以下几种行政处罚：

（1）责令停止违法行为，没收违法商品。《反不正当竞争法》第十八条规定："经营者违反本法第六条规定实施混淆行为的，由监督检查部门责令停止违法行为，没收违法商品。"

（2）罚款。《商标法》第六十条规定："工商行政管理部门处理时，认定侵权行为成立的，责令立即停止侵权行为，没收、销毁侵权商品和主要用于制造侵权商品、伪造注册商标标识的工具，违法经营额 5 万元以上的，可以处违法经营额五倍以下的罚款，没有违法经营额或者违法经营额不足 5 万元的，可以处 25 万元以下的罚款。"《反不正当竞争法》第十八条规定："经营者违反本法第六条规定实施混淆行为的，由监督检查部门责令停止违法行为，没收违法商品。违法经营额 5 万元以上的，可以并处违法经营额五倍以下的罚款；没有违法经营额或者违法经营额不足 5 万元的，可以并处 25 万元以下的罚款。"

（3）吊销营业执照。《反不正当竞争法》第十八条规定："经营者违反本法第六条规定实施混淆行为的，由监督检查部门责令停止违法行为，没收违法商品。违法经营额 5 万元以上的，可以并处违法经营额五倍以下的罚款；没有违法经营额或者违法经营额不足 5 万元的，可以并处 25 万元以下的罚款。情节严重的，吊销营业执照。"

对于著作权的违法行为，可根据《著作权法》和《著作权法实施细则》给予其责令停止侵害、罚款、没收非法所得、警告等处罚。

3. 电子商务中触犯《消费者权益保护法》的行政责任

对企业经营者违反《消费者权益保护法》的，根据该法第五十条追究其行政责任。由工商行政管理部门责令改正，可以根据情节单处或并处警告、没收违法所得，处以违法所得一倍以上五倍以下的罚款；情节严重的，责令停业整顿、吊销营业执照。

电子商务经营者的行政责任包括哪些方面的内容？主要集中体现在哪些方面？

区分电子商务经营者的法律责任

请同学们结合"区分电子商务经营者的法律责任"相关知识点，参考以下思维导图，分组训练。

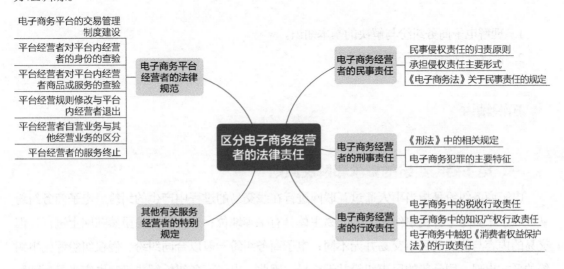

任务二　合理解决电子商务纠纷

项目七

任务描述

某电商平台知识产权侵权纠纷

纠纷背景：

某品牌商家在电商平台上发现有其他卖家销售侵犯其商标权的商品，遂向平台投诉并要求处理。

法律分析：

根据《商标法》相关规定，未经商标注册人许可，在同一种商品上使用与其注册商标相同的商标，构成侵权行为。平台在接到投诉后，有义务采取必要措施防止侵权行为继续发生。

纠纷解决：

平台在接到投诉后，立即对侵权商品进行下架处理，并对侵权卖家进行处罚。品牌商家与侵权卖家达成和解协议，侵权卖家承诺不再销售侵权商品并赔偿品牌商家经济损失。

请思考：

1. 电子商务纠纷解决的原则是什么？
2. 电子商务纠纷处理的方式有哪些？

任务分解

1. 理解电子商务纠纷与解决的基本知识。
2. 能够合理解决电子商务纠纷。

知识精讲

一、电子商务纠纷的概念和解决原则

电子商务纠纷是指当事人通过互联网进行在线交易的过程中产生的纠纷。电子商务纠纷从性质上来看是一种民事纠纷，其交易主体具有平等地位；双方的交易虽然在网上进行，但交易的内容与传统的民事交易并无不同；电子商务纠纷一般以合同纠纷、侵权纠纷等民事纠纷的形式出现，同一般的民事纠纷并无差异。因此，电子商务纠纷解决机制也应当是一种民事纠纷解决机制。同时，由于电子商务纠纷是一种网上纠纷或线上纠纷，其交易主体是互不相识的网民，交易中信息的传递、合同的订立甚至合同的履行都在网上进行，纠纷发生后证据的收集及消费者纠纷的处理一般也在网上进行，电子商务的这一特殊之处也是电子商务纠纷解决机制必须充分考虑的重要因素。

争议解决的机构和争议当事人应遵循保护交易、促进电子商务发展、维护消费者合法权益、维护公平有序的市场秩序的原则，公正、高效地解决当事人之间的纠纷。电子商务主体之间信息的不对称及电子商务纠纷的虚拟性决定了电子商务交易中消费者一方的弱势地位，因此在寻求电子商务纠纷解决方式的过程中应当充分保护消费者的合法权益，这是保证社会公平的要求，也是促进电子商务继续保持良好发展势头的必然要求。电子商务纠纷的跨国特点及其交易标的数额较小的特点，促使电子商务纠纷的解决除要求公正外，更要注重纠纷解决的效率问题。在线争端解决机制（ODR）等电子商务纠纷解决的新模式的主要特点就是克服了传统民商事纠纷解决机制时间长、效率低和不方便的弊端，这也是在线纠纷机制适应电子商务发展要求，受到越来越多人推崇的重要原因。

商家因"差评"擅自公布消费者个人信息构成侵权

原告张某等人因不满被告某商家的"剧本杀"游戏服务，上网发布"差评"，该商家遂在微信公众号发布与张某等人的微信群聊记录、游戏包厢监控视频录像片段、微信个人账号信息，还称"可向公众提供全程监控录像"。张某等人认为商家上述行为侵害其隐私权和个人信息权益，起诉要求商家停止侵权、赔礼道歉及赔偿精神损失等。

审理法院认为，消费者在经营者提供的包间内的活动具有私密性，商家为了澄清"差评"通过微信公众号公开消费者包间内监控录像并称可提供全程录像，构成对消费者隐私权的侵害；商家未经张某等人同意公布其微信个人账号信息，侵害了张某等人的个人信息权益。依据《民法典》第一千零三十二条、第一千零三十三条、第一千零三十四条，《个人信息保护法》第四条、第十三条的规定，判令商家立即停止公开监控录像，删除公众号文章中"可向公众提供全程监控录像"表述及张某等人的微信个人账号信息，在微信公众号发布致歉声明，并向张某等人赔偿精神损害抚慰金。

案例讨论：消费者在网上进行评价受法律保护吗？法律依据是什么？

二、电子商务纠纷的特点

电子商务纠纷虽然在本质上属于民事纠纷的范畴，其解决也可以比照民事纠纷的解决机制进行，但由于电子商务纠纷的产生、发展、结束一般都在网上进行，它便具有了自己本身的一些特点。这些特点对当前电子商务纠纷的解决提出了许多新要求，决定了电子商务纠纷的解决不能照搬、照抄民事纠纷。电子商务纠纷主要有以下特点：

1. 范围广，跨区域

互联网是一个全球性的网络，全球任何地方的任何人只要有一台计算机，能够顺利接通网络，就可以与其他地方的任何人进行信息的交流和贸易的往来。因而电子商务纠纷具有空间上的跨区域的特点，其常常会出现在相隔较远甚至是跨国的主体之间，涉及世界任何国家和地区，发生在不同的法律效力空间范围和司法管辖范围内。空间上的跨区域性使纠纷的解决不可避免地涉及管辖权的确定、实体法选择、管辖争议裁决的效力和执行等问题，这也促使电子商务纠纷的解决必须协调好各国司法管辖权和法律适用问题，同时也决定了其对纠纷解决机制效率和便利性的高要求。

2. 数量多，以小额为主

当前电子商务纠纷主要以小额纠纷为主。从我国电子商务的总体类型上来看，B2C（企业对消费者）电子商务及 C2C（消费者对消费者）电子商务的交易数量是目前我国各类型电子商务中最大的两类，这两类电子商务所产生的纠纷数量也是电子商务纠纷数量中最大的，

项目七

而这两类电子商务纠纷通常都是小额纠纷。此外，根据中国互联网络信息中心（CNNIC）对2023年我国网络购物市场的统计，截至2023年6月，我国网络购物用户规模达8.84亿人，较2022年12月增长3 880万人，占网民整体的82.0%，网购市场最热门的销售品类是服装鞋帽，其次是日用百货和计算机、通信数码产品及配件，而像汽车、冰箱、电视机等大件物品，消费者往往会出于交易安全的考虑，通过传统购物渠道购买。电子商务购物中的消费者以购买数额较低的物品为主的这一特征决定了电子商务纠纷涉及的数额不会太高。

3. 虚拟性，取证困难

虚拟性包括交易主体的虚化和证据的电子化。在电子商务环境下，交易双方通过虚拟的身份仅靠聊天、图片等数字化的信息达成交易，买卖双方对彼此的了解甚少，在完全数字化的状况下，一旦发生纠纷，交易主体的虚化与证据的电子化将会导致相关事实的证明存在较大困难：一是双方当事人身份的查明；二是对买卖双方订立的合同，包括标的、质量、数量、违约责任、解决争议的方法及售后服务等约定的证明；三是货款支付凭证等重要证明的获取，因为销售商通常不随产品开具收款凭证给消费者。

4. 地位不平等，维权艰难

尽管从民事法律关系角度讲，交易双方地位是平等的。但在实际生活中，为满足个人生活需要而以购买、使用商品或接受服务等方式进行消费的消费者通常是以个体的形式出现的，个体的消费者讨价还价的地位明显低于生产商和服务商，所以在消费法律关系中，双方当事人的地位在实质上是不平等的。在网络交易环境下，这种不平等性显得尤为严重并集中体现在双方信息的不对称性上。

在线下购买商品一般以交易双方面对面"一手交钱，一手交货"的形式完成，消费者可以对货物的外形、质量、数量等基本情况、经营者的地址和经营情况做直观的了解，一旦发生纠纷，可以直接到经营者的经营店面要求处理与协调。但是在网络环境下，消费者只能通过销售者发出的图片、视频或者相关的文字介绍对产品进行大致的了解，对经营者的信息了解更是有限，一旦发生买卖纠纷，责任主体很难确认，消费者维权能力和效果有限。

三、电子商务纠纷的解决方式

（一）电子商务纠纷解决现状

电子商务纠纷属于民事纠纷，传统民事纠纷的解决方式如协商、调解、仲裁、诉讼也同样适用于电子商务纠纷的解决。但由于电子商务纠纷具备了与传统民事纠纷不同的一些新特点，对纠纷解决的效率、成本、便利性和保密性等方面都提出了较高要求，协商、调解、仲裁和诉讼等传统方式常常不能满足电子商务纠纷解决的要求。比如，当事人间的协商缺乏必要的沟通平台，需要当事人长途跋涉进行会面，纠纷的解决成本较高且不够便利；人民调解只负责解决近距离的当事人间发生的生活类纠纷，仲裁一般只解决大额的网络民事纠纷，不仅不能应对数量庞大的以小额纠纷为主的电子商务纠纷的解决需求，而且在纠纷解决的速度、取得当事人的信赖等方面均与电子商务发展不符；电子商务纠纷的虚拟性和跨地域性也使得诉讼法中的管辖权确定原则和电子证据的认定面临挑战。

面对传统解决方式的疲软，一方面需要通过立法或者法律修改，使传统解决机制与电子商务纠纷解决相衔接、协调。另一方面需要积极探索新型的服务于电子商务纠纷的解决模式：通过第三方交易平台在线处理纠纷是当前各大交易平台解决纠纷的主要手段；通过在线争端解决机制（ODR）解决纠纷也是当前在国际上受到普遍欢迎的方式；除此之外，通过向行政部门、行业协会投诉来解决纠纷，在我国当前纠纷解决机制中也占有一定地位，在保护消费者合法权益方面起到了良好作用。

国内外有关实践表明，电子商务的纠纷解决机制应当是多元化的，针对不同类别的纠纷，不同的解决机制各有优势，有必要通过立法来构建适应电子商务特点的、多元化的纠纷解决机制。

线下解决方式中的协商、调解、仲裁、投诉与诉讼属于传统的解决方式，在这里不再赘述。

微课7-2
电子商务在线争议
解决机制

（二）电子商务在线争议解决方式

1. 电子商务在线争议解决方式的定义

电子商务活动中，交易标的的金额通常较小，交易量却非常大，发生纠纷时，即使采用替代争议解决的调解、投诉等方式进行处理，也会遇到解决纠纷成本高、管辖权难以确定等问题。因此，应当充分发挥互联网的优势，建立在线争议解决机制，为当事人提供多种解决途径，提高纠纷解决的效率。

在线争议解决方式，是指利用互联网的虚拟性、全球性进行争议解决，包括在线调解、在线投诉、在线仲裁、在线诉讼等方式。

《电子商务法》第六十三条规定："电子商务平台经营者可以建立争议在线解决机制，制定并公示争议解决规则，根据自愿原则，公平、公正地解决当事人的争议。"

在线争议解决方式适用于电子商务纠纷及包括传统商务活动在内的各种争议，电子商务纠纷也可以通过传统的争议解决方式来解决，究竟选择哪种解决方式，应根据实际情况进行判断。

德法课堂 7-2

互联网在线争议解决机制的属性及评价标准

被告 A 公司系 A 电子商务平台经营者（以下简称"A 平台"），为第三方入驻商家与消费者达成交易提供网页空间、虚拟经营场所、交易规则等平台服务。原告东莞市 B 新能源有限公司系 A 平台内经营者，在 A 平台开设网店。

项目
七

2020年4月6日，案外人消费者朱某（以下简称"消费者"）在原告开设在A平台的店铺购买电瓶车锂电池，支付货款1898元（免运费），收货地为北京。该商品详情页面描述有"品质保证售后无忧""退货包运费""15天免费试用""30天免费换新""3年免费质保"等内容。消费者收货后，向原告反馈电池质量存在问题，原告未持异议，向消费者表示可选择补贴消费者200元或退货。消费者选择退货，并通过A平台以"商品质量问题"为由提交退货申请，但同日原告以"商品不存在质量问题"为由驳回消费者的退货申请。后被告介入双方退货纠纷，通过A平台操作批准消费者退货申请，并通知消费者先行垫付退货运费，如届时原告未能处理该笔运费，可联系被告客服处理。因锂电池属特殊物品，消费者就退货事宜先后联系当地多家快递公司及物流公司咨询，得到的答复为快递公司拒绝收寄，物流公司同意承运但运费高昂。

2020年4月16日—20日，消费者将此情况向原告反馈，原告要求消费者联系被告客服协助处理。后在消费者再次就物流运费350元征求其意见时，原告要求消费者隐瞒交寄商品为电池并设法逃避拆箱检查，在消费者解释客观上无法照此操作后，原告表示："如果不听我的，你就自己处理吧！……提前给你讲清楚，寄回来的运费自己承担。"后消费者委托该物流企业承运退回商品，实际支付运费300元，并将运费凭证上传A平台，备注说明运费情况。原告则通过A平台留言"严重超过正常物流费用""消费者通过退货诈骗快递费"，并表示"我公司会直接拒收商品，不会签收此商品"。

2020年4月27日，消费者退回商品运达原告所在地，但原告拒绝提货，要求消费者自行承担300元运费并安排车辆将货物送至其公司地址。后因原告向物流公司表示拒收，消费者只得联系车辆将商品运送至原告指定的退货地址，为此支付运费357元。但商品送至该地址后，原告仍然拒收，后商品被退回物流公司北京仓库。

2020年5月至6月，被告经消费者申请，从原告货款账户划扣357元和300元，划扣理由为退运费，同时将货款1898元操作返还至消费者账户。原告因不满被告对本次纠纷的处理，遂上诉。

裁判结果：上海市长宁区人民法院于2021年2月5日作出民事判决：驳回原告东莞市广源新能源有限公司的全部诉讼请求。

一审判决后，原告提起上诉，上海市第一中级人民法院于2021年6月28日作出二审判决，驳回上诉，维持原判。

案例分析：被告A平台从原告店铺待结算资金中直接划扣款项赔付消费者，合法吗？国家相关对电子商务平台经营者建立争议在线解决机制的要求是什么？

要点提示

党的二十大报告指出："严格公正司法。公正司法是维护社会公平正义的最后一道防线。"依据相关法条进行案例分析，培养公正、法治的社会主义核心价值观。

2. 电子商务在线争议解决方式的类别

（1）在线调解。调解是指中立第三方为双方当事人调停疏导，帮助交换意见，提出解决建议，促成双方化解矛盾的一种争议解决方式。在线调解是指中立第三方通过互联网等信息网络为双方当事人调停疏导，帮助交换意见，提出解决建议，促成双方化解矛盾的一种在线争议解决方式。

在程序上，由一方当事人向调解中心提出调解申请，调解中心联系双方当事人，通过电子邮件、聊天室、视频会议等方式进行调解。与传统线下调解相比，区别只在于交流方式转移到了线上。

（2）在线投诉。消费者投诉是指消费者购买、使用商品或者接受服务，与经营者之间发生消费者权益争议后，请求消费者权益保护组织保护其合法权益的行为。在线投诉是指消费者通过互联网中的投诉系统，向有关组织或部门提出诉求，维护合法权益的一种在线争议解决方式。

例如，中国消费者协会的"中国消费者协会投诉和解监督平台"便是为广大消费者设立的在线投诉平台，通过平台，消费者可以向包含电子商务经营者在内的经营者提出诉求，维护自身权益。

（3）在线仲裁。仲裁是指由双方当事人协议将争议提交第三者，由该第三者对争议进行评判并作出裁决的一种解决争议的方式。仲裁裁决是终局性的，具有强制执行力。在线仲裁是指纠纷双方当事人将争议提交第三者，由第三者通过互联网等信息网络对争议进行评判、作出裁决，并约定自觉履行裁决的一种在线争议解决方式。

在线仲裁中，仲裁机构、仲裁员、当事人之间的信息传递，如仲裁文书、证据提交等都是通过互联网进行的，同时还可以通过视频会议等方式实现网上虚拟庭审、网上虚拟合议等事项。

（4）在线诉讼。诉讼是指国家审判机关即人民法院，依照法律规定，在当事人和其他诉讼参与人的参加下，依法解决讼争的活动。在线诉讼是指依托互联网等信息网络，在网上法庭中进行在线起诉、立案、举证、审理、裁判等庭审工作的一种网络司法方式。

在线诉讼的程序与法院庭审的程序是相同的，原告应准备起诉状、证据等材料，在线立案。被告会收到法院送达的应诉短信通知，在线接收起诉状、提交答辩状或提起反诉。庭审过程也通过网络进行，并在线接收裁判结果。

课堂讨论 7-2

你认为在线争议解决方式与传统的诉讼方式相比有哪些不同？有何优点？又可能有哪些不足？

项目七

四、网络纠纷的管辖权

（1）国内纠纷管辖权。除法院明确规定外，一般民事案件由基层人民法院管辖。民事案件通常由被告所在地的人民法院管辖；被告的户籍所在地和经常居住地不一致时，由经常居住地人民法院管辖。法人被告，由营业执照上的注册地址所在地人民法院管辖；非法人组织被告，由注册登记地人民法院管辖。

除此以外，还有一些特殊的管辖权规定。合同纠纷中，由被告所在地或合同履行地人民法院管辖；侵权纠纷中，由被告所在地或侵权行为发生地人民法院管辖，其中侵权行为发生地可以分为侵权行为的实施地和侵权行为结果发生地，两地人民法院都有管辖权。

电子合同纠纷管辖权的关键，在于对合同签订地和履行地的确认。《民法典》规定，收件人的主营业地或经常居住地是合同成立的地点。对于合同的履行地，如果电子合同的双方当事人提前做出了约定，则由约定地点所在地的人民法院管辖；如果没有约定地点，则交货地点为合同履行地。电子商务中，交货地点可以分为两类。第一类是使用传统货物运输方式完成交货的，交货地点为标的物第一承运人营业地。第二类是通过互联网传递的信息产品，根据《民法典》的规定，履行地点不明确，给付货币的，在接受货币一方所在地履行；交付不动产的，在不动产所在地履行；其他标的，在履行义务一方所在地履行。也就是说，网络合同的履行地通常为卖方所在地。

《最高人民法院关于审理侵害信息网络传播权民事纠纷案件适用法律若干问题的规定》第十五条规定，侵害信息网络传播权民事纠纷案件由侵权行为地或者被告住所地人民法院管辖。侵权行为地包括实施被诉侵权行为的网络服务器、计算机终端等设备所在地。侵权行为地和被告住所地均难以确定或者在境外的，原告发现侵权内容的计算机终端等设备所在地可以视为侵权行为地。

（2）涉外纠纷管辖权。因合同纠纷或者其他财产权益纠纷，对在中国境内没有住所的被告提起的诉讼，如果合同在中国境内签订或者履行，或者诉讼标的物在中国境内，或者被告在中国境内有可供扣押的财产，或者被告在中国境内设有代表机构，可以由合同签订地、合同履行地、诉讼标的物所在地、可供扣押财产所在地、侵权行为地或者代表机构住所地人民法院管辖。如果上述地点都不在中国境内，只能向国外有管辖权的法院提起诉讼。

知识拓展 7-3

以高质量互联网司法护航中国式现代化
——北京互联网法院成立五年工作综述

"互联网法院是不是我国原创？""互联网法院审理哪些类型的案件？""不用去法院，在网上就能打官司吗？真是不可思议！"

在中国共产党历史展览馆这座展现百年大党峥嵘历程的红色殿堂里，一张北京互联网法院在线开庭的照片赫然展出，吸引了不少参观者驻足讨论。

北京互联网法院的成立是党和国家发展历程中的一件大事。成立五年来，北京互联网法院充分发挥确立规则、完善制度、数字治理的引领作用，走过了一条劈波斩浪、特色鲜明、成效卓越的发展道路，实现了从司法技术应用到审判机制变革、从诉讼程序完善到实体规则治理的历史性发展，推动中央改革要求在北京法院形成生动实践，谱写了中国特色互联网司法模式的领先篇章。

一批创新成果，跑出司法为民加速度。

"电子数据存证难、易篡改，怎么能让当事人更方便地固定证据、法官更高效地验证证据？"

"网线是冷冰冰的，怎么能让在线诉讼服务咨询更有温度？"

"当事人随时随地在线提交立案申请，法官却受到物理空间的限制，只能在线下法庭里才能开庭……"

五年前，全流程在线诉讼对所有法院人来说还是一个新潮的名词。一次次抛出新问题，再一次次攻克难题，第一代互联网法院法官们就是这样逐步完善了全流程在线诉讼模式。

如今，全流程在线诉讼已成常态，当事人习惯了像网购一样简单便利的打官司方式，"线下审理"反而成了特例。据统计，截至2023年10月，北京互联网法院共受理案件近19.7万件，审结18.6万件，立案申请全部在线提交，99.9%的案件线上开庭审理。绿色便捷的在线诉讼模式累计为当事人减少出行里程1.84亿公里，减少碳排放量22 000吨，节省纸张相当于556层楼高。

在北京互联网法院全球首个在线诉讼体验区里，琳琅满目的司法与科技深度融合的前沿创新成果令人应接不暇。全流程、一体化的电子诉讼平台，系统解决了在线诉讼的基础平台支撑问题。全国首个以法院为主导的区块链电子证据平台"天平链"，打通了电子证据存证难、验证难、易篡改的痛点。全国首个"AI虚拟法官"，为当事人提供有温度、不打烊的在线诉讼指导。"虚拟法庭"与内外网交互系统，让法官打开电脑就能办案。

"一些当事人穿着睡衣在网吧里开庭，忽略了在线庭审的严肃性。""线上开庭不是开视频会议，应该明确在线诉讼的相关规范。"自2020年2月起，北京互联网法院陆续发布了《在线庭审规范》《在线调解规范》《在线诉讼庭审礼仪规范》，推动了在线诉讼规则体系化，为全国进一步推广在线诉讼提供规则样本和先行北京经验。

执行工作事关当事人胜诉权益的最终实现，是实现司法为民的"最后一公里"。如何在执行路上跑出互联网加速度，考验着北京互联网法院执行干警们的想象力和创造力。

2022年11月，北京互联网法院召开新闻发布会，对外发布了一键式、全链条"数字执行"新模式。"当事人申请立案时同步填写账户信息，系统自动抓取、录入案款发还信息，无须法官逐条填写，一键即可发还案款，每笔案款发还时长从3分钟缩短到20秒；将二维码嵌入执行通知书，实现一案一账号，当事人仅需操作三步即可交纳案款，案款交纳准确率100%……"目前，该模式下已形成区块链智能合约"一键执行立案"、二维码交纳执行案款、一键智能发还案款、线上执行财产线索接转中心等"微创新"成果。

合理解决电子商务纠纷

请同学们结合"合理解决电子商务纠纷"相关知识点，参考以下思维导图，分组训练。

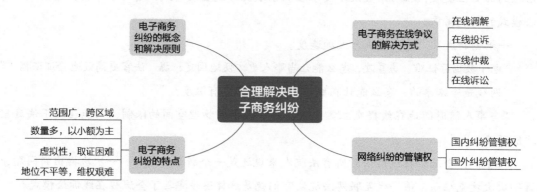

✍ 项目同步练习

一、单选题

1. 电子商务经营者自行终止从事电子商务的，应当提前（　　）日在首页显著位置持续公示有关信息。

　　A. 20　　　　　　　　B. 30　　　　　　　　C. 15　　　　　　　　D. 12

2. 消费者的下列行为中，没有采用在线争议解决方式解决纠纷的是（　　）。

　　A. 小张在淘宝网买到了有质量问题的商品，申请退货，但被卖家拒绝，便根据《淘宝平台争议处理规则》请求淘宝平台协助进行调解

　　B. 小王通过代购购买到假冒伪劣化妆品后，及时在中国消费者协会的投诉平台中对不法商家进行了投诉

　　C. 小赵是一名网络作家，出版了多本小说作品，某在线阅读平台未经许可上架了小赵的作品，小赵通过互联网法院将阅读平台告上法庭并提交了相关证据

　　D. 小李通过 B2B（企业对企业）平台为公司购买了一批原材料，收到之后发现商家漏发了很多，联系补发无果后，小李前往当地法院提起了诉讼

3. 电子商务平台经营者应当记录、保存平台上发布的商品和服务信息、交易信息，并确保信息的完整性、保密性、可用性。商品和服务信息、交易信息保存时间自交易完成之日起不少于（　　）；法律、行政法规另有规定的，依照其规定。

　　A. 三年　　　　　　　B. 四年　　　　　　　C. 五年　　　　　　　D. 两年

4. 电子商务平台经营者应当建立健全（　　）制度，公示信用评价规则，为消费者提供对平台内销售的商品或者提供的服务进行评价的途径。

  A. 信用评价   B. 诚信礼貌   C. 道德守法   D. 童叟无欺

5. 电子商务平台经营者在转送声明到达知识产权权利人后（　　）日内，未收到权利人已经投诉或者起诉通知的，应当及时终止所采取的措施。

  A. 7   B. 10   C. 15   D. 30

二、多选题

1. 电子商务平台经营者应当遵循（　　）的原则，制定平台服务协议和交易规则，明确进入和退出平台、商品和服务质量保障、消费者权益保护、个人信息保护等方面的权利和义务。

  A. 公开   B. 公平   C. 公正   D. 诚信

2. 电子商务平台经营者应当根据商品或者服务的（　　）等以多种方式向消费者显示商品或者服务的搜索结果；对于竞价排名的商品或者服务，应当显著标明"广告"。

  A. 价格   B. 销量   C. 信用   D. 诚信

3. 电子商务经营者应当（　　）地告知用户订立合同的步骤、注意事项、下载方法等事项，并保证用户能够便利、完整地阅览和下载。

  A. 清晰   B. 全面   C. 明确   D. 准确

4. 在电子商务争议处理中，电子商务经营者应当提供原始合同和交易记录。因电子商务经营者（　　）或者拒绝提供前述资料，致使人民法院、仲裁机构或者有关机关无法查明事实的，电子商务经营者应当承担相应的法律责任。

  A. 丢失   B. 伪造   C. 篡改   D. 销毁和隐匿

5. 电子商务平台经营者有下列行为之一的，由有关主管部门责令限期改正；逾期不改正的，处2万元以上10万元以下的罚款；情节严重的，责令停业整顿，并处10万元以上50万元以下的罚款：（　　）。

  A. 不履行核验、登记义务的

  B. 不按规定向市场监督管理部门、税务部门报送有关信息的

  C. 不按规定对违法情形采取必要的处置措施，或者未向有关主管部门报告的

  D. 不履行商品和服务信息、交易信息保存义务的

三、判断题

1. 电子商务平台经营者不得删除消费者对其平台内销售的商品或者提供的服务的评价。   （　　）

2. 因通知错误造成平台内经营者损害的，依法承担刑事责任。恶意发出错误通知，造成平台内经营者损失的，加倍承担赔偿责任。   （　　）

项目七

3. 电子商务平台经营者知道或者应当知道平台内经营者侵犯知识产权的，应当采取删除、屏蔽、断开连接、终止交易和服务等必要措施；未采取必要措施的，与侵犯人承担连带责任。（　　）

4. 电子商务经营者应当依法办理市场主体登记。个人销售自产农产品、家庭手工业产品，个人利用自己技能从事依法无须取得许可的便民劳务活动和零星小额交易活动，以及依照法律、行政法规不需要进行登记的除外。（　　）

5. 电子商务平台经营者对其标记为自营的业务依法承担商品销售者或者服务提供者的民事责任。（　　）

四、综合案例分析

某年 7 月，杭州的一名律师郭某使用电子邮箱发送了一封私人邮件。一个月后，他使用百度搜索引擎搜索"浙江某某律师事务所郭某"时，在搜索结果中看到了该邮件附件的标题链接，点击进入链接后，郭某大吃一惊，自己发送的邮件全文被公开发表于"百度快照"上，可供任何人阅读。直至 9 月 11 日，郭某的这封私人电子邮件方被删除，而此时邮件正文已在互联网上公开长达 30 天之久。郭某遂将百度公司和电子邮件服务商告上法庭，要求两者公开道歉并赔偿精神损失。

请问：

1. 电子邮件服务商侵犯了郭某作为消费者的什么权利？

2. 郭某的损失应当由谁来承担？

3. 除亲自前往法院提起诉讼外，郭某还可以采用哪些方式解决纠纷？为什么？

项目八　新型电子商务法律法规

项目背景

　　新型电商是相对以货架电商为代表的传统电商而言，以"激发逻辑"替代"搜索逻辑"的电商新形态新模式，比如直播电商、兴趣电商、跨境电商等不同模式。以新电商模式中最具代表性的直播电商为例，第52次《中国互联网络发展状况统计报告》显示，截至2023年6月，电商直播用户规模为5.26亿人，占网民整体的48.8%。

随着新一代数字技术的突破创新、消费者需求和行为模式的变化，新型电商也体现出从流量驱动转向高质量内容和品质驱动等的新趋势和新特点。新型电商在快速发展的同时，也产生了诸如虚假宣传、价格误导、数据造假、商品质量差、霸王条款等各类问题。本项目以新型电商所涉及的法律法规为基础进行任务分解：一是了解新型电子商务中直播电商与跨境电商的概念与主体差异，对注册与开展新型电商具备基本的法律法规知识；二是了解开展直播电商中需遵守的信息内容与产品展示要求相关规范；三是在跨境电子商务活动中适应各国法律法规的要求，并能拓宽国际视野，树立家国情怀。

导入案例

2021 年 10 月 9 日，秦某在拼多多平台上向某化妆品销售公司经营的店铺"锦奕国际美妆海外专营店"购买了某品牌进口化妆品 1 件，支付 579 元人民币。收货后秦某发现该商品颜色、气味明显和专柜出售的不一致，疑似假货，且该公司没有销售化妆品的相关资质，未提供涉案化妆品的进口检验检疫合格证明、进货来源信息等，其销售涉案商品的行为系属欺诈，秦某向该化妆品销售公司申请三倍赔偿金未果，于是将其告上法庭，同时告寻梦公司（拼多多运营主体）未尽监管责任，且未根据原告要求提供商家信息，依法应承担共同赔偿责任。

案例思考：

1. 本案中，被告寻梦公司是否应承担相关赔偿责任？
2. 本案中，跨境商品是否必须有中文标签？
3. 本案中，被告某化妆品销售公司是否应提供进口检验检疫合格证明、进货来源信息？

任务一　认识跨境电子商务法律规范

任务描述

2022 年 5 月，新加坡公民张某在新加坡通过我国某跨境电商平台购买了一件商品页面标记有"自营"字样的笔记本电脑，张某收到产品后发现该笔记本电脑非全新且没有按照买卖双方约定安装正版的办公软件系统，仅安装了试用版本，严重影响该笔记本电脑的正常使用。张某认为销售方在销售过程中存在欺诈，随即与平台方售后人员协商解决，但双方未能达成一致意见，张某遂以该平台经营者为被告提起诉讼，要求平台经营者承担退一赔三的责任。

请思考：

1. 在本案中，被告主张自身为平台服务提供方而非实际销售者是否合理？
2. 跨境电商平台"自营"字样的标记义务有什么？

任务分解

1. 理解跨境电子商务的定义与类型。
2. 注册登记作为跨境电子商务主体。
3. 规避跨境电商中涉及的法律风险。
4. 区分跨境电子商务海关监管方式。

知识精讲

一、跨境电子商务法律法规概述

（一）跨境电子商务概念

跨境电子商务（Cross Border E-commerce）是指分属不同关境的交易主体，通过电子商务平台达成交易、进行电子支付结算，并通过跨境电商物流及异地仓储送达商品，从而完成交易的一种国际商业活动，包括出口和进口两个层面。

《电子商务法》第七十一条规定："国家促进跨境电子商务发展，建立健全适应跨境电子商务特点的海关、税收、进出境检验检疫、支付结算等管理制度，提高跨境电子商务各环节便利化水平，支持跨境电子商务平台经营者等为跨境电子商务提供仓储物流、报关、报检等服务。"国家支持小型微型企业从事跨境电子商务。

（二）跨境电子商务的类型

跨境电子商务的类型可以从多个维度进行划分。

（1）根据进出口方向的不同，可以分为出口跨境电子商务和进口跨境电子商务。

出口跨境电子商务（Export Electronic Commerce）是指境内生产或加工商品，通过电子商务平台向境外市场销售的一种国际商业活动。进口跨境电子商务（Import Electronic Commerce）是指将境外的商品通过电子商务平台达成交易，通过跨境物流输入境内市场销售的一种国际商业活动。

（2）根据经营主体的不同，可以分为平台型、自营型、混合型（平台＋自营）等模式。

平台型跨境电商是指由第三方企业或机构搭建的电商平台，它通过提供一个交易平台，连接国内外的买家和卖家，为卖家提供商品展示、推广、销售等服务，同时为买家提供购买渠道和服务保障，平台以获取商家佣金或服务费作为主要的盈利模式。

自营型跨境电商是电商平台企业自行开展国际贸易，包括采购、销售、物流等环节。自营型跨境电商主要以商品差价作为盈利模式。我国政府鼓励电商平台企业全球化经营，完善仓储、物流、支付、数据等全球电子商务基础设施布局，支持跨境电子商务等贸易新业态使用人民币结算。同时，积极培育跨境电商配套服务企业，支撑全球产业链供应链数字化，带动品牌出海。

混合型跨境电子商务结合了平台型和自营型的特点，它既包括邀请国内外商家入驻的模式来进行运营，也包括电商企业自行负责商品的采购、销售、物流等环节。例如，阿里巴巴国际站和天猫国际就是典型的混合型跨境电商平台，它们既有平台上的第三方商家入驻，也有自营的电商业务。这种多元化的模式为消费者提供了更丰富的购物选择，同时也提高了电商平台的经营灵活性和市场竞争力。

（3）根据交易模式的不同，可分为 B2B 跨境电子商务、B2C 跨境电子商务和 C2C 跨境电子商务。

B2B 跨境电子商务是指企业与企业之间通过互联网进行的国际贸易活动。这种模式是大多中小企业的首选模式，其特性是企业间的交易，与 B2C（企业对消费者）模式的批发与零售相对应。

B2C 跨境电子商务指企业直接面向国外消费者销售产品和服务的商业零售模式。这种形式的电子商务主要依赖于网络零售业，通过互联网跨境平台进行在线销售活动。

C2C 跨境电子商务指的是消费者与消费者之间通过互联网平台进行的商品交易模式。在这种模式下，一个消费者可以出售自己的商品或服务给另一个消费者。

知识拓展 8-1

丝 路 电 商

2016 年，中国与共建"一带一路"国家智利首签电子商务合作谅解备忘录，开启了"丝路电商"国际合作序幕。截至 2023 年 9 月，中国已与 30 个国家签署了双边电子商务合作备忘录，"丝路电商"成为国际经贸合作的新渠道和新亮点，合作伙伴国遍及全球五大洲。

"丝路电商"是在"一带一路"倡议框架下，充分发挥我国电子商务技术应用、模式创新和市场规模等优势，积极推进电子商务国际合作的重要举措。"丝路电商"拓展了国际经贸合作新空间，为探索搭建数字经济国际规则体系，推动构建新发展格局，促进"一带一路"共建国家数字经济发展增添了动力。

（三）跨境电子商务法律主体

跨境电子商务的法律主体通常分为以下四类。

自建跨境电子商务平台开展进出口业务的企业，简称"自建平台企业"，其对应《电子商务法》中的自建网站的经营者。

利用第三方跨境电子商务平台开展进出口业务的企业（包括个体商户、个人网商），简称"电商应用企业"，其对应《电子商务法》中的平台内的经营者。

为电商应用企业提供交易服务、物流仓储、报关、报检、退税等专项服务或综合服务的跨境电子商务第三方平台或服务企业，简称"电商服务企业"。

提供网上交易服务的第三方跨境电子商务平台，简称"第三方平台"，其对应电子商务平台经营者。

此外，跨境电商零售进口经营者（简称跨境电商企业）、跨境电商第三方平台经营者（简称跨境电商平台）、境内服务商和消费者也是跨境电商中重要的法律主体。

课堂讨论 8-1

2019年2月21日，原告郑某通过国内某知名跨境电商平台，向某海外跨境电商企业经营的店铺购买泰国进口无糖即食燕窝，该商品自下单之日从保税仓发出，并按"网购保税进口"规定经海关报关清关递送入境。原告收到案涉商品后，认为其口感怪异，任意按压可以改变形状，而且案涉商品无中文标签，认定案涉商品成分并非燕窝，故向该跨境电商平台和店铺申请赔偿。

讨论：本案例中，跨境电商零售主体中谁需承担责任？

二、跨境电子商务主体的注册登记

根据《关于跨境电子商务零售进出口商品有关监管事宜的公告》（以下简称"公告"）的相关规定，跨境电子商务平台企业、物流企业、支付企业等参与跨境电子商务零售进口业务的企业，应当依据海关报关单位注册登记管理相关规定，向所在地海关办理注册登记；境外跨境电子商务企业应委托境内代理人（以下称跨境电子商务企业境内代理人）向该代理人所在地海关办理注册登记。

（一）跨境电子商务平台企业注册登记要求

根据公告规定，跨境电子商务平台企业应向所在地海关办理注册登记，具体要求如下：

（1）平台企业应按照海关报关单位注册登记管理相关规定，提供企业名称、地址、联系方式等基本信息。

（2）平台企业须提交跨境电子商务零售进口业务发展规划、业务模式等相关材料。

（3）平台企业应遵守我国有关法律法规，不得从事违法违规行为。

（二）物流企业注册登记要求

跨境物流企业也需要向所在地海关办理注册登记，具体要求如下：

（1）物流企业应按照海关报关单位注册登记管理相关规定，提供企业名称、地址、联系方式等基本信息。

（2）物流企业须提交跨境电子商务零售进口物流服务方案、运输线路、仓储设施等相关材料。

（3）物流企业应遵守我国有关法律法规，确保货物安全、快速地通关。

（三）支付企业注册登记要求

支付企业同样需要向所在地海关办理注册登记，具体要求如下：

（1）支付企业应按照海关报关单位注册登记管理相关规定，提供企业名称、地址、联系方式等基本信息。

（2）支付企业须提交跨境电子商务零售进口支付服务方案、安全保障措施等相关材料。

（3）支付企业应遵守我国有关法律法规，确保资金安全、合规流转。

（四）跨境电子商务企业境内代理人注册登记要求

境外跨境电子商务企业需要委托境内代理人向所在地海关办理注册登记，具体要求如下：

（1）境内代理人应按照海关报关单位注册登记管理相关规定，提供企业名称、地址、联系方式等基本信息。

（2）境内代理人须提交境外跨境电子商务企业授权委托书、业务发展规划等相关材料。

（3）境内代理人应遵守我国有关法律法规，协助境外企业合规开展跨境电子商务零售进口业务。

案件直击 8-1

虚构跨境交易订单二次销售牟利案

被告单位天章公司与另一被告单位惠某公司签订跨境电商订单推送服务合同，委托惠某公司为其推送跨境电商订单及支付单，惠某公司收取订单金额1%的费用。同时，天章公司员工张某负责收集公司在京东、淘宝等多个平台产生的跨境电商订单，按照惠某公司提供的模板编辑成表格发给惠某公司，由惠某公司将这些消费者的订单推送给海关。在此期间，天章公司的负责人授意员工将搜集到的线上订单信息的价格调低后再整理给惠某公司。另外，天章公司还联系若干线下母婴店店主，通过搜集不同的身份证信息，将本应按照一般贸易方式申报进口的奶粉、营养粉等货物以跨境电商贸易方式向海关申报进口，同样由惠某公司进行推单，进口货物从保税仓出仓并发给线下货主。

案例讨论：在本案中，天章公司收集境内客户身份信息是否构成"走私"违法犯罪行为？

三、跨境电子商务相关法律法规

（一）我国目前主要的跨境电子商务相关法律法规

互联网在全球买卖双方之间架起了一座经济、高效的沟通"桥梁"。伴随着安全支付、订单追踪与客户服务等支持性技术的进步，全球电子商务市场规模已呈指数级增长态势，跨境电子商务的迅猛发展离不开政策的大力支持与法律的规范引导，目前我国在跨境电子商务领域相关的法律主要包括以下内容。

2019 年 1 月 1 日起施行的《中华人民共和国电子商务法》是我国电子商业行业的基本法，其中有几个条款是关于跨境电子商务的规定，为我国跨境电子商务的发展提供了概括性的指导。第二十六条规定："电子商务经营者从事跨境电子商务，应当遵守进出口监督管理的法律、行政法规和国家有关规定。"第七十二条规定："国家进出口管理部门应当推进跨境电子商务海关申报、纳税、检验检疫等环节的综合服务和监管体系建设，优化监管流程，推动实现信息共享、监管互认、执法互助，提高跨境电子商务服务和监管效率。跨境电子商务经营者可以凭电子单证向国家进出口管理部门办理有关手续。"第七十三条规定："国家推动建立与不同国家、地区之间跨境电子商务的交流合作，参与电子商务国际规则的制定，促进电子签名、电子身份等国际互认。国家推动建立与不同国家、地区之间的跨境电子商务争议解决机制。"

2021 年 1 月 1 日起施行的《中华人民共和国民法典》中也明确了几点有关电子商务领域的内容，主要包括数据电文的法律效力、数据电文合同到达的时间以及数据电文合同成立的时间。此外，《中华人民共和国海关法》《中华人民共和国进出境动植物检疫法》《中华人民共和国进出口商品检验法》和《中华人民共和国个人信息保护法》也对跨境电商产生重要影响，国家推出的一系列政策，从信息、支付、清算、物流、保税等多方面支持、监督跨境电商行业，推动跨境电商行业的发展和逐渐规范。

知识拓展 8-2

亚马逊电商平台上销售的"中国制造"

亚马逊成立于 1994 年，目前是全球领先的电子零售商，2021 年净销售额超过 4 690 亿美元。在亚马逊上销售商品的中小企业中，中国企业所占比例过高，这并不是一个新现象。毫不奇怪，中国的卖家在价格竞争方面处于独特的地位。被称为"世界工厂"的中国在过去几十年里建立了坚实的国内生产线，可以以相对较低的价格快速生产商品。因此，亚马逊在 2015 年开始实施几项新政策，积极拉拢中国卖家。首先，它建立了一个完整的中文销售门户网站。此外，它通过在联邦海事委员会注册，简化了从中国到美国的货物运输流程。

1. 跨境支付相关法律法规

跨境电子商务必然涉及资金结售汇与收付汇，其中支付既涉及交易主体间资金转账的安全，又涉及投资者收益的回报安全，因此跨境电子商务中跨境支付成为核心环节，各国对跨境电子商务支付的法律监管都尤为重视，其是现代商贸投资中风险安全保障制度的重要组成部分。

跨境支付是指两个或两个以上的国家或地区之间因国际贸易、国际投资以及其他方面所发生的国际债权债务，借助一定的结算工具和支付系统实现的资金跨国和跨地区转移的行为。常见的跨境支付工具有国际信用卡、PayPal 支付、西联汇款（Western Union）、支付宝以及跨境电商平台自建的支付方式。

目前，我国涉及跨境支付的法律法规主要包括《中华人民共和国外汇管理条例》《中华人民共和国人民币管理条例》《中华人民共和国反洗钱法》《中华人民共和国电子商务法》等。其中，2023 年 12 月国务院印发的《全面对接国际高标准经贸规则推进中国（上海）自由贸易试验区高水平制度型开放总体方案》中明确鼓励金融机构和支付服务提供者率先推出电子支付系统国际先进标准，开展数字身份跨境认证与电子识别。支持依法依规引进境外电子支付机构。电子支付监管机构应及时公开电子支付相关法律法规。在国家数据跨境传输安全管理制度框架下，允许金融机构向境外传输日常经营所需的数据。涉及金融数据出境的，监管部门可基于国家安全和审慎原则采取监管措施，同时保证重要数据和个人信息安全。

2. 跨境物流相关法律法规

跨境电子商务物流是指通过邮政包裹、国际快递、国内快递、专线物流和海外仓储等方式，实现商品从卖家到买家的跨国运输、清关、派送等一系列环节。跨境物流是跨境电商生态链中不可缺少的一个环节，跨境电商离不开跨境物流的发展与提速。

目前，国际物流发货方式包括线上发货、线下发货、海外仓发货三种发货方式。线上发货一般选择与平台合作的物流，包括菜鸟、通达系、顺丰等，线下发货即通过与货代公司合作发货，不同货代公司提供的物流服务范围不同，可打包提供海运、空运、快递、陆运以及铁运等多样化物流服务，满足不同类型与不同规模的跨境电商卖家物流需求。海外仓是指卖家提前将货物存放至海外仓库与本土物流服务商合作，有订单之后直接从海外仓发出，提高商品送达买家手中的速度。目前，多家跨境电商开始自建海外仓或租赁海外仓。跨境电商物流普遍存在仓储安全隐患、运输配送迟缓、包裹追踪系统不完善以及海关清关等风险，跨境电子商务主体可根据业务类型选择相应的保险服务，并参与建设海外仓，强化自身对他国法律风险防范的认识，由此来规避风险。

3. 跨境电子商务商标侵权的法律法规

商标侵权在跨境电子商务中是一个常见的问题，跨境电子商务的全球性、无界性和虚拟性导致了知识产权、海关、市场监管等多方面的法律问题，其中，商标权侵权保护方面的冲突尤为明显。

在跨境电商的海外代购和海外电商直邮模式中，我国自然人购买国外商品主要是为了消费，这种行为通常不会构成商标侵权。但是，如果涉及境外采购、境内销售，并且侵犯了本国商标权人的商标权，这种行为通常会被定性为商标销售侵权。这种情况下，侵权者可以通过主张合法来源来抗辩，以免承担侵权赔偿责任。

作为跨境电商的卖家与买家，应当提高知识产权保护意识，高度自律，从根源上预防权利人提起侵权诉讼。在开展进出口业务前，应当对目标市场的知识产权保护环境做充分的调查，尽早安排知识产权风险防范的相关计划与措施。可以通过官方系统查询在海关总署备案的知识产权情况，初步判断自己的商品是否侵权，若已收到知识产权侵权投诉，应当予以高度重视，切不可置之不理。

德法课堂 8-1

出海侵权纠纷频发，一场针对中国卖家的"围猎"

作为新兴外贸业态，跨境电商已经成为外贸的重要力量。然而伴随着跨境电商的火热发展，也产生了诸多侵权纠纷，近年来，全国海关共采取知识产权保护措施数十万次，从海关查获的案件看，目前侵权货物仍以侵犯商标权为主，由于跨境电商涉及的每个国家和地区的法律环境和执法力度不同，因此跨境电商经营者需要具备侵权维权意识，形成自由的保护机制，以应对突发事件。

由于我国跨境电商出口卖家销售市场主要在法律意识较强的欧美等地，知识产权侵权现象易发，这也让一些企业找到了"商机"，一些侵权诉讼也许并不具备法律基础，但中国卖家往往因为息事宁人的心态不主动应诉而造成利益损失。例如，Greer，Burns & Crain 就是一家被戏称为最爱起诉中国卖家的美国律所，据这家律所的官网介绍，国际商标法律信息权威媒体《世界商标评论》将其评为 2020 年美国最活跃的商标诉讼律所，在 2020 年共提起 243 个商标诉讼，涉及 22 000 多个市场目标和 5 900 个网站，其中 97% 的注册资料为中国大陆地区。对中国商家的"围猎"常常表现在这两个方面：

法院经常忽视原告拒绝遵守《关于向国外送达司法和法外文件的公约》（"海牙公约"）和《联邦诉讼规则》中规定的送达要求。其次，联邦法院往往忽视承认宪法对其属人管辖权的限制，盲目地对中国被告行使管辖权……

案例分析：中国跨境电商经营者如何面对与规避海外侵权诉讼？

要点提示

思考跨境电子商务中的商标侵权风险预防与措施，增强国际视野，传承中华优秀诚信精神，提高依法维权能力。

（二）国外跨境电子商务相关法律法规

1985 年至今，联合国国际贸易法委员会主持制定了一系列调整国际电子商务活动的重要法律。其中 1996 年 12 月通过的《电子商务示范法》（UNCITRAL Model Law on Electronic Commerce）是世界上第一部关于电子商务的法律，该法律旨在为各国制定和完善国内电子商务法律提供参考和指导，以促进全球电子商务的健康发展，对各国的电子商务发展产生了重大的推进作用。

美国跨境电商的法律法规体系较为完善，美国政府出台了一系列的法律和规定以规范跨境电商的发展，例如美国联邦贸易委员会（FTC）的《隐私政策指南》和美国海关与边境保护局（CBP）制定的《进口跨境电子商务条例》《出口跨境电子商务条例》等。

欧洲地区的电子商务立法不仅具有全面性和前瞻性，而且对于全球电子商务的发展也起到了重要的推动作用。1997 年欧盟委员会提出的《欧洲电子商务行动方案》，是规范跨境电子商务最初的法律文件。该方案提出一系列措施以促进跨境电子商务的发展，包括简化跨境交易的程序、降低跨境交易的成本、提高跨境交易的安全性等。2019 年 6 月 20 日，欧盟批准了关于市场监管和产品合规性的法规（EU）2019/1020，该法规旨在通过改进和现代化市场监管来保护客户的健康和安全、环境和其他公共利益，新法规涵盖所有非食品产品，包括 70 项法规和指令，例如医疗器械、个人防护装备、玩具和儿童产品、服装、压力设备、电气设备、电子和机械鞋类等，立法的产品还必须遵守欧盟市场监管法规，该规定适用于电子商务和实体市场。

四、跨境电子商务海关监管相关的法律制度

微课8-1
智慧口岸助力
跨境电商

跨境电子商务相较于传统电子商务的特殊性体现在其商品或服务会跨越关境。关境又称为"海关境界"或"关税国境"，是指执行统一海关法令的领土范围。跨境电子商务主体会受到海关监管，须遵守《中华人民共和国海关法》（以下简称《海关法》）的相关规定。

《海关法》规定海关的职责主要有四项，即监管、征税、查私和编制海关统计。除以上四项职责外，国家还将原质量监督检验检疫总局的出入境检验检疫管理职责和队伍划入海关总署，在原有安全准入、税收征管等传统职能的基础上，新增了卫生检疫、动植物检疫、商品检验、进出口食品安全监管等职责。

海关监管的依据主要有进出口许可管理制度、商检制度、动植物检疫制度、药品检验制度、食品检验制度、濒危物种管理制度、文物管理制度、金银及外汇管理制度、进出口废物管理制度、知识产权保护制度等。

（一）跨境电子商务海关监管代码

跨境电子商务可以分为跨境电子商务出口和跨境电子商务进口，其中按照海关监管方式代码分类，跨境电子商务出口分为"一般出口"（9610）、"保税出口"（1210）和"跨境电商B2B"（9710和9810），进口则分为"直购进口"（9610）和"保税电商A"（1239）。

"一般出口"（9610）也被称为"集货模式"，即B2C（企业对个人）出口。它主要适用于我国境内个人或电子商务企业通过电子商务交易平台实现交易，并采用"清单核放、汇总申报"模式办理通关手续的电子商务零售进出口商品。简单来说，9610出口就是境内企业将货物直邮到境外消费者手中，为了解决跨境电商B2C订单数量少、批次多的问题，海关设立了这种出口方式。

"保税出口"（1210）也被称为"工厂电商出口"，适用于境内个人或电子商务企业根据海外市场预期，将商品提前备货进入保税仓库，在电商平台上架销售、分批出口。该方式允许企业充分利用海关特殊监管区的政策优势，商品入区即可先退税，再分批销售，具有退税流程简便、周期短、效率高等优势，可减轻生产企业经营压力，特别适用于生产制造企业"卖全球"的电商货物。"保税出口"（1210）模式包括两种运行方式：一是包裹1210出口模式，即电商企业可以将尚未销售的整批商品发至国内综保区或其他海关特殊监管区域或场所，再在电商平台上零售，有订单后从区内保税仓以包裹形式发给国外消费者；二是货物1210出口海外仓模式，货物先发到海外仓备货，再产生订单。

"跨境电商B2B"（9710和9810）是海关在2020年增设的两种出口监管方式，全称为"跨境电商B2B直接出口"（9710）和"跨境电子商务出口海外仓"（9810）。9710（跨境电商B2B直接出口）适用于企业对企业（B2B）的直接出口模式。在这种模式下，货物申报前，跨境电商企业和物流企业应向海关传输交易订单和物流信息。9810（跨境电子商务出口海外仓）适用于将商品提前备货至海外仓库的电商业务模式。在此模式下，货物申报前，跨境电商企业和物流企业应向海关传输海外仓订仓信息和物流信息。

直购进口（9610）模式允许国内消费者在跨境电商网站订购境外商品，然后由企业将电子订单、支付凭证、电子运单等实时传输给海关。企业会在海外将商品打包，并通过海运、空运、邮运等方式将货物直接运输进境。在此过程中，海关会对货物进行监管，确保合规性。最后，通过电商服务或者物流配送，将商品送达消费者手中。

"保税电商A"（1239）是海关对跨境电子商务零售进口商品的监管方式之一，全称为"保税跨境贸易电子商务A"。该监管方式主要适用于境内电子商务企业通过海关特殊监管区域或保税物流中心一线进境的跨境电子商务零售进口商品。消费者可以通过跨境电商第三方平台经营者从境外购买商品，并通过此方式将商品运输进境。

（二）报关基本流程与注意事项

《中华人民共和国海关法》第十一条规定："进出口货物收发货人、报关企业办理报关手续，应当依法向海关备案。报关企业和报关人员不得非法代理他人报关。"进出口货物的报关基本流程主要涉及三个环节：申报、查验、放行。

1. 申报

进出口货物的收、发货人或者他们的代理人，在货物进出口时，应在海关规定的期限内，按海关规定的格式填写进出口货物报关单，随附有关的货运、商业单据，同时提供批准货物进出口的证件，向海关申报。

2. 查验

查验是指海关对申报的货物进行实际检查，以确认是否有错报、漏报、瞒报、伪报等情况，审查货物的进出口是否合法。海关查验货物时，要求货物的收、发货人或其他代理人必须到场，并按海关的要求负责办理货物的搬移、拆装箱和重封货物的包装等工作。

3. 放行

经过海关审核后，如果申报符合规范，即可放行。此时，海关会发出放行通知，货物方可出境或者入境。收到放行通知后，需要及时安排货物运输，确保货物按时到达目的地。

课堂讨论 8-2

2021 年 6 月，某贸易公司向海关申报出口两票"石棉粉"，总价为 230 000 美元。经海关查验，上述货物均为 9 类危险货物，为《危险化学品目录》列明的化学品，属于法定检验商品。经海关认定，该贸易公司申报出口上述法定检验商品未报检，违反了《中华人民共和国进出口商品检验法》有关规定，构成"将必须经商检机构检验的出口商品未报经检验合格而擅自出口的"行为，海关对其处以罚款 13.3 万元。

讨论：作为跨境电子商务企业，如何避免因检验检疫管理不合格而造成的损失？

思维导图实训 8-1

认识跨境电子商务法律规范

请同学们结合"认识跨境电子商务法律规范"相关知识点，参考以下思维导图，分组训练。

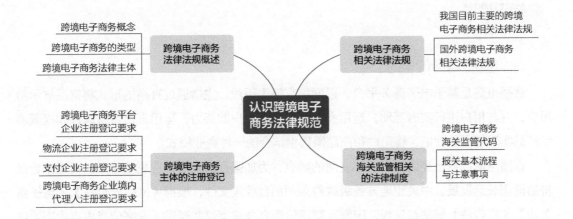

任务二　熟悉直播电子商务法律规范

任务描述

消费者王某长期在直播间观看主播樊某某的直播，经过半年的观看，王某对主播樊某某推荐的商品产生信赖，2022年5月，消费者王某通过主播樊某某的介绍与推荐私下向其购买了一部手机，收到货后王某发现手机系仿冒机，与主播樊某某沟通无果后，王某将樊某某、直播平台诉至北京互联网法院。

请思考：

1. 在本案中，被告是否需要承担私下交易的责任？

2. 网络直播平台需要承担哪些责任？

任务分解

1. 了解直播电商的概念及相关法律法规。

2. 维护网络信息内容生态。

3. 遵守网络短视频平台管理。

4. 规避电子商务平台产品信息展示错误。

项目八

一、直播电商的概念

直播电商是基于电子商务平台，以网络直播为手段，主播通过直播的形式将商品展示给用户，并与用户进行实时互动，运用多种方式激发用户购买力，运用直播带货软件和视频展示产品实现精准的营销，将用户和商品销售相结合的一种商业模式。

直播电商行业已经成为当前互联网的热点，为加强直播电商行业规范管理，促进平台经济的健康长远发展，中央和地方各级政府频频出台政策文件，根据《网络安全法》《电子商务法》《广告法》等法律法规，国家互联网信息办公室审议并通过《网络信息内容生态治理规定》，中国网络视听节目服务协会发布《网络短视频平台管理规范》，中国标准化研究院发布国家标准《电子商务平台产品信息展示要求》等，这些直播电商相关法律法规旨在保护直播电商行业中的自然人、法人和非法人组织的合法权益，促进直播营销新业态的健康有序发展。

二、网络信息内容生态治理规定

（一）设立原则

2020年3月1日起施行的《网络信息内容生态治理规定》是我国在网络信息内容管理方面的一部重要规定，系统地回应了当前网络信息内容、服务领域面临的问题，全面规定了各参与主体的权利义务，旨在营造良好的网络生态，保障公民法人和其他组织的合法权益。

《网络信息内容生态治理规定》明确了政府、企业、社会、网民的主体多元参与协同共治的治理模式。在参与网络生态治理的四大主体中，政府的作用是监管，企业的义务是履责，社会的功能是监督，网民的义务是自律，其中政府监管主要是指国家网信部门负责统筹协调全国网络信息内容生态治理和相关监督管理工作，各有关主管部门依据各自职责做好网络信息内容生态治理工作。

《网络信息内容生态治理规定》把"培育和践行社会主义核心价值观"作为网络信息内容生态治理的根本，把社会主义核心价值观融入网络法治建设，是在网络空间坚持依法治国和以德治国相结合的必然要求，坚持网络空间弘扬正能量，其目标是建立健全的网络综合治理体系，营造清朗的网络空间，建设良好的网络生态，使符合社会主义核心价值观的网络信息内容制作、复制、发布、传播得到倡导和鼓励，坚决处置违法和不良信息，让违背社会主义核心价值观的网络信息内容生产、传播、使用行为受到制约和惩处。

博了眼球丢了真相的"标题党"

2023 年 4 月，徐某在湖南省益阳市某区奶茶店消费时，因滋扰老板工作被老板阻止，徐某认为其购物体验极差，又无处发泄，因此心生报复，于是徐某自制一则视频，并命名为"某地奶茶喝死人"，该视频被徐某发布于公共网络平台，发布后引发该地区诸多网民对该视频的关注。

案例分析：徐某作为网络信息内容生产者，其发布的信息是否违反相关法律法规？

要点提示

分析违法事实，具备是非判断力，提升思辨思维，增强自觉构建良好网络生态的意识。

（二）鼓励发布的信息

《网络信息内容生态治理规定》第五条规定，鼓励网络信息内容生产者制作、复制、发布含有下列内容的信息：

（1）宣传习近平新时代中国特色社会主义思想，全面准确生动解读中国特色社会主义道路、理论、制度、文化的。

（2）宣传党的理论路线方针政策和中央重大决策部署的。

（3）展示经济社会发展亮点，反映人民群众伟大奋斗和火热生活的。

（4）弘扬社会主义核心价值观，宣传优秀道德文化和时代精神，充分展现中华民族昂扬向上精神风貌的。

（5）有效回应社会关切，解疑释惑，析事明理，有助于引导群众形成共识的。

（6）有助于提高中华文化国际影响力，向世界展现真实立体全面的中国的。

（7）其他讲品位讲格调讲责任、讴歌真善美、促进团结稳定等的内容。

（三）禁止与防范、抵制发布的信息

《网络信息内容生态治理规定》第五条规定，网络信息内容生产者不得制作、复制、发布含有下列内容的违法信息：

（1）反对宪法所确定的基本原则的。

（2）危害国家安全，泄露国家秘密，颠覆国家政权，破坏国家统一的。

（3）损害国家荣誉和利益的。

（4）歪曲、丑化、亵渎、否定英雄烈士事迹和精神，以侮辱、诽谤或者其他方式侵害英雄烈士的姓名、肖像、名誉、荣誉的。

项目八

（5）宣扬恐怖主义、极端主义或者煽动实施恐怖活动、极端主义活动的。

（6）煽动民族仇恨、民族歧视，破坏民族团结的。

（7）破坏国家宗教政策，宣扬邪教和封建迷信的。

（8）散布谣言，扰乱经济秩序和社会秩序的。

（9）散布淫秽、色情、赌博、暴力、凶杀、恐怖或者教唆犯罪的。

（10）侮辱或者诽谤他人，侵害他人名誉、隐私和其他合法权益的。

（11）法律、行政法规禁止的其他内容。

课堂讨论 8-3

2021年，肖某在"杂交水稻之父"、共和国勋章获得者、中国工程院院士袁隆平因病逝世、举国悲痛之际，无视公序良俗和道德底线，使用昵称"坚持底线"的微信号，先后在微信群"白翎村村民信息群"（群成员499人）内发布2条信息，歪曲事实诋毁、侮辱袁隆平院士，侵害英雄名誉、荣誉，引起群内成员强烈愤慨，造成恶劣社会影响，湖南省韶山市人民检察院对其提起公诉。

讨论：肖某的行为涉及《网络信息内容生态治理规定》中哪些禁止性规定？

三、网络短视频平台管理规范

2019年1月，中国网络视听节目服务协会发布《网络短视频平台管理规范》，其对平台应遵守的总体规范、账户管理、内容管理和技术管理规范提出了20条建设性要求。

2021年12月，中国网络视听节目服务协会发布了《网络短视频内容审核标准细则（2021）》，对2019版进行了全面修订，对原有21类100条标准进行了与时俱进的完善，针对社会高度关注的泛娱乐化、低俗庸俗媚俗问题的新表现，以及泛娱乐化恶化舆论生态、利用未成年人制作不良节目、违规传播广播电视和网络视听节目片段、未经批准擅自引进播出境外节目等典型突出问题，为各短视频平台一线审核人员提供了更为具体和明确的工作指引，有利于进一步提高短视频平台对网络视听节目的基础把关能力和水平，促进网络视听空间清朗。

（一）总体规范

《网络短视频平台管理规范》中明确指出，开展短视频服务的网络平台，应当持有"信息网络传播视听节目许可证"（AVSP）等法律法规规定的相关资质，并严格在许可证规定的业务范围内开展业务。同时，网络短视频平台应当积极引入主流新闻媒体和党政军机关团体等机构开设账户，以提高正面优质短视频内容供给。此外，网络短视频平台还需要建立总编辑内容管理制度，实行节目先审后播制度，建立政治素质高、业务能力强的审核员队伍。

（二）先审后播制度

网络短视频平台实行节目内容先审后播制度。平台上播出的所有短视频均应经内容审核后方可播出，包括节目的标题、简介、弹幕、评论等内容。

网络平台开展短视频服务，应当根据其业务规模，同步建立政治素质高、业务能力强的审核员队伍。审核员应当经过省级以上广电管理部门组织的培训，审核员数量与上传和播出的短视频条数应当相匹配。原则上，审核员人数应当在本平台每天新增播出短视频条数的千分之一以上。

知识拓展 8-3

违者禁播，全平台共享"黑名单"

根据中国网络视听节目服务协会发布的《网络短视频平台管理规范》，网络短视频平台对在本平台注册账户上传节目的主体，应当实行实名认证管理制度。对机构注册账户上传节目的（简称 PGC），应当核实其组织机构代码证等信息；对个人注册账户上传节目的（简称 UGC），应当核实身份证等个人身份信息。网络短视频平台应当建立"违法违规上传账户名单库"，并实施信息共享机制。一周内三次以上上传含有违法违规内容节目的 UGC 账户，及上传重大违法内容节目的 UGC 账户，平台应当将其身份信息、头像、账户名称等信息纳入"违法违规上传账户名单库"。根据上传违法节目行为的严重性，列入"违法违规上传账户名单库"中的人员的禁播期分别为一年、三年、永久三个档次，各网络短视频平台在规定时期内不得为其开通上传账户。

（三）内容管理规范

网络短视频平台在内容版面设置上，应当围绕弘扬社会主义核心价值观，加强正向议题设置，加强正能量内容建设和储备。不得未经授权自行剪切、改编电影、电视剧、网络电影、网络剧等各类广播电视视听作品；不得转发 UGC 上传的电影、电视剧、网络电影、网络剧等各类广播电视视听作品片段；在未得到 PGC 机构提供的版权证明的情况下，也不得转发 PGC 机构上传的电影、电视剧、网络电影、网络剧等各类广播电视视听作品片段。

网络短视频平台应当遵守国家新闻节目管理规定，不得转发 UGC 上传的时政类、社会类新闻短视频节目；不得转发尚未核实是否具有视听新闻节目首发资质的 PGC 机构上传的时政类、社会类新闻短视频节目。

网络短视频平台不得转发国家尚未批准播映的电影、电视剧、网络影视剧中的片段，以及已被国家明令禁止的广播电视节目、网络节目中的片段。

网络短视频平台对节目内容的审核，应当按照国家广播电视总局和中国网络视听节目服务协会制定的内容标准进行。

（四）禁用语

直播营销与短视频营销中的词语均应当遵守《中华人民共和国广告法》（以下简称《广告法》）中的相关要求与规范，其中第九条规定广告不得有下列情形：

微课8-2
"包治百病"的
带货主播

（1）使用或者变相使用中华人民共和国的国旗、国歌、国徽，军旗、军歌、军徽。

（2）使用或者变相使用国家机关、国家机关工作人员的名义或者形象。

（3）使用"国家级""最高级""最佳"等用语。

（4）损害国家的尊严或者利益，泄露国家秘密。

（5）妨碍社会安定，损害社会公共利益。

（6）危害人身、财产安全，泄露个人隐私。

（7）妨碍社会公共秩序或者违背社会良好风尚。

（8）含有淫秽、色情、赌博、迷信、恐怖、暴力的内容。

（9）含有民族、种族、宗教、性别歧视的内容。

（10）妨碍环境、自然资源或者文化遗产保护。

（11）法律、行政法规规定禁止的其他情形。

2023年2月国家市场监督管理总局通过并发布《广告绝对化用语执法指南》，旨在为市场监管部门开展广告绝对化用语监管执法提供指引，其中所称广告绝对化用语是指《广告法》第九条第三项规定的情形，包括"国家级""最高级""最佳"以及与其含义相同或者近似的其他用语。

《广告绝对化用语执法指南》第十一条特别指出，有下列情形之一的，一般不认为属于违法行为轻微或者社会危害性较小：

（1）医疗、医疗美容、药品、医疗器械、保健食品、特殊医学用途配方食品广告中出现与疗效、治愈率、有效率等相关的绝对化用语的。

（2）招商等有投资回报预期的商品广告中出现与投资收益率、投资安全性等相关的绝对化用语的。

（3）教育、培训广告中出现与教育、培训机构或者教育、培训效果相关的绝对化用语的。

课堂讨论 8-4

某直播间主播话术如下："这款米糊是大米磨成粉渣做的，非常养胃，比白米粥对胃还好，因为它冲泡后是黏稠的糊状，产品的原材料选用国际品质。此外这款商品冲起来非常简单，一杯热水加满搅一搅就好了，口感非常绵密，喝起来很舒服，这样一杯在店铺的日常价是

9.9 元一杯，今天在我的直播间是 3.9 元一杯，这个超市也有卖，要 12.9 一杯，所以今天在我直播间真的是直接打了 4 折，仅此一次！"

讨论：主播的讲解话术中，有哪些属于违禁词？

四、电子商务平台产品信息展示要求

《电子商务平台产品信息展示要求》（GB/T 35411—2017）是由中国标准化研究院负责起草，于 2017 年 12 月发布的一项中华人民共和国国家标准，适用于电子商务平台销售的产品信息展示，规定了电子商务平台销售的产品信息展示的基本原则和要求、展示内容和展示方式，为电子商务平台的产品信息展示提供指南，促进电商平台销售产品信息展示的规范化，从而保障消费者权益。

（一）基本原则

（1）合规性。电子商务交易中，产品信息展示应符合国家法律、法规的要求。

（2）真实性。电子商务交易中产品信息展示应真实、准确、有效，不得有虚假内容。

（3）完整性。电子商务交易中，产品信息应展示完整、全面。

（4）规范性。电子商务交易中，产品信息展示应使用规范的语言和术语，并对专用或特定的术语进行解释。

（5）一致性。在电子商务交易平台上展示的产品信息应与买家实际收到的产品及产品上的信息一致。使用两种以上语言时，其内容应保持一致。

案件直击 8-2

网络购物引三方纠纷案

2023 年 4 月 26 日，原告在被告格某公司运营的电商平台购买了一个电视柜，价格 2 180 元。2023 年 4 月 28 日收到货后，原告发觉所买的电视柜材质与被告利某家具厂在直播间讲解宣称的南美红酸枝材质不符，怀疑买到假货。2023 年 5 月 10 日，原告向被告利某家具厂客服确认这款电视柜的木材材质，被告利某家具厂客服回复是南美红酸枝，且没有任何辅材。2023 年 5 月 14 日，原告按照被告格某公司的指引拆卸电视柜门并邮寄给木材检测公司做木材名称鉴定。2023 年 5 月 16 日出具检测报告，检测结论表明电视柜门是橡胶木，与被告利某家具厂宣称的南美红酸枝材质不符。2023 年 5 月 19 日，原告将电视柜的鉴定报告及相关有效凭证发送给被告利某家具厂和被告格某公司相应的客服工作人员，提出"假一赔四"的赔付申请。被告利某家具厂和被告格某公司均不履行该电商平台明示的"假一赔四"售后保障服务，三方多次协商赔偿未果。为此，原告特向贵院提起诉讼，恳请贵院支持原告的诉讼请求。

案例讨论：被告格某公司在商家入驻平台前对资质已经进行审核，已公示营业执照及店铺资质信息，尽到了合理的注意义务，是否可以不承担责任？

（二）基本要求

（1）卖家应按照《电子商务平台产品信息展示要求》中的基本原则将所销售产品的信息在电子商务销售平台上展示。所展示的信息应包括：产品识别、产品生产销售、产品安全警示、产品性能。根据需要，销售者还应同时或分别展示购买其产品的支付方式和运输费用的说明、售后服务、维修保养、运输安装、节能环保、民事责任等信息。

（2）由电子商务平台提供者在其平台上展示的产品，应符合合规性、真实性、一致性的原则。

（3）电子商务平台应对入驻其平台的商户（卖家）所展示的产品信息进行监督，对违规信息进行清理或督促卖家进行修改，并依据交易规则采取处置措施。

思维导图实训 8-2

熟悉直播电子商务法律规范

请同学们结合"熟悉直播电子商务法律规范"相关知识点，参考以下思维导图，分组训练。

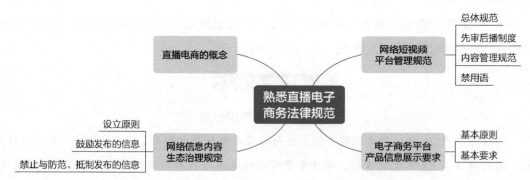

⚡ 项目同步练习

一、单选题

1. "平台销售的商品种类相对集中，并专注于某个特定的领域或针对某种特殊的需要，为该领域或该需求提供深度信息服务"，这是对（　　）平台的描述。

    A. 垂直型电商　　　　B. 自营型电商　　　　C. 平台型电商　　　　D. 综合型电商

2. 在电商平台展示产品信息时需要提供真实、准确、有效的信息内容，这体现的是《电子商务平台产品信息展示要求》的哪项原则？（　　　）。

    A. 合规性　　　　　　　B. 完整性　　　　　C. 真实性　　　　　D. 规范性

3. 在表现公司产品销量的广告中，可以使用以下哪个词语描述？（　　　）。

    A. 全网销量第一　　　　　　　　　　　B. 全国销量排名第一

    C. 同类产品中销量最佳　　　　　　　　D. 今年销量较去年增加 50%

4. 海关法律规定的四项基本任务是（　　　）。

    A. 海关监管、海关征税、海关稽查、海关审计

    B. 海关监管、海关征税、查缉走私、海关统计

    C. 海关管理、海关征税、海关稽查、海关审计

    D. 海关监管、海关征税、查缉走私、海关审计

5. 下列行为不属于违法行为的是（　　　）。

    A. 擅自销售应当申请进口验证而未申请的进口商品

    B. 出口报检人员不如实提供出口商品的真实情况

    C. 进口假冒的某国际品牌商品

    D. 出口经法定检验的商品

二、多选题

1. 以下（　　　）内容在化妆品广告中是可以出现的。

    A. 涉及化妆品功能的　　　　　　　B. 宣传医疗作用或者使用医疗术语的

    C. 涉及数码产品功能方面的数据的　　D. 使用"无副作用"语言的

2. 下列说法错误的有（　　　）。

    A. 广告不得含有虚假或者引人误解的内容，不得欺骗、误导消费者

    B. 广告经营者、广告发布者从事广告活动应当遵守法律、法规，广告主不需要遵守

    C. 广告内容涉及的事项需要取得行政许可的，可以与许可的内容有出入

    D. 广告不得损害未成年人和残疾人的身心健康

3. 网络信息内容生产者应当遵守法律法规，遵循公序良俗，不得损害（　　　）。

    A. 集体利益　　　　　　　　　　　B. 国家利益

    C. 公共利益　　　　　　　　　　　D. 他人合法权益

4. 报关进出境阶段包括（　　　）。

    A. 进出口申报　　　　　　　　　　B. 配合查验

    C. 缴纳税费　　　　　　　　　　　D. 提取或装运货物

5. 下列商品不能以跨境电子商务方式入境的有（　　　　）。

　　A. 未获检验检疫准入的动物产品　　　B. 废旧物品

　　C. 取得进口药品注册证书的生物制品　　D. 枪支弹药

三、判断题

1. 国家网信部门负责全国互联网直播营销信息内容服务的监督管理工作。（　　　）

2. 产品信息是指电子商务平台买卖双方的下单、支付、配送、交付以及售后服务等相关消息、数据、情报等的总称。（　　　）

3. 《电子商务平台产品信息展示要求》规定产品的产地需要标注为产品实际制作地。

（　　　）

4. 9610海关监管方式适用于出口。（　　　）

5. 1210海关监管方式只适用于境内个人在海关认可的电子商务平台实现跨境交易。

（　　　）

四、综合案例分析

海关总署组织全国19个直属海关开展2021年跨境电商进口消费品质量安全风险监测工作，监测对象包括牙刷、服装、婴童用品、家用电器等13个类别的跨境电商进口消费品。本次监测共抽样562批，经检测有55批不符合我国产品标准中质量安全有关要求，风险发现率为9.79%。经风险评估，11批质量安全风险等级为高风险或中高风险。主要风险项目包括牙刷的磨毛、规格尺寸，婴儿服装的绳带、附件抗拉强力，推车的锐利边缘和尖端，玩具的小零件、塑料包装袋厚度、使用说明，儿童口罩的颗粒物过滤效率、断裂强力、外观质量，电吹风的防触电保护、插头、电源软线、标志等。

海关已按照法律法规要求，督促相关跨境电商企业对存在质量安全风险的消费品实施下架、技术整改、退运或销毁等风险消减措施。近年来，针对跨境电商的快速发展，海关认真履职，设立跨境电商进出口商品质量安全风险监测点及评估中心，强化风险监测、评估、处置和结果运用，切实保护消费者权益，促进跨境电商健康有序发展。

请问：我国对跨境电商的主要海关监管政策有哪些方面？

项目九　学生核心技能实训

知识目标 ✓

1. 掌握创办电子商务公司的法律流程
2. 掌握电子商务公司入驻典型电商平台的规则与流程
3. 掌握民事诉讼的庭审程序

能力目标 ✓

1. 具备合理撰写民事诉讼模拟庭审脚本的能力
2. 具备运用法律知识解决实际问题的能力

素养目标 ✓

1. 培养创新创业能力和创客素养
2. 培养实事求是、团队互助的职业素养

学习参考法律法规 ✓

《中华人民共和国公司法》
《中华人民共和国电子商务法》
《中华人民共和国民事诉讼法》

项目背景

近年来，电商行业发展迅速，很多创业者都想注册成立电商公司从事电子商务活动。但是，要开办一家注册的电子商务公司，需要经过一系列的程序，并且需要按照规定的步骤进行操作，在获得当地市场监督管理部门允许后再从事电商活动。本项目以培养学生运用电子商务法律法规解决实际问题的能力为基础进行任务分解：一是了解创办公司的法律流程；二是了解在电子商务活动中，如果发生纠纷，如何正确运用法律法规制度处理公司纠纷；三是提高实践动手能力，培养创客素养，并树立诚信经营、实事求是、团结互助的职业素养。

因在某电商平台销售假冒品牌服装，高某某被法院判缓刑两年多后，又被电商平台以违背合同约定为由告上法庭，索赔 11 万余元。

2022 年 4 月 19 日，某市互联网法院开庭审理此案，认为高某某的售假行为侵害了某电商平台网上的消费者及其他商家的权益，损害了该电商平台的商誉，给平台造成了经济损失，当庭判决高某某赔偿损失 4 万元，并支付合理支出 1 万元。据了解，某市互联网法院自去年 8 月成立以来就以快速审判为目标，利用互联网法院线上举证质证系统以及同案数据分析系统，将庭审加速。此次审理的案件，是该院首次受理的电商平台起诉售假卖家案，开庭审理后，法院当庭作出宣判。

法庭调查、辩论、质证全程线上进行。当日，法官在线"隔空"审理了这起案件，庭审现场没有原告席、被告席，也没有书记员，法官面前仅有一块联网的大屏幕，上面实时显示着主审法官和原、被告代理律师的画面。

案例思考：

1. 本案中，高某某解决所面临问题的途径是什么？

2. 本案中，电商公司依法合规经营需要办理哪些流程？

任务一　模拟创办电子商务公司实训

任务描述

2022 年 5 月 17 日，某市某区市场监督管理局接到群众举报，黄某某在某电商平台开设线上运营店铺，非法经营进口化妆品及预包装食品。执法人员对黄某某的线下经营场所进行检查，发现当事人不能提供营业执照、食品经营许可证以及进货票据、国家商检部门出具的检验合格证明等材料。经调查，当事人在未办理营业执照和食品经营许可证的情况下，通过网店销售食品经营额达 68 200 元，获利 12 650 元；销售无中文标签的化妆品货值达 685 000 元，获利 12 486 元。某市某区市场监督管理局根据《电子商务法》《化妆品卫生监督条例》，对当事人作出没收违法所得 25 136 元，没收尚未出售的饮料、进口化妆品，罚款 105 658 元的行政处罚。

请思考：

1. 在本案中，黄某某的行为违反了哪些法律条款？

2. 黄某某如果入驻电商平台从事电子商务经营活动需要遵守哪些规则？

任务分解

1. 了解创办电子商务公司流程。

2. 了解入驻电商平台的条件。

3. 了解大学生创业风险与维权方法。

知识精讲

一、创办电子商务公司的流程

微课9-1
电商公司成立流程

创办电子商务公司的流程如下：

（1）电子商务公司核名。创办电子商务公司首先需具备符合要求的公司名称，所以创业者在进行电子商务公司设立前，最好先准备多个电子商务公司备选名称，然后携带核名环节所需材料，前往市场监管部门提交核名申请，核名通过后领取"企业名称预先核准通知书"。

（2）注册材料。电子商务公司注册需准备齐全一系列注册材料，并交给市场监管部门审核，若审核通过，市场监管部门会给创业者发放"企业准予设立登记通知书"。

（3）领取营业执照。拿到上述通知书后，创业者即可按事前约定时间前往市场监管局领取电子商务公司营业执照正、副本。

（4）办理相关行政许可（如需要）。根据《电子商务法》第十二条规定："电子商务经营者从事经营活动，依法需要取得相关行政许可的，应当依法取得行政许可。"例如，食品经营许可证。

（5）刻章。在电子商务公司经营期间，通常还需要用到一系列公司印章。因此，完成上述注册步骤后，创业者还需尽快前往公安局指定地点进行备案刻章。电子商务公司所需刻制印章为公章、财务章、发票章、合同章、法人章。

（6）银行开户。基本银行账户是电子商务公司日后经营期间用于资金往来的账户，所以在上述操作完成后还需及时前往所属区域银行开立基本银行账户。

（7）税务申报。电子商务公司成立后需根据国家政策规定进行纳税申报。所以，创业者还需及时前往主管税务机关核定税种及纳税人身份。

知识拓展 9-1

新《公司法》（2024年7月施行）对公司登记事项的规定

新《公司法》设有"公司登记"专章，将原公司法相关章节中的公司登记条款修订调整到该专章中，同时新增了相应的登记条款。

新《公司法》第三十二条第 1 款规定："公司登记事项包括：（一）名称；（二）住所；（三）注册资本；（四）经营范围；（五）法定代表人的姓名；（六）有限责任公司股东、股份有限公司发起人的姓名或者名称。"对照《市场主体登记管理条例实施细则》第六条第一项"公司：名称、类型、经营范围、住所、注册资本、法定代表人姓名、有限责任公司股东或者股份有限公司发起人姓名或者名称"的登记事项规定，新《公司法》的规定少了一个公司"类型"。

德法课堂 9-1

股东擅自取回作价出资的自媒体账号是否构成抽逃出资？

2020 年 4 月，王某某与黄某某签订股东补充协议，王某某现金出资，黄某某以某电商平台账号作为个人技术出资，双方共同设立某某电子商务公司。后双方因公司经营不善发生纠纷，黄某某于 2020 年 6 月取回快手账号。某某电子商务公司认为，股东补充协议中明确黄某某以技术出资，在合作期间，平台账号归公司使用，双方明确约定了该账号的价值。黄某某未经公司同意，擅自解除账号绑定，自行使用该账号，直接导致公司无法正常经营，侵害了公司利益。

案例分析：股东擅自取回作价出资的自媒体账号是否构成抽逃出资？本案应如何处理？

要点提示

依据相关法条进行案例分析，培养爱岗敬业、诚实守信的人生观、价值观，提升廉洁自律的职业素养。

二、主流电商平台入驻条件

《电子商务法》第二十七条规定："电子商务平台经营者应当要求申请进入平台销售商品或者提供服务的经营者提交其身份、地址、联系方式、行政许可等真实信息，进行核验、登记，建立登记档案，并定期核验更新。电子商务平台经营者为进入平台销售商品或者提供服务的非经营用户提供服务，应当遵守本节有关规定。"

《电子商务法》第二十八条规定："电子商务平台经营者应当按照规定向市场监督管理部门报送平台内经营者的身份信息，提示未办理市场主体登记的经营者依法办理登记，并配合市场监督管理部门，针对电子商务的特点，为应当办理市场主体登记的经营者办理登记提供便利。"

电商随着互联网蓬勃发展而兴起，目前电商公司已经在整个经济市场中占据了很大一部分比重，电商公司入驻电商平台从事经营活动必须遵循各个电商平台入驻的条件。下面详细介绍一下各个电商平台的入驻条件。

（一）淘宝入驻

（1）个人和企业均可入驻，个人店铺对应的经营主体是个人身份信息，企业店铺对应的经营主体是企业营业执照。

（2）经营范围无要求。

（3）需要缴纳消费者保障保证金。

（4）特种经营需要提交资质材料。

（二）天猫入驻

（1）天猫暂不接受个体工商户的入驻申请，也不接受非中国大陆企业的入驻申请。

（2）注册资本不低于人民币 100 万元。

（3）需具备一般纳税人资格。

（4）需提供商标注册证。

（5）生产、经营范围、产品安全性资质完整、符合国家行政法规许可要求，如食品类的需提供"食品经营许可证"，化妆品类的需要提供化妆品生产厂商持有的"化妆品生产许可证"等。

（6）所有提交资料需要加盖开店公司公章。

（三）京东商城入驻

（1）京东只能企业入驻，但是京东旗下的京喜平台可以接受个体工商户入驻。

（2）企业入驻需提供营业执照。

（3）企业店铺类型、经营类目不同，对注册资金的要求不同，部分注册资金要求不能低于 10 万元 /50 万元 /100 万元，具体按要求。

（4）需提供品牌资质材料，如商标注册证、销售授权书、质检、检疫、检验报告等。

（5）需按要求提供经营类目行业资质，如经营医疗器材，需提供"医疗器械许可证"等相关证。

（6）开旗舰店必须要提供排他授权书。

各店铺类型需要准备的资质材料略有不同，但是基本上都会要求企业资质、品牌资质和行业资质等。

（四）拼多多入驻

旗舰店、专卖店入驻基本条件：

（1）公司营业执照全套资料（营业执照正副本、税务登记证、组织机构代码证）。

（2）对公账户开户许可证。

（3）品牌商标注册证或者商标受理书（TM 标）。

专营店入驻基本条件：

（1）公司营业执照全套资料（营业执照正副本、税务登记证、组织机构代码证）。

（2）对公账户开户许可证。

（3）保证金（保证金数额视类目而定）。

王某于 2022 年 4 月在某电商平台詹某开设的店铺购买了某品牌进口食品 1 盒。王某发现詹某无食品经营许可证，所售产品无中文标识，且未经国家卫生行政部门批准，属于不符合食品安全国家标准的食品。王某主张詹某"退一赔十"，该电商平台经营者应承担连带赔偿责任。

讨论：电商平台未审查商家资质，是否要承担法律责任？

三、创业过程中如何避险维权

在创业过程中风险无处不在，创业者需要学习法律风险知识，增强防范意识，掌握应对策略，从而有效规避风险，更好地进行技术转化和商业运营。

1. 创业形式风险

以法人形式作为创业模式的，易出现对公司法人制度不熟悉、虚化公司法人独立地位等问题；以非法人组织形式作为创业形式，可能会出现合伙形式约定不明、普通合伙与有限合伙混同等问题。

以法人作为创业形式的，建议在创业时加强对公司法等相关法律制度的学习，了解注册资本认缴制和公司法人独立等制度本意，清楚公司不是股东逃责工具，而是降低创业门槛，保护合法投资人权益的制度。为避免出现抽逃出资、财产混同等问题，在创业时应当尽快设立公司账户、规范出资方式、严格区分个人账户与公司账户。采取合伙形式创业的，应详细了解经营项目风险，谨慎选择合伙伙伴，并通过书面形式约定合伙方式、权利义务、资金归集、监管等内容。

2. 资本风险

资金风险是创业过程中最常见的风险，缺乏资金将直接导致创业失败。除了需要考虑企业经营的资金来源问题，还需要考虑在注册资本认缴制下，公司无法履行到期债务，股东将丧失认缴出资期限利益，提前履行出资义务的法律风险。

在企业成立初期，要选择正规的融资渠道。妥善评估自身实力，结合所选行业的商业风险合理确定注册资本金额，认缴制下初创公司的注册资本不宜太高，注册资本可以在后续经营过程中，结合经营情况逐步提高。

3. 经营风险

首先，部分初创公司在设立后没有建立独立的财务会计制度，易造成股东与公司财产混同；其次，经营过程中对外签订合同可能存在合同内容违法、履约不诚信、违约责任等法律风险；最后，公司经营业务可能存在超出营业执照范围情形。

公司成立后应当建立独立的财务会计制度，公司的经营启动资金、作为股东的认缴出资，应当通过对公账户收支，不与股东个人财产混同。针对合同签订，要确保合同签订过程、内容等符合法律规定，详细审查双方权利义务及违约责任，在履约的过程中秉承诚实信用原则。

针对经营范围，要在已获得资质或者审批范围内运营公司业务。

4. 知识产权风险

对于初创公司而言，独有技术、商标等知识产权可能是公司安身立命的根本，若不能尽早取得知识产权登记或授权，可能导致公司权益受损，也可能存在侵犯他人知识产权的风险。

在确定运营公司后，尽早将有关知识产权注册在公司名下，产品宣传过程中要注意规范商标申请、不随意下载使用网络图片等，如需使用他人知识产权，应提前取得正规的授权和许可，严格按照知识产权法相关法律法规规定执行，避免侵权或被侵权。

在创业过程中当遇到法律纠纷和法律问题时，可以采取的维权途径有：

（1）和解：协商解决纠纷。

（2）调解：当事人如果不能协商一致，可以要求有关机构调解。

（3）仲裁：当事人协商不成，不愿调解的，可根据合同中规定的仲裁条款或双方在纠纷发生后达成的仲裁协议向仲裁机构申请仲裁。

（4）向人民法院提起诉讼。

案件直击 9-1

大学生创业需谨慎，一着不慎陷纠纷漩涡

大学刚毕业的王同学想自己创业，因被某商业街"打造小吃第一街"的口号吸引，王同学与该商业街管理公司签订租赁合同，合同约定租期一年，租赁费、物业费合计 18 000 元，另付 10 000 元保证金，公司保证对外宣传到位，王同学不得提前解除合同，否则剩余费用和保证金一律不予退还。

可开业不到一个月，店前门可罗雀，王同学认为公司宣传不到位，提出解除合同但遭到拒绝。月底，王同学将承租的棚亭腾空，并将现状拍摄成视频发送给了公司工作人员，正式告知对方解除合同并寄送了一份解除合同通知书。

随后王同学要求公司返还其剩余的租金、物业费及保证金，公司以并未同意解除合同为由拒绝了王同学的要求，协商未果之下双方对簿公堂。

案例讨论：大学生创业应该如何加强风险管理意识？

四、模拟创办电子商务公司

各组自行在教学平台上选取创办电子商务公司的案例，并协商确定创办公司的分工，分组撰写电商创业项目规划书以及制作汇报 PPT，并拍摄创业项目宣传小视频上传教学平台。

电商创业项目规划书从项目主要内容（占 30%）、市场营销（占 20%）、财务计划（占 20%）、风险与对策（占 20%）、素质考核（占 10%）方面考核学生综合运用电子商务相关法律知识的能力。模拟创办电商公司的考核方式及考核标准如表 9-1 所示。

表 9-1 模拟创办电商公司考核方式、考核标准一览表

考核点	考核方式	考核标准			
		优	良	中	及格
模拟创办电商公司	创业规划的主要内容（30%）	能非常准确地介绍项目的技术原理、技术水平、新颖性、独特性、用途和应用范围；项目的市场保护措施；项目研发计划；项目生产计划	能较准确地介绍项目的技术原理、技术水平、新颖性、独特性、用途和应用范围；项目的市场保护措施；项目研发计划；项目生产计划	创业计划书的写作格式稍有瑕疵，内容较为完整	能在其他同学的帮助下完成创业计划书任务
	创业规划的市场营销（20%）	能非常准确地介绍项目的营销方式和渠道、促销策略、价格策略、营销团队	能较准确地介绍项目的营销方式和渠道、促销计划、价格策略、营销团队	基本能独立完成创业计划项目的市场营销任务	能在其他同学的帮助下完成创业计划项目的市场营销任务
	创业规划的财务计划（20%）	能非常准确地介绍项目的资金需求和使用；财务的预计销售收入和经济效益；财务分析	能较准确地介绍项目的资金需求和使用；预计销售收入和经济效益；财务分析	基本能独立完成创业计划项目的财务计划任务	能在其他同学的帮助下完成创业计划项目财务计划任务
	创业规划的风险与对策（20%）	能非常准确地进行项目的SWOT分析	能较准确地进行项目的SWOT分析	基本能独立完成项目的SWOT分析	能在其他同学的帮助下完成项目的SWOT分析
	素质考核（10%）	团队成员分工合理；能主动学习，无缺勤、迟到、早退等现象；能表现出优秀的团队合作精神和创客素养	团队成员分工合理；能主动学习，无缺勤、迟到、早退等现象；能表现出较好的团队合作精神和创客素养	团队成员分工合理，能主动学习，无缺勤、迟到、早退等现象；能表现出较好的合作精神和创客素养	团队成员分工合理，能主动学习，无缺勤、迟到、早退等现象；能表现出一定的创客素养

模拟创办电子商务公司实训

请同学们结合"模拟创办电子商务公司实训"相关知识点，参考以下思维导图，分组训练。

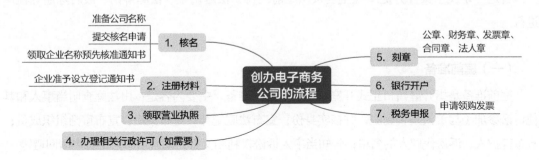

任务二　模拟法庭庭审实训

任务描述

原、被告均为某电子商务平台经营者，主要经营雅思考试在线培训课程。被告以原告店铺销售的阅读题《Bovids》与被告主编题集中的考题一致为由，向平台投诉原告商品为假冒或盗版商品，并出具本人鉴定意见。后平台判定原告的案涉产品"售假违规"，并进行处罚。原告于是向广州互联网法院起诉被告，要求被告赔礼道歉、赔偿损失。经审理，广州互联网法院认定，被告的投诉行为构成恶意投诉，应承担相应的法律责任，遂判决被告赔偿原告经济损失。

请思考：

1. 在本案中，原告与被告双方争议的焦点是什么？

2. 如何为本案撰写民事诉讼模拟庭审脚本？

任务分解

1. 理解民事诉讼的庭审程序。

2. 撰写民事诉讼模拟庭审脚本。

项目九

一、民事诉讼庭审的一般程序

普通一审民事案件开庭审理主要按照庭前准备、法庭调查、法庭辩论、最后陈述等程序进行。

（一）庭前准备

庭前准备是指开庭当日正式开庭审判时所做的准备，主要内容是：由法庭查明当事人和其他诉讼参加（与）人是否到庭，并核实身份；宣布法庭纪律；宣布案由；宣布审判组织成员；宣布辩护人、诉讼代理人的名单；告知当事人诉讼权利和义务；询问当事人是否申请回避等。

（二）法庭调查

法庭调查是指在法庭上对案件事实和证据进行审查的活动，其目的就是审查核实证据，查清案件事实真相，为后面的裁判做准备。

因此法庭调查是整个庭审的关键环节，而这个环节主要由法官来主导流程。

首先，由原告宣读起诉状，陈述诉讼请求及事实理由。

其次，被告进行答辩。

接着，原被告双方进行举证质证；举证即出示证据，来证明己方所陈述的事实。质证，即对对方出示的证据从真实性、合法性、关联性及证明目的有无意义方面进行说明和辩驳。

其间，法官会就案件事实对双方当事人进行询问，原被告也可以互相发问。

最后，法官会归纳案件争议焦点，并询问双方有无意见及补充。

（三）法庭辩论

法庭调查结束便进入法庭辩论阶段。双方就前面开庭情况进行观点表达和辩论，主要就己方所主张的事实进行法律观点表达，以及对对方错误的事实、观点进行反驳。

（四）最后陈述

最后陈述即原被告双方对案件的诉求是否有变更或增加，以及对该案件的最后看法。法官会根据原被告顺序征询各方最后意见。

一般情况下，在整个庭审过程中，法官都会询问双方是否还能调解，如果双方愿意调解，法院会出具调解书结案，如果双方仍然不愿调解或者无法达成调解协议，法院在庭审流程结束后，会宣布休庭，由当事人在庭审笔录上签字，然后法院择期宣判。

民事诉讼案件的庭审质证

民事诉讼案件的庭审质证是指当事人、诉讼代理人及第三人在法庭主持下，对各自出示的证据经相互听取、审阅、辨认、核对、询问、说明、解释后，就各个证据的合法性、真实性、关联性向法庭发表意见，得出能否作为认定案件事实根据的活动。

对证据合法、真实与否的质证，涉及证据能否纳入认定案件事实根据的范围；对证据关联强弱的质证，涉及证据能否作为认定案件事实的根据。

案件直击 9-2

直播间剁手"买买买"，消费者如何避免"掉坑"？

小张在某网络平台看中了一个心仪很久的品牌包，店铺直播间标注"假一赔十"，且当天在直播间单笔订单满 500 元即可抽惊喜盲盒，并加赠手拿袋一个。于是小张决定下单购买该品牌 S 款包，花费 750 元，并在直播间抽取了一个盲盒。

到货后，小张进行了开箱直播，发现 S 款包与直播间显示的颜色略有差异，加赠的手拿袋有磨损，抽取的盲盒奖品系一张贴纸，与店铺奖品展示页显示的几类盲盒奖品皆不符。郁闷的小张遂与店铺客服进行沟通，但客服称，该商品是正品，正品就是这个颜色。但小张觉得，直播间的包看上去是薄荷绿，自己收到的货颜色类似橄榄绿，不仅颜色有差异，做工也很粗糙，不像是正品。

案例讨论：小张与客服协商未果，如果要寻求法院帮助，应该如何起诉？需要准备哪些证据材料？

二、电子商务领域民事案件庭审流程举例

（一）庭前准备阶段

（原告方、被告方上场，书记员、法警上场）

书记员：请旁听人员保持肃静。（宣布法庭纪律）

书记员：全体起立，请审判长、审判员入庭。（转身面向审判长）报告审判长，庭审工作准备就绪，请开庭审理。

审判长：请全体坐下。

审判长：××人民法院，现在宣布开庭。本庭今天依法适用普通程序，公开开庭审理原告××胜利文化公司（以下简称胜利公司）诉被告××办公用品旗舰店购打印机合同纠纷一案。根据《中华人民共和国民事诉讼法》的规定，现在核对当事人及委托诉讼代理人的情况。现由原告及代理人陈述基本情况。

原告：原告的基本情况为：湖南省某某胜利文化公司，住所地为湖南省××市××区××街××号楼××房。

法定代表人：张××，董事长兼总经理。

委托诉讼代理人：柯××，湖南××律师事务所律师。

审判长：现在由被告及代理人陈述基本情况。

被告：被告的基本情况为：××办公用品旗舰店，住所地为湖南省××市××区××路××栋××号。

法定代表人：王××，法定代表人及店长。

委托诉讼代理人：刘××，湖南××律师事务所律师。

审判长：原告方对被告方的出庭人员的身份有无异议？

原告：无异议。

审判长：被告方对原告方出庭人员的身份有无异议？

被告：无异议。

审判长：出庭的各方当事人身份经核对无误，且当事人对对方出庭人员无异议，各方当事人及其诉讼代理人符合法律规定，可以参加本案诉讼。

审判长：双方当事人及诉讼代理人符合法律规定，可以参加本案诉讼。原告某某胜利文化公司诉被告××办公用品旗舰店购打印机合同纠纷一案，现在开庭！根据《中华人民共和国民事诉讼法》第三十九条的规定，本案由审判员×××担任审判长，审判员×××及审判员×××组成合议庭，书记员×××负责记录，今天在本院第一审判庭审理。

审判长：根据《中华人民共和国民事诉讼法》的规定，你们双方当事人享有如下诉讼权利：①申请回避；②委托诉讼代理人；③收集、提供证据；④进行辩论，经法庭许可，可以向证人、鉴定人、勘验人发问；⑤请求调解；⑥提起上诉；⑦申请执行；⑧按规定查阅、复制本案有关材料。

你们双方当事人享有上述诉讼权利的同时，也必须履行如下诉讼义务：①依法行使诉讼权利；②遵守法庭纪律和诉讼秩序；③履行发生法律效力的判决书、裁定书和调解书。

上述诉讼权利和诉讼义务双方当事人和诉讼代理人是否听清楚了？

原告：听清楚了。

原告代理律师：听清楚了。

被告：听清楚了。

被告代理律师：听清楚了。

审判长：是否申请回避？所谓申请回避，是指如果你们认为参与本案审理的审判人员、鉴定人、勘验人、翻译人员、书记员与本案有利害关系或其他关系，可能影响案件的公正审理，可以要求有关人员不参与案件的审理，但应提出正当理由。原告是否申请回避？

原告：不申请回避。

审判长：被告是否申请回避？

被告：不申请回避。

（二）法庭调查阶段

审判长：下面进行法庭调查，法庭调查的重点是总结双方当事人争议的焦点，当事人对自己提出的主张有责任向法庭提供证据，反驳对方主张的，亦应说明理由。首先由原告陈述诉讼请求及所依据的事实和理由。

原告诉讼代理人：我方诉讼请求为：①请求判令被告××办公用品旗舰店继续履行合同规定的发送10台打印机的发货义务；②请求判令被告××办公用品旗舰店赔付原告10 000元经济损失；③请求判令被告××办公用品旗舰店向原告公开道歉；④请求判令被告××办公用品旗舰店承担本案全部诉讼费用。

事实和理由：

2022年11月，原告胜利公司需购买10台打印机机作为资产使用，在某电商平台成功注册为会员后看到××办公用品旗舰店在"双十一"期间推出"打折促销"的广告，某型号打印机市面价格1 500元，但是××办公用品旗舰店只需要1 200元，于是胜利公司在线提交了该款打印机订单，并采用支付宝付款12 000元（10台）。一天后，××办公用品旗舰店取消了与胜利公司的在线订单，并通过支付宝返还了胜利公司支付的12 000元货款。胜利公司认为，自己已经在线提交订单，并且支付了货款，根据法律规定，当事人一方通过互联网等信息网络发布的商品或者服务信息符合要约条件的，对方选择该商品或者服务并提交订单成功时合同成立。所以，购物软件的购物合同自购买者选择该商品，并提交订单成功时成立。其与××办公用品旗舰店之间的电子商务合同已经成立，××办公用品旗舰店不能随意取消订单，应该履行发货义务。被告无故取消订单，并全额退还货款的行为违反《民法典》合同编的相关规定，要求被告××办公用品旗舰店继续履行合同规定的发送10台打印机的发货义务，并赔付原告10 000元经济损失；另外，请求判令被告××办公用品旗舰店向原告公开道歉和请求判令被告××办公用品旗舰店承担本案全部诉讼费用。

综上，××办公用品旗舰店的行为构成合同违约行为，请求法院支持原告的诉讼请求。

审判长：下面由被告方进行答辩，请被告发表答辩意见。

被告诉讼代理人：第一，网络订单的成立不能认为交易已经完成。在本案中，××办公用品旗舰店的交易方式与其他店铺不同，被告××办公用品旗舰店在平台设置的购物模式，从形式上看，发布的商品信息中只标识名称、型号、价款，但未标识库存量，消费者下单付款后，需要客服核查库存，如果有货则安排发货，如果没有货则取消订单，退还款项。该购物模式并非完全的自助式购物模式，需要客服人工干预，因此其发布的商品信息内容具有不确定性，仅是希望消费者向其发出要约的意思表示，应认定为要约邀请。根据法律规定，要约邀请是希望他人向自己发出要约的意思表示。寄送的价目表、拍卖公告、招标公告、招股说明书、商业广告等为要约邀请。商业广告的内容符合要约规定的，视为要约。因此，××办公用品旗舰店的商品信息应当视为要约邀请。第二，本次购物系网络购物，取消订单系库存不足的原因，不是无故取消，手机信息网页不能显示商品库存，客户购买须经客服人员在后台盘点和维护，完成送货，交易才完成。而原告在无客服人员上班的情况下确认订单并支付款项，但是次日未完成送货，合同不成立。第三，被告已全额退还价款，原告没有损失，原告要求继续履行、赔偿经济损失和赔礼道歉的主张，无事实与法律依据，亦不能适用民法典关于合同违约规定，应当驳回。

综上，被告答辩意见发表完毕。

审判长：根据刚才原告的陈述和被告的答辩，本庭总结双方的争议焦点在于买卖合同是否成立，如合同成立，原告能否要求被告继续履行和赔偿损失。各方当事人对本庭归纳的争议焦点有无异议或补充？

原告代理人：无异议，无补充。

被告代理人：无异议，无补充。

下面进行法庭质证，请双方当事人围绕争议焦点举证和质证。下面由原告出示证据，并就你方提交的证据材料逐一就证据名称、证据来源、证明目的向法庭作出相应的解释。

原告：证据一，购买订单。2022年11月9日晚上22:17，原告通过平台在××办公用品旗舰店购买10台打印机的订单，被告自行购买结算，并确认送达时间为2022年11月10日上午8:30至9:00，为此支付价款合计12 000元。

证据二，2022年11月10日上午7:53，原告收到被告短信通知，上述订单因产品库存不足被取消，平台订单也于当日被取消。当天被告全额退还原告货款12 000元。

证据三，平台购买订单。2022年11月8日，他人通过平台在××办公用品旗舰店购买一台同款打印机，付款1200元。

审判长：下面由被告出示证据，并就你方提交的证据材料逐一就证据名称、证据来源、证明目的向法庭作出相应的解释。

被告：证据一，配货单。该配货单载明××办公用品旗舰店每周从上级公司获得配货50台该款打印机。

证据二，销售单。该销售单载明，截止到2022年11月9日晚上22:17，××办公用品旗舰店已经销售47台，现有该款打印机仅3台，虽有货物但库存不足。

证据三，短信发送记录。2022年11月10日上午7:53，被告于当日取消平台订单并向原告发送短信通知：上述订单因产品库存不足被取消，平台订单也于当日被取消。当天被告全额退还原告货款12 000元。

审判长：现在原告开始质证。

原告代理人：对于证据一的真实性和关联性没有异议。但是对于证据二的真实性有异议，虽然该销售单载明，截止到 2022 年 11 月 9 日晚上 22:17，××办公用品旗舰店已经销售 47 台，现有该款打印机仅 3 台，库存不足，但是原告认为被告 ×× 办公用品旗舰店具有操作虚假销售的可能，例如虚假刷单的情况，所以伪造销售单是完全可能的。

审判长：现在被告开始质证。

被告代理人：对证据一和证据二无异议，对证据三的真实性无异议，关联性有异议，证据三显示 2022 年 11 月 8 日，他人通过平台在 ×× 办公用品旗舰店购买一台同款打印机，付款 1 200 元。此时在原告购买打印机之前，本店尚有库存，完全可以完成交易。

审判长：双方还有证据提交吗？

原告：没有了。

被告：没有了。

（三）法庭辩论阶段

审判长：法庭调查结束，经过法庭调查，本庭总结双方争议焦点依然在于买卖合同是否成立，如合同成立，原告能否要求被告继续履行和赔偿损失。其中，对于被告无库存这一事实产生争议。下面进行法庭辩论，请双方当事人围绕争议焦点展开辩论。首先由原告方发表辩论意见。

原告代理人：首先，《民法典》第四百七十二条规定："要约是希望和他人订立合同的意思表示，该意思表示应当符合下列规定：（一）内容具体确定；（二）表明经受要约人承诺，要约人即受该意思表示约束。"被告 ×× 办公用品旗舰店在平台设置的购物信息网页，虽未标识库存量但从发布的商品信息中可以看到标识名称、型号、价款，符合内容具体确定的要求。其次，在平台中开设店铺、挂出商品信息，显然具有表明经受要约人承诺，要约人即受该意思表示约束的意思，因此 ×× 办公用品旗舰店的这一商品信息构成要约。

审判长：被告，现在发表你的辩论意见。

被告代理人：需要明确本店的信息网页应当视为要约邀请。理由如下：×× 办公用品旗舰店的交易方式与其他店铺不同。被告 ×× 办公用品旗舰店在平台设置的购物模式，从形式上看，发布的商品信息中只标识名称、型号、价款，但未标识库存量，如果消费者下单付款完成订单，需要客服核查库存，如果有货则安排发货，如果没有货则取消订单，退还款项。该购物模式并非完全的自助式购物模式，需要客服人工干预，因此其发布的商品信息内容具有不确定性，仅是希望消费者向其发出要约的意思表示。根据法律规定，×× 办公用品旗舰店的商品信息应当视为要约邀请。

审判长：原告，针对这一问题还有辩论意见吗？原告辩论后，被告也可以提出辩论意见。

原告代理人：法律规定，要约邀请是希望他人向自己发出要约的意思表示。寄送的价目表、拍卖公告、招标公告、招股说明书、商业广告等为要约邀请。商业广告的内容符合要约规定的，视为要约。在本案中，被告××办公用品旗舰店在平台设置的购物信息网页，虽未标识库存量但从发布的商品信息中可以看到标识名称、型号、价款，符合要约的内容具体确定的要求。作为该条的例外，应当视为要约而非要约邀请。原告在 2022 年 11 月 9 日晚上 22:17，通过平台在 ×× 办公用品旗舰店购买 10 台打印机的订单，自行购买结算，并确认送达时间为 2022 年 11 月 10 日上午 8:30 至 9:00，为此支付价款合计 12 000 元，是对要约的承诺，根据《民法典》的规定，合同成立。

被告代理人：要约邀请是希望他人向自己发出要约的意思表示。寄送的价目表、拍卖公告、招标公告、招股说明书、商业广告等为要约邀请。针对要约邀请作出的请求，视为要约，即原告所作出的订单属于要约，须被告在确认库存后对订单作出处理才算承诺。但是，在 2022 年 11 月 10 日上午 7:53，被告于当日取消平台订单并向原告发送短信通知：上述订单因产品库存不足被取消，平台订单也于当日被取消。当天被告全额退还原告货款 12 000 元。因此，被告并未作出承诺，合同无法成立。

原告代理人：根据《电子商务法》第四十九条，电子商务经营者发布的商品或者服务信息符合要约条件的，用户选择该商品或者服务并提交订单成功，合同成立。当事人另有约定的，从其约定。电子商务经营者不得以格式条款等方式约定消费者支付价款后合同不成立；格式条款等含有该内容的，其内容无效。因此，该合同成立且合法有效，根据合同内容，被告应当履行合同的发货义务。

被告代理人：不赞同原告的意见，坚持上述陈述。

审判长：原告，有没有新的辩论意见？重复的不用再说了。

原告：没有新的辩论意见。

审判长：被告，有没有新的辩论意见？重复的不用再说了。

原告：没有新的辩论意见。

（四）最后陈述阶段

审判长：法庭辩论结束，根据法律规定，当事人有作最后陈述的权利，现在由原告陈述最后意见。

原告代理人：原告坚持认为，被告的行为严重侵犯了原告的合法利益。原告已经在线提交订单，并且支付了货款，根据《电子商务法》第四十九条规定，电子商务经营者发布的商品或者服务信息符合要约条件的，用户选择该商品或者服务并提交订单成功，合同成立。所以，购物软件的购物合同自购买者选择该商品，并提交订单成功时成立。被告与 ×× 办公用品旗舰店之间的电子商务合同已经成立，×× 办公用品旗舰店不能随意取消订单，应该履行发货义务。被告无故取消订单，并全额退还货款的行为违反《民法典》合同编的相关规定，故请求法庭公正判决支持我方的诉讼请求。

审判长：被告陈述最后意见。

被告代理人：坚持答辩意见，第一，网络订单的成立不能认为交易已经完成。在本案中，××办公用品旗舰店的交易方式与其他店铺不同，××办公用品旗舰店的商品信息应当视为要约邀请。第二，本次购物系网络购物，取消订单系库存不足的原因，不是无故取消。第三，被告已全额退还价款，原告没有损失，原告要求继续履行、赔偿经济损失和赔礼道歉的主张，无事实与法律依据。请求法庭驳回原告的诉讼请求。

审判长：鉴于庭前原被告双方已明确表示不同意调解，故本庭不再组织调解。现在休庭10分钟，合议庭将对本案进行合议，10分钟后当庭宣判，现在休庭。

书记员：全体起立。请审判长、审判员退庭。（合议庭退庭，全体坐下，等10分钟）

（五）当庭宣判阶段

书记员：全体起立，请审判长、审判员入庭。

审判长：请坐下。现在继续开庭。（宣读判决书略）

审判长：庭审结束。

书记员：全体起立，请审判人员退庭。

课堂讨论 9-2

余某通过国内某知名跨境电商平台，向平台内入驻的一家香港跨境电商公司购买了某品牌可可粉。余某收到该公司自保税仓递送入境的案涉商品后，发现商品外包装无中文标签。余某认为，该公司交付的商品为进口食品，却未按照有关规定在商品实物的外包装上加贴书面中文标签，应承担退一赔十的责任。

讨论：以上案件该如何举证质证？

德法课堂 9-2

民事案件庭审作伪证的后果

某法院在审理原告黄某与被告某电商平台店铺买卖合同纠纷一案中，开庭审理时，原告的委托诉讼代理人张某向法院提交了"产品鉴定图"，用于证明该店铺出售假货产品，被告质证认为该证据材料是伪造的，不予认可。而张某则坚称该鉴定图是真实的，并称有鉴定依据，为此，被告表示将于庭后就上图的真实性，申请法院委托司法鉴定。

庭审结束后，法官对该产品鉴定图及相关证据材料进行分析后，认为张某提交的证据存在伪造的可能性，张某才承认他提交给法院的证据图，确实是其本人请人用电脑制作组成的。

项目九

案例分析：本案中，张某在庭审作伪证应承担什么后果？

要点提示

依据相关法条进行案例分析，培养诚信、公正、法治的社会主义核心价值观。

三、模拟法庭实训

各组自行在教学平台上选取模拟法庭的电子商务领域纠纷案件，并协商确定模拟法庭角色分配，撰写模拟法庭脚本进行模拟实训，时间30分钟以内，实训过程要求拍摄成视频并上传教学平台。

模拟法庭实训从法律文书写作（占40%）、庭审表现（占40%）、素质考核（占20%）方面考核学生综合运用电子商务相关法律知识的能力。模拟法庭的考核方式及考核标准如表9-2所示。

微课9-2
模拟法庭

表 9-2　模拟法庭考核方式、考核标准一览表

考核点	考核方式	考核标准			
		优	良	中	及格
模拟法庭	法律文书写作（占40%）	能非常准确地进行案例分析；法律文书写作格式符合标准、内容完整	能较准确地进行案例分析；法律文书写作格式符合标准、内容完整	符合案例分析要求；法律文书写作格式稍有瑕疵、内容较完整	能在其他同学帮助下完成法律文书写作任务
	庭审表现（占40%）	庭审表达语言连贯、流畅，并能脱稿表达；庭审表现自然、台风和气质良好	庭审表达语言较为流畅，并能半脱稿表达；庭审表现较自然、台风和气质较好	基本上能独立完成模拟法庭角色任务	能在其他同学帮助下完成模拟法庭角色任务
	素质考核（占20%）	主动学习、无缺勤、迟到、早退等现象；分组讨论能表现出良好的集体主义、团队合作等优良品德	主动学习、无缺勤、迟到、早退等现象；分组讨论能表现出较好的团队合作精神，能较好地完成任务	主动学习、无缺勤、迟到、早退等现象；具有团队合作精神，能完成任务	主动学习、无缺勤、迟到、早退等现象；具有团队合作精神，能在其他同学帮助下完成任务

模拟法庭庭审实训

请同学们结合"模拟法庭庭审实训"相关知识点，参考以下思维导图，分组训练。

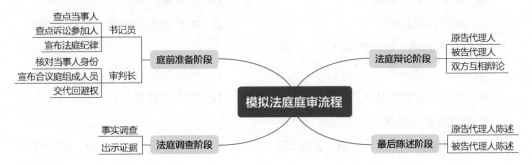

✿ 项目同步练习

一、单选题

1. 一般来说，我国法定的公司形式有两种，即（ ）。

   A. 国有企业和有限责任公司　　　　B. 国有企业和股份有限公司

   C. 有限责任公司和股份有限公司　　D. 有限责任公司和民营企业

2. （ ）是指在法庭上对案件事实和证据进行审查的活动。

   A. 法庭辩论　　　B. 法庭准备　　　C. 法庭调查　　　D. 最后陈述

3. 自主创业的毕业生，从毕业年度起可享受（ ）年税收减免的优惠政策。

   A. 3　　　　　　　B. 2　　　　　　　C. 4　　　　　　　D. 5

4. 下列人员不可以担任公司法定代表人的是（ ）。

   A. 执行董事　　　B. 经理　　　　　C. 监事　　　　　D. 董事长

5. 在（ ）法官会根据原被告顺序征询各方最后意见。

   A. 法庭辩论　　　B. 法庭准备　　　C. 法庭调查　　　D. 最后陈述

二、多选题

1. 设立有限责任公司，应当具备（ ）条件。

   A. 股东符合法定人数

   B. 有符合公司章程规定的全体股东认缴的出资额

   C. 股东共同制定公司章程

   D. 有公司名称和公司住所

2. 电商公司所需刻制印章有公章、（　　　　　）。

    A. 财务章   B. 发票章   C. 合同章   C. 法人章

3. 下列纠纷适用于《中华人民共和国民事诉讼法》，可以提起民事诉讼的有（　　　　　）。

    A. 侵害名誉权纠纷   B. 企业破产案件

    C. 买卖合同纠纷   D. 按照督促程序解决的债务案件

4. 法庭准备阶段，由审判长（　　　　　）。

    A. 宣布法庭纪律   B. 核对当事人身份

    C. 宣布合议庭组成人员   D. 交代回避权

5. 法庭调查阶段包括（　　　　　）。

    A. 事实调查   B. 出示证据   C. 核对身份   D. 双方辩论

三、判断题

1. 电商平台未审查入驻商家资质，不需要担责。   （   ）

2. 电商公司成立后必须进行纳税申报。   （   ）

3. 正式开庭审判时需要询问当事人是否申请回避。   （   ）

4. 高校毕业生在校期间创业的，可向所在高校申领"高校毕业生自主创业证"。

                                                                    （   ）

5. 法庭辩论阶段，在审判长的主持下，先由被告代理人作辩论发言。   （   ）

四、综合案例分析

2021年9月，王某在某电商平台上张某公司店铺购买了一台石磨机，案涉商品由卖家负责包装并交由某快递运输。王某收到案涉石磨机时间为19:21，由于快递人员要求先签名、再验货，王某遂在快递底单上签署"外包装完好"并签名。王某拆开货物包装后发现案涉石磨机破损，便于19:30告知客服破损情况。卖家以商品的销售页面介绍中已标注"如果不仔细检查直接签收导致经济损失，需由买家单方面承担"为由拒绝退货。王某诉请：①张某公司退还石磨机的价款3 358元；②赔偿占地费6 000元和精神损害抚慰金642元。

要求：根据以上案件，参考模拟庭审流程，自行查找、补充相关证据，撰写一份30分钟的模拟法庭脚本。

参 考 文 献

[1] 刘谊. 电子商务法律法规 [M]. 北京：高等教育出版社，2023.

[2] 宗楠，徐丽，陈曦，等. 跨境电商法律法规 [M]. 北京：清华大学出版社，2023.

[3] 王庆春，刘溪，王晓亮. 电子商务法律法规 [M]. 3 版. 北京：高等教育出版社，2022.

[4] 欧志敏. 电子商务法律法规 [M]. 北京：中国人民大学出版社，2022.

[5] 席晓娟. 电子商务税收 [M]. 北京：清华大学出版社，2022.

[6] 赵莉，林海. 电子商务法律法规 [M]. 北京：高等教育出版社，2021.

[7] 韩晓平. 电子商务法律法规 [M]. 4 版. 北京：机械工业出版社，2021.

[8] 王慧，夏霍，徐广辉. 电子商务法律法规 [M]. 上海：上海交通大学出版社，2021.

[9] 黄亚宇，李玉民，潘劲松. 经济法 [M]. 北京：高等教育出版社，2020.

[10] 杨立钒，万以娴. 电子商务安全与电子支付 [M]. 4 版. 北京：机械工业出版社，2020.

[11] 孙祥和. 电子商务法律实务 [M]. 2 版. 北京：中国人民大学出版社，2019.

[12] 朱晓娟. 电子商务法 [M]. 北京：中国人民大学出版社，2019.

[13] 罗佩华，魏彦珩，张冠男，等. 电子商务法律法规 [M]. 3 版. 北京：清华大学出版社，2019.

[14] 郭鹏. 电子商务法 [M]. 2 版. 北京：北京大学出版社，2017.

[15] 王芸，袁颖. 电子商务法规 [M]. 3 版. 北京：高等教育出版社，2016.